농촌생활 교과서

SHUMATSU INAKA-GURASHI NO BENRICHO supervised by Yoshinori Kaneko
Copyright © SEIBIDO SHUPPAN CO., LTD. 2014 All rights reserved.
Original Japanese edition published in 2014 by SEIBIDO SHUPPAN CO., LTD.
This Korean language edition is published by arrangement with SEIBIDO SHUPPAN CO., LTD., Tokyo in care of Tuttle-Mori Agency, Inc., Tokyo through BC Agency, Seoul.
Korean Translation Copyright © 2018 by BONUS Publishing Co.

이 책의 한국어판 저작권은 BC 에이전시를 통한 저작권자와의 독점 계약으로 보누스출판사에 있습니다.
저작권법에 의해 보호를 받는 저작물이므로 무단전재와 무단복제를 금합니다.

농촌생활 교과서

슬기로운 귀농인을 위한 자급자족 기술

성미당출판 지음 · 김정환 옮김

보누스

인생을
풍요롭게 만들어주는
농촌생활의 매력

농촌생활은 '인간이 본래 즐겨야 할 풍요로운 생활'로 가득하다.
바쁜 도시에서는 자칫 잊기 쉬운 것들이다. 자신이 먹을 음식을 스스로 만들고
사계절의 변화를 피부로 느끼는 가운데 자연과 호흡하며 하루하루를 보낸다.
농촌생활에는 돈이나 물질로는 환산할 수 없는 진정한 풍요가 있다.

매력 ① 사계절을 체감하며 느끼는 풍요로운 생활

도시에서는 계절의 변화를 실감하기가 어렵다. '덥다.' '춥다.' 같은 기후의 한온뿐만 아니라 사계절을 따라 변화하는 자연을 피부로 느낄 수 있다는 것이 농촌생활의 참맛이다.

봄이 오면 야산에 꽃이 피기 시작하고, 점차 신록이 우거진다. 장마철에는 논밭이 촉촉해진다. 여름이 되면 강렬한 햇빛을 받은 농작물들이 무럭무럭 자란다. 이윽고 결실의 계절 가을이 찾아오면 나뭇잎이 물들기 시작하고, 낙엽이 지면을 뒤덮을 무렵이 되면 월동 준비를 한다. 계절 변화에 맞춘 생활을 하는 것만으로 우리 마음은 충만함으로 가득해진다.

매력 ② 자연의 순환 속에 동화되는 편안함

가을이 지나가면 도시에 있는 가로수의 낙엽은 쓰레기가 되어버린다. 그러나 시골에서는 떨어진 나뭇잎이 흙으로 되돌아가 양분이 된다. 도시에서는 필요 없는 것, 쓰레기 취급을 받는 것도 농촌에서는 자연에 융화되어 낭비 없이 사용된다.

농촌생활은 지구가 태곳적부터 반복해온 위대한 자연의 순리를 깨닫게 해주며, 우리 인간도 그런 자연의 일부임을 새삼 인식하게 한다.

매력 ③ 자신의 몸을 움직여 '자급자족'하는 즐거움

'내 가족의 먹을거리는 내 손으로 만들고 싶다.' 이런 생각을 실현하는 '자급자족' 생활을 하기가 용이하다는 점도 농촌의 커다란 장점이다. 현재 식품 안전에 관심이 많아지면서 채소를 직접 키우고 싶어 하는 사람이 늘고 있다. 논밭이 되어줄 토지가 많은 농촌에서는 자급자족하는 생활도 부담 없이 시작할 수 있다.

내 손으로 만드는 기쁨을 느낄 수 있는 대상은 비단 음식만이 아니다. 부뚜막 만들기, 대나무 세공, 실잣기 등 내 손으로 직접 만들 수 있는 것은 얼마든지 있다. 열심히 무엇인가를 만드는 경험은 우리의 오감을 자극해 더할 나위 없이 충실한 시간을 보낼 수 있도록 도와준다.

농촌생활
계획 3가지

농촌생활에도 다양한 선택지가 있다.
여기에서는 전형적인 농촌생활의 일례를 소개하겠다.

한마디로 '농촌생활'이라고 해도 그 생활 방식에는 여러 가지가 있다. 예를 들어 주말에만 농촌생활을 하는 방식, 가족이 함께 이주하는 방식, 정년 후에 자신의 취미를 즐기기 위해 집을 따로 마련하는 방식 등이 있다. 나이와 가족 구성, 무엇을 해보고 싶은가에 따라 거주 장소와 집의 유형, 밭의 넓이 등을 다양하게 고려한다.

농촌생활에 성공하기 위해서는 치밀한 계획과 주도면밀한 준비가 필요하다. 집이나 토지를 구할 때는 그곳에 사는 사람과 친해져서 정보를 모을 것을 권한다. 이 책에서 소개한 계획들을 살펴보면서 어떤 생활을 하고 싶은지 구상해보자.

계획 1

부부 둘이서 '주말 농촌생활'을 즐긴다

평일에는 도시에서 일을 하고, 주말이나 휴가 때는 시골에서 채소를 키우는 등 자연 속에서의 삶을 즐기고 싶다. 이런 생활을 하고 싶은 사람에게는 친한 동료와 셰어 하우스를 마련하는 것도 방법이다. 자신들이 할 수 없을 때는 동료가 밭이나 집을 관리해주므로 일상을 이어가면서도 무리 없이 농촌생활을 시도해볼 수 있다.

A씨 부부
아내 : 30대 초반이며 회사에서 근무. 채소 키우기에 흥미가 있다.
남편 : 30대 후반의 웹 디자이너.

빌린 밭에서 동료와 공동으로 채소 키우기

A씨 부부는 주말 농촌생활에 흥미가 있는 D씨 부부와 함께 밭을 빌리기로 했다. 밭은 지자체에서 운영하는 농장에서 저렴하게 빌릴 수 있었다.

처음에는 그다지 적극적이지 않았던 남편도 땀 흘려 밭일을 할 때의 즐거움을 깨달았고, 지금은 "토마토 수확량이 많으니 토마토소스를 만들어야겠어."라며 요리까지 시작했다.

앞으로 더 넓은 밭을 빌릴 계획인 A씨 부부는 최근 친해진 이웃 농가의 주민에게 토지를 빌릴 수 없을지 교섭을 시도해볼 생각이다.

주말 농장은 저렴한 가격에 빌릴 수 있다
모든 식재료를 자급할 생각이 아니라면 주말 농장을 빌리는 것이 간편하다. 지자체가 운영하는 곳은 이용 요금도 저렴하다. 다만 본격적으로 농업을 해보고 싶은 사람이라면 성에 차지 않을 것이다.

도시 근교에서도 농촌생활을 할 수 있다

'농촌생활'이라고 하면 시골 근처를 상상하기 쉬운데, 대도시 주변에도 자연으로 둘러싸인 곳이 얼마든지 있다. 직장에 다니면서 주말 농촌생활을 즐기고 싶다면 교통이 편리한 곳을 추천한다.

도심지에서 자동차로 1시간 반 거리에 있는 임대주택

맞벌이를 하는 A씨 부부는 도심지에 위치한 회사에 다니며 애견과 함께 살고 있다. 부인은 정원의 작은 텃밭에서 채소를 키우고 있었는데, 어느 날 잡지에서 '주말 농촌생활'에 관한 기사를 읽고 밭농사를 하기 좋은 농촌생활에 흥미를 느꼈다.

남편은 처음에 "농촌생활은 힘들지 않겠어?"라는 의견이었다. 그러나 부인이 지인의 도움으로 자동차로 1시간 반이면 갈 수 있는 곳에서 임대가 가능한 물건을 발견하자, 주말 농촌생활을 시작하기로 했다. 이 정도 거리라면 쉽게 갈 수 있다고 생각한 것이다.

계획 2

4인 가족이 이주해 자급자족을 지향한다

부부와 자녀 2명이 농촌생활을 시작하고자 한다. 이럴 경우는 거주 장소를 선택하는 일과 집을 어떻게 할 것인가가 커다란 과제가 된다. 특히 자녀가 어리다면 보육원이나 학교를 어떻게 할지와 같은 현실적인 문제도 꼼꼼히 생각해놓자. 좋은 장소를 찾아낸다면 도시에서는 불가능한 멋진 경험을 자녀들이 할 수 있다.

B씨 가족
- 남편 : 40대 중반. 시골에서 자급자족을 하고 싶어 회사를 조기 퇴직했다.
- 아내 : 40대 초반의 간호사. 일은 어디에서나 할 수 있으므로 남편의 결단에 찬성.
- 자녀1 : 초등학교 5학년의 남자아이.
- 자녀2 : 유치원에 다니는 여자아이. 내년에 초등학교에 진학한다.

아내는 지역 진료소에서 근무
남편은 밭농사와 양계로 자급자족을 추구

아내는 남편의 희망에 따라 농촌생활에 찬성했는데, 이주 후 지역 주민의 소개로 마을에 있는 진료소에서 간호사로 근무하게 되었다.

아내는 자녀들이 환경 변화에 적응할 수 있을지 걱정도 되었지만, 아이들은 마당의 화덕에서 피자를 만들어 먹고 드럼통 욕조에서 목욕을 하는 등 신선한 경험에 마냥 즐거워했다.

부부는 최근 들어 아이들이 아버지의 밭일도 적극적으로 돕는 등 가족 사이의 유대가 전보다 깊어졌다며 기쁨을 감추지 못했다.

'전문 기술'이 있다면 농촌생활에 유리하다

자격증이나 전문 기술이 있는 사람은 도시가 아니더라도 일을 할 수 있기 때문에 경제적인 측면에서도 안심할 수 있다. 처음부터 자급자족으로 생활하려 하지 말고, 소득을 얻을 수 있는 방법을 마련한다.

음식을 자급하면 생활비가 적게 든다
자급자족을 하면 생활비를 많이 줄일 수 있다. 식비가 거의 들어가지 않고, 유흥에 쓰는 돈도 줄어든다. 그러나 세금과 교육비, 의료비 등의 지출은 농촌에도 있기 마련이다. 현금 수입을 어떻게 관리하느냐가 중요하다.

자급자족을 위해 먼저 최대한 적합한 장소를 찾는다
옛날부터 캠프나 등산을 매우 좋아한 남편은 자녀가 태어난 뒤에도 종종 가족을 데리고 아웃도어 생활을 즐겼다. 그러다 막내가 초등학교에 들어가기 전에 농촌으로 이주해야겠다고 생각해 먼저 살 집부터 찾아다녔다. 남편은 근교의 산등성에 토지 매물이 나왔다는 사실을 지역 주민에게 듣고는 곧 토지를 살펴봤다. 그 장소가 마음에 든 남편은 통나무집을 짓고 자급자족을 시작하기로 결심했다.

계획 3

정년퇴직 후, 오랜 꿈이었던 농촌생활을 실현하다

은퇴 후 농촌에서 유유자적 살고 싶은 노부부가 많을 것이다. 다만 고령자는 위급할 때 병원에 가기 용이한지, 너무 덥거나 춥지는 않은지, 생활 자체가 지나치게 힘들지는 않을지 등을 세심하게 고려해야 한다. 이주하기 전에 여러 차례 답사를 하고, 마음에 드는 곳에서 농촌생활을 시작하자.

C씨 부부

아내 : 50대 후반. 남편과 함께 농촌에서 생활할 날을 기다려왔다. 작은 밭을 일구고 꿀벌을 키워서 벌꿀을 채취할 생각이다.

남편 : 60대 초반. 회사를 정년퇴직. 오래전부터 '제2의 인생은 농촌에서'라는 꿈을 키워왔다.

무리하지 않는 농촌생활은 노화 방지에도 도움이 된다
농촌에서는 지역 공동체가 활발히 기능한다. 새로운 인간관계를 쌓기는 쉬운 일이 아니지만, 나이를 먹을수록 상부상조가 남아 있는 농촌생활의 장점을 실감할 수 있을 것이다.

무엇을 하고 싶은지 선택한다
그저 막연히 농촌에서 살고 싶다고 생각하지 말고 무엇을 하고 싶은지 명확히 하자. 그러면 농촌생활의 비전이 구체화된다. 후보지를 정했으면 자주 찾아가서 계절이나 시간대에 따른 변화도 확인해두도록 하자.

병원이 근처에 있느냐가 중요
C씨 부부는 현재 모두 건강하지만, 매년 건강 검진을 받으며 건강에 신경을 쓰고 있다. 농촌생활을 할 장소를 물색할 때도 종합병원이 가까이 있는지 확인했다. 자동차로 30분 정도 떨어진 거리에 종합병원이 있어서 무슨 일이 생겼을 때 금방 갈 수 있고, 만에 하나의 경우에는 아들 부부에게 연락을 하도록 이웃 사람에게 부탁해놓았다.

"시골에서는 몸이 재산이지."라고 말하는 남편은 농촌생활을 하면서 몸을 움직인 덕분에 메타볼릭 증후군이 의심되던 체형도 날씬해졌다. C씨 부부의 현재 소원은 건강에 유의하면서 오래오래 이 생활을 즐기는 것이다.

퇴직금을 활용해 꿈에 그리던 민가 생활을 실현
'자녀가 독립하고 정년퇴직을 해서 직장 생활을 일단락 지으면 농촌생활을 하고 싶다.'라는 꿈을 공유해온 C씨 부부. 드디어 꿈에 그리던 농촌생활을 준비했다. 퇴직금으로 전통 민가를 구입하려고 계획했는데, 마침 마음에 드는 매물이 있어 구입을 결정했다.

현재는 전통 민가를 자신들의 손으로 손질하면서 마당에 적당한 넓이의 채소밭을 만들고 농촌생활을 즐기고 있다. 또 아내는 전부터 꿈꿔왔던 양봉도 시작했다. 여기에 버섯 재배도 시작했으며, 앞으로는 무리하지 않는 범위에서 채소를 자급하려고 생각 중이다.

농촌생활을 시작하자

농촌생활을 시작하려면 여러 가지 준비가 필요하다.
살 곳과 밭을 마련하고, 구체적으로 어떤 생활을 하고 싶은지 생각한다.

농촌생활을 준비하는 방법

1 어떤 생활을 하고 싶은가?

'농촌생활을 하고 싶다.'라는 막연한 동경에서 한 발 더 나아가 실제로 어떤 생활을 하고 싶은지 구체적으로 생각해보자. '밭에서 채소를 키우고 싶다.' '장작 난로를 쓰고 싶다.' '염소를 키우고 싶다.' 이 같은 일을 실현하려면 어느 정도의 예산이 필요한지, 어떤 준비를 해야 할지 알아본다. 이미 농촌생활을 시작한 경험자의 이야기를 들어보는 것도 참고가 된다.

2 장소를 결정한다

어떤 생활을 하고 싶은지 결정했다면 후보지를 생각하자. 주말에만 농촌생활을 하는 것이라면 지금 살고 있는 곳에서 쉽게 오갈 수 있는 장소가 가장 좋다. 먼저 인터넷이나 잡지 등에서 정보를 모아 대략적인 지역을 결정하자. 후보지를 결정했으면 답사를 가본다.

후보지를 여러 번 답사한다
같은 장소라도 계절과 시간대에 따라 인상이 크게 달라진다. 후보지를 여러 번 답사해 1년 동안의 변화를 확인하는 것이 중요하다.

3 집을 물색한다

후보지를 대략 정했으면 생활할 집을 어떻게 장만할지 궁리하자. 방법은 여러 가지다. 집을 사거나 빌릴 수 있다. 아니면 토지를 사서 집을 지을 수도 있다. 가족 구성과 예산 등에 맞춰 제일 좋은 방법으로 집을 마련하자.

4 밭을 찾아본다

채소 키우기는 농촌생활의 커다란 즐거움 중 하나다. 밭을 확보하는 일은 그만큼 매우 중요하다. 집 부지에 채소를 키울 공간을 확보할 수 있다면 가장 좋지만, 본격적인 자급자족을 생각한다면 제법 넓은 밭이 필요하다. 집을 알아볼 때 밭도 함께 찾아보자.

지역 주민과 친해지자
다짜고짜 "밭으로 쓸 땅을 빌려주십시오."라고 부탁해서는 쉽게 땅을 빌릴 수 없는 것이 현실이다. 땅과 집을 물색하면서 해당 지역을 꾸준히 찾아가다가, 친해진 지역 주민에게 밭을 소개받는 경우도 많다.

5 생활환경을 확인하고 이웃에게 인사하자

구체적으로 집과 밭을 어떻게 할지 결정했다면 이제 농촌생활을 시작할 날도 얼마 남지 않았다. 중고 주택이라면 수리나 손질이 필요한 부분이 없는지 확인한다. 이 밖에도 실제 생활에 필요한 게 없는지 철저히 준비하자. 농촌에서는 이웃과의 인간관계가 매우 중요하다. 주변 주민들을 찾아가 인사하는 것을 잊지 말자.

농촌생활 시작!

집을 찾아보다

농촌에서 살 집을 고를 때는 예산에 맞춰서 최적의 물건을 찾자.

임대? 구입? 잘 생각해서 선택한다

농촌에서 살 집을 찾을 때는 먼저 부동산 업자를 찾아가 상담한다. 후보지를 압축했으면 예산이나 원하는 물건의 유형을 말하고, 그 조건을 만족하는 매물이 있는지 찾아달라고 부탁하자. 어떤 지역에서 살지 대강 정했다면 그 지역의 부동산 업자와 상담하는 것이 최선이다. 지역 정보에 해박하므로 많은 도움을 줄 것이다.

꿈에 그리던 집을 지을 수 있다

토지를 구입해 신축
한 가족이 이주한다면 토지를 구입해서 자신들의 생활 방식에 맞는 집을 짓고 쾌적하게 살 수 있다. 예산은 꽤 필요하지만, 부지 안에 밭을 만드는 등 자신이 원하는 주거 공간으로 자유롭게 만들 수 있다는 것이 가장 큰 장점이다.

자신의 취향에 맞춰 리폼을 할 수 있다

중고 주택을 개수
중고 주택을 구입해서 셀프 리폼을 하는 방법도 추천한다. 전통 민가는 보수 공사가 필요한 경우가 대부분인데, 직접 보수하기 어려운 지붕이나 외벽 도장 등은 업자에게 맡기고 자신이 할 수 있는 부분을 직접 개수하면 지출을 줄일 수 있다.

농촌의 임대 주택은 임대료도 저렴하다

주택을 임대
적은 예산으로 정착하기를 원한다면 임대 주택을 빌리는 방법이 가장 간단하다. 농촌은 도시에 비해 임대료가 저렴하다. 부동산 업자를 이용해 임대 주택을 찾는 방법도 있고, 해당 지역의 공공 임대 주택을 찾아보는 방법도 있다.

적은 예산으로 내 집을 가질 수 있다! 직접 집짓기

집을 짓고 싶지만 예산이 없는 사람에게는 토지를 빌려서 자신들의 손으로 집을 짓는 방법을 권한다. 키트 하우스라고 해서 부품 세트를 조립하기만 하면 지을 수 있는 통나무집도 있다.
기초 공사나 배수 공사, 전기 공사 등은 업자에게 부탁하면 된다.

농촌에 있는 빈집을 활용해보자

싼 가격에 집을 구할 수 있는 방법으로 빈집을 고려해보는 건 어떨까. 자기가 살고자 하는 지역을 방문해서 발품을 팔아 정보를 모으는 방법이 가장 확실하겠지만, 일단은 아래에 소개한 인터넷 사이트와 상담 창구를 이용해보자.

● **귀농귀촌지원센터**
정부에서 운영하는 귀농귀촌지원센터에서는 각 지자체에서 파악한 빈집 정보를 한데 모아 소개하고 있다. 빈집 정보는 물론이고 농지 정보와 농업 교육 정보 등 다양한 귀농귀촌 정보를 소개하고 있으니, 꼭 방문해볼 것.
사이트 주소 : www.returnfarm.com

● **지방자치단체 홈페이지**
지자체의 홈페이지를 방문해본다. 해당 지역에서 운영하는 빈집 지원 프로그램도 살펴볼 수 있다. 지역마다 다르지만 빈집 수리비를 지원하거나, 철거비나 개조비를 보조해주는 경우가 많다.

● **기타 인터넷 사이트**
온비드(www.onbid.co.kr)에서 직거래 물건을 찾을 수 있고, 렛츠고시골(www.letsgosigol.com), 귀농귀촌 전원생활 집짓기(cafe.naver.com/makeho) 같은 사이트나 인터넷 카페를 이용해 마음에 드는 집을 구할 수도 있다.

밭을 찾아보다

취미 텃밭인가, 자급자족용인가? 규모와 넓이를 확인한다.

어느 정도 넓이의 밭에 작물을 키우고 싶은가?

계절 채소를 텃밭에서 키울 것인가, 아니면 자급자족을 지향하며 채소와 곡물을 본격적으로 재배할 것인가? 생활 방식에 따라 알맞은 밭의 넓이와 장소도 달라진다. 지금까지 밭일을 해본 적이 없는 사람에게는 주말 농장을 빌리는 방법을 추천한다. 만약 본격적으로 밭일을 해보고 싶다면 밭을 빌리는 방법도 고려하자.

농지 임대차

농지 임대차는 금지되어 있지만 농지법상 예외인 경우가 있다. 농지법 시행(1996년 1월 1일) 이전부터 소유하고 있던 농지는 임대차를 허용한다. 그리고 법 시행 이후에 취득한 농지라도 60세 이상 고령자가 5년 이상 농사를 지은 농지, 시장 군수가 고시한 영농여건불리농지, 농지은행에 위탁한 농지 등은 임대차가 가능하다.

시민 텃밭 농장

각 지방자치단체에서 운영하는 농장으로, 일정 규모의 텃밭을 일반 시민에게 저렴한 비용으로 임대한다. 대개 1년 동안 텃밭을 이용할 수 있으며 매년 선착순 분양한다. 서울시의 경우 2월에 텃밭을 분양해서 4월부터 11월까지 이용할 수 있다. 영농 교재와 임차료도 일부 지원한다.

클라인가르텐

200년의 역사를 자랑하는 독일의 농지 임차 제도. '작은 정원'이라는 의미다. 한 구획의 면적은 100m² 정도이고, 넓은 곳은 330m²가량 된다. 라우베라고 부르는 집이 있고, 그곳에 살면서 가정 텃밭을 이용한다. 한국에는 같은 이름으로 임대 분양하는 전원주택이 있다. 텃밭이 달려 있어 농촌생활을 체험할 수 있고, 임대 기간이 1년 단위이기 때문에 위험 부담도 적은 편이다.

농지는 구입할 수 있다?

농촌으로 완전히 이주해서 농사를 짓는 경우라면 특별히 걱정할 문제는 없다. 다만 도시민이 주말 농장 목적으로 농지를 취득한다면 그 세대원이 소유하는 농지는 1,000m²를 초과할 수 없다. 농지를 구입한 뒤 경작을 하지 않고 그대로 방치한다든지, 농지를 다른 사람에게 임대하면 지자체에서 처분 통지가 내려온다. 이 경우 1년 이내에 농지를 팔아야 한다.

'농지법'이란?

1994년 12월 22일 제정한 법률로 농지를 효율적으로 이용·관리하여 농업인의 경영 안정 및 생산성 향상을 통한 농업의 경쟁력 강화와 국민 경제의 균형 있는 발전 및 국토의 환경 보전에 이바지함을 목적으로 한다. 농지의 소유 및 이전에 관한 사항을 정해놓았다. 농업 경영인이 아닌 경우, 농지의 취득 및 임대에는 여러 제한 사항이 있으니 미리 알아두기 바란다.

성공적인 농촌생활을 위한 비결

꿈에 그리던 농촌생활을 시작하기 전에 아래 사항은 상식으로 알아두자.

'로마에 가면 로마법을 따르라.'는 정신을 잊지 말자

먼저 지역 사람들에게 적극적으로 다가가 친해지는 것이 중요하다. 먼저 이웃 사람들에게 인사하는 것을 잊지 말자. 또 지역 사회에는 다양한 의무와 행사가 있으며, 사람들이 역할을 분담해서 실시하고 있다. 모르는 것은 사람들에게 물어보고 도울 수 있는 일은 돕자. 조금씩 지역 사회의 일원으로 인정받게 될 것이다.

농촌은 도시에 비해 공동체의 역할이 강하다

도시와 농촌의 커다란 차이점은 자연환경에 있지 않다. 사람과 사람의 유대, 공동체의 역할도 크게 다르다. 성공적인 농촌생활을 하고 있는 사람에게 물어보면 "지역 사람들과의 교류를 소중히 여겨야 합니다."라고 조언한다. 농촌으로 거처를 옮기는 우리가 '그곳에서 잘 지낼 수 있을까?'라는 불안감을 느끼는 것과 마찬가지로 지역 사람들도 '이번에 이주하는 사람은 어떤 사람일까?'라는 기대 반 불안 반의 심정으로 바라보기 마련이다.

지역 사회에 녹아들기 위한 비결

1 지역의 대표자에게 인사를 한다

농촌생활을 하기로 결정했으면 제일 먼저 그 지역의 대표자에게 인사를 하러 가자. 자기 소개와 함께 자신을 이해시키는 데 도움이 될 이야기를 하는 것이 좋다.

2 이웃에게 인사한다

본격적으로 생활하기 전에 인근 주민들을 찾아가 인사를 하자. 인사해야 할 범위는 그 지역의 구성에 따라 다르므로 주변 사람에게 확인하는 것이 좋다.

3 지역 행사에 적극 참가한다

용수로 청소, 풀베기, 체육대회, 신년회와 송년회. 농촌의 지역 사회에는 다양한 행사가 있다. 부르면 반드시 참가해 지역 사회에 녹아들려는 노력을 하기 바란다. 관혼상제도 농촌에서는 지역 사람들이 돕거나 참여하는 것이 상식이다.

농촌생활을 시작하기 전에 확인할 10가지 포인트

자연환경

1 큰비나 태풍이 왔을 때의 위험도는?

최근 기상이변으로 산간부와 가까운 지역에서는 큰비에 따른 산사태 피해가 발생하고 있다. 살고자 하는 곳에 위험은 없는지 사전에 확인하자.

2 지반과 건물은 튼튼한가?

부동산을 구매할 때 건물의 튼튼한 정도를 점검하는 일은 너무도 당연하다. 건물뿐만 아니라 주거지의 지반이 튼튼한지도 살펴본다. 특히 습기 문제에 취약하지 않은지 잘 검사한다.

3 여름철 더위, 겨울철 추위, 적설량 등은 괜찮은가?

여름과 겨울에 기온이 어느 정도인지 미리 확인하고 대비책을 마련하자. 그렇지 않으면 낭패를 볼 수가 있다. 또한 눈이 많이 내리는 곳이라면 적설량도 알아두자. 물론 대비책도 준비한다.

생활환경

4 가장 가까운 역이나 고속도로 교차로와의 거리가 얼마나 되는가?

주말 농촌생활을 할 경우 특히 접근성이 중요하다. 거리와 소요 시간을 확인하자.

5 병원, 학교, 관공서와의 거리와 소요 시간은?

공공시설이나 병원 등 일상적으로 갈 필요가 있는 장소까지의 소요 시간과 교통수단 등을 사전에 확인해두자.

6 우편이나 택배, 신문 등의 배달 상황은?

산악 지방이라면 우편이나 택배, 신문 등의 배달에 시간이 걸리는 곳도 있다.

7 쓰레기를 버리는 날과 분리수거 방식은?

쓰레기를 버리는 날이나 분리수거 방식은 지역에 따라 다양하다. 주변 사람들에게 물어서 확인해두자.

사회기반시설

8 상하수도는 있는가? 없다면 우물을 팔 수 있는가?

상하수도가 제대로 정비되지 않은 지역도 간혹 있다. 간이수도 시설은 있는지, 없을 경우는 우물을 이용할 수 있는지를 확인한다.

9 전기와 전화, 인터넷은 사용할 수 있는가?

거주지가 마을과 떨어져 있다면 전기나 전화, 인터넷 회선이 들어와 있지 않아 공사를 해야 할 때도 많다. 인터넷이 필요한 사람은 미리 인터넷을 설치하는 편이 좋다.

10 가스는 사용할 수 있는가?

도시가스가 없는 농촌이 많다. 그런 곳은 대부분 프로판 가스를 사용한다. 도시가스에 비해 월 평균 이용료가 비싸므로 아궁이와 장작 난로 등을 적절히 활용하자.

차 례

농촌생활을 준비하자

인생을 풍요롭게 만들어주는 농촌생활의 매력 • 4
농촌생활 계획 3가지 • 6
농촌생활을 시작하자 • 9
성공적인 농촌생활을 위한 비결 • 12
농촌생활을 시작하기 전에 확인할 10가지 포인트 • 13

제1장 농촌생활을 위한 살림살이 만들기

흙부뚜막 • 18 / 화덕 • 24 / 로켓 스토브 • 31 / 드럼통 목욕탕 • 33
흙벽 보수 • 35 / 자연 발효식 화장실 • 38 / 대나무 공예 • 43
대오리 만들기 • 52 / 실뽑기 • 59 / 양털실 공예 • 63 / 천연 염색 • 69
수제 비누 • 74 / 폐유 양초 • 78 / 감물 • 80 / 모기향 • 82

생활용품을 만드는 데 필요한 도구 • 83

제2장 농촌에서 즐기는 아웃도어 라이프

장작·낙엽 모으기 • 86 / 숯 굽기 • 88 / 버섯 키우기 • 94 / 기름 짜기 • 98
산나물 캐기 • 101 / 임산물 채취하기 • 104 / 계류낚시 • 108 / 해변 낚시·채집 • 112

위험한 식물과 생물에 주의하자! • 116

제3장 건강하고 소박한 자연 먹거리

수제 면요리 • 118 / 천연 효모 빵 • 124 / 화덕 요리 • 128 / 훈제 음식 • 132
낫토 • 134 / 두부 • 136 / 곶감 • 139 / 말랭이 • 141 / 곤약 • 143 / 차 만들기 • 147
수제 된장 • 151 / 수제 간장 • 154 / 사탕수수 설탕 • 158 / 감식초 • 162
두반장 • 163 / 과일 야채 소스 • 164 / 매실청 • 166 / 붉은차조기 시럽 • 167
매실 절임 • 168 / 염교 절임 • 169 / 무 절임 • 170 / 배추절임 • 172
과실주 • 174 / 수제 잼 • 176

쌀누룩 만들기에 도전하자! • 178

제4장 계절에 딱 맞는 텃밭 가꾸기

농촌생활과 자급자족 농업 • 180 / 재배 및 윤작 계획을 세운다 • 181
밭과 흙 만들기 • 182 / 밭두둑의 종류와 밭두둑 만들기 • 184 / 농기구 갖추기 • 186
밭일의 기본 • 188

—

열매채소 • 196 / 잎채소 • 208 / 뿌리채소 • 220
감자류 • 224 / 곡물류 • 228

—

씨앗 채취 • 235 / 채소 저장 • 238 / 퇴비 만들기 • 239 / 부엽토 만들기 • 242
발효 퇴비 만들기 • 244 / 왕겨 훈탄 만들기 • 246 / 양열 온상 만들기 • 248

과일나무가 있는 생활을 즐긴다 • 250

제5장 동물과 함께하는 농촌생활

닭을 키운다 • 252 / 염소를 키운다 • 255 / 꿀벌을 키운다 • 258

농촌생활의 일상

유기농을 실천하는 농촌생활 • 262

농촌생활의 1년 • 264

농촌생활의 하루 • 266

자급자족은 농촌생활의 기초 • 267

일러두기

1. 농작물 재배와 수확 시기는 우리나라 남부 지방을 기준으로 설명했습니다. 중부 지방과는 1~2주 정도 차이가 나거나 작물에 따라서는 거의 같습니다.

2. 실제 농사를 지을 때는 자신이 살고 있는 지역의 기온과 일조량, 강수량 등을 잘 살펴보고 작물의 특성에 맞게 농사 시기를 결정해야 합니다.

3. 각 작물의 주요 품종은 국내에서 재배되고 있는 품종 중 몇 가지를 추려 소개했습니다. 지역 농업기술센터나 농업지도사, 주민들의 도움을 받아 기후와 토질에 맞는 품종을 선택하기 바랍니다.

제1장

농촌생활을 위한 살림살이 만들기

흙부뚜막

재료는 흙과 짚! 흙벽돌로 만든다

재료를 확실히 발효시키고 충분히 건조해 만든다

장작불로 지은 밥은 그야말로 꿀맛이다. 집 주변의 흙으로 벽돌을 만들고, 그 벽돌로 흙부뚜막을 만들어보자. 내화 벽돌 위에 흙벽돌을 쌓고 흙을 바른 다음, 표면에 회반죽이나 규조토를 발라 완성한다.

흙벽돌의 재료는 점토질 흙과 짚을 발효시킨 것이다. 논이나 밭의 점토질 흙이라면 얼마든지 사용할 수 있지만, 화산재 흙은 적합하지 않다. 주변에서 점토질 흙을 구할 수 없다면 시판용 황토로 대용할 수 있다.

벽돌을 건조하고 그 벽돌을 쌓아 부뚜막을 만든 다음, 다시 건조한다. 튼튼한 부뚜막을 완성하려면 건조 과정을 반드시 지킨다. 취사구가 2개라서 밥을 지으면서 국도 끓일 수 있다.

준비물

① 흙 반죽용 괭이 2점
② 쇠망치
③ 수평기
④ 흙손
⑤ 벽돌 커터 2점
⑥ 흙판

작업 주의사항

작업 시기 1년 중 아무 때나 만들 수 있지만, 습도가 높은 장마철과 한여름은 피하는 편이 좋다. 겨울철도 흙이 얼어 작업하기에 좋은 계절은 아니다.
달인의 비결 점토질 흙에 짚을 섞고 잘 발효시킨 다음, 벽돌을 만든다.

재료

① 흙벽돌을 늘어놓기 위한 나무판
② 아궁이를 내기 위해 끼워 놓을 목재

그 밖에 흙벽돌의 나무틀과 양동이, 나무망치, 플라스틱 수조, 줄자, 곱자, 천막 등이 필요하다.

부뚜막의 구조

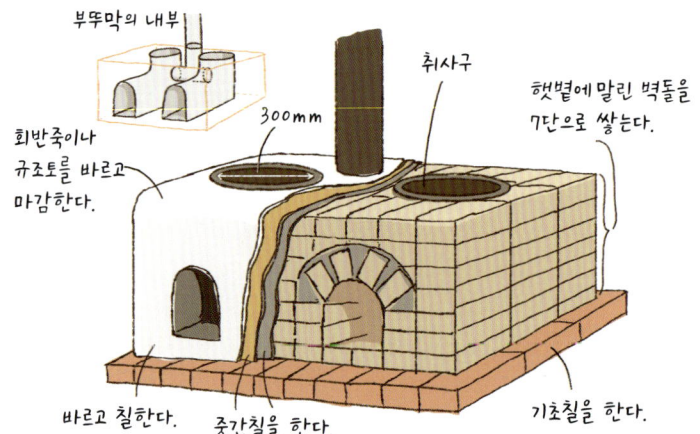

흙벽돌 만들기

첫째 날

재료
- 점토질 흙
- 짚
- 물

1

플라스틱 수조에 점토질 흙과 대충 자른 짚을 넣고, 물을 조금씩 부으며 반죽한다. 짚은 벽돌을 튼튼하게 만들어주므로 듬뿍 넣는다.

2

그대로 2개월 이상 묵혀서 발효시킨다. 발효되는 냄새가 나고 짚이 분해되기 시작할 때쯤 짚을 적당량 더 섞어주면 좋다. 사진은 발효가 완료된 흙.

3

나무로 벽돌 틀을 만든다. 벽돌의 크기는 210×110×60mm.

4

물에 적신 나무틀을 나무판 위에 올려놓고 발효시킨 흙을 넣는다. 꾹꾹 눌러서 공기를 빼고 표면을 흙손으로 다듬는다.

5

틀을 떼어내고 이대로 2주 이상 건조한다. 필요한 흙벽돌의 수는 약 170개다.

6

바닥에 늘어놓고 건조해도 좋지만, 벽돌을 선반에서 건조하면 편리하다.

7

완성된 흙벽돌.

아궁이 만들기

둘째 날

재료
- 내화 벽돌 33개
- 흙벽돌 170개
- 흙(흙벽돌을 만들기 위해 발효시킨 것)

부뚜막을 만든 뒤에는 옮길 수가 없으므로 어디에 만들지 확실히 정하고 작업하자.

내화 벽돌의 밑에는?
바닥이 흙이라면 콘크리트 블록으로 틀을 만들고 안에 쇄석을 넣은 다음, 모르타르를 바른 토대 위에 내화 벽돌을 깐다. 바닥이 콘크리트나 모르타르라면 흙을 바르고 내화 벽돌을 그대로 깐다.

1

내화 벽돌을 깐다.

2

첫째 단에 흙벽돌을 임시로 깔고 아궁이 자리에 목재를 쌓아둔다.

3

벽돌에 물을 묻히고 흙을 바른 다음 꾹 누르며 벽돌을 쌓는다. 최대한 틈새가 생기지 않도록 벽돌의 측면에도 흙을 충분히 넣는다.

4

첫째 단을 쌓은 모습.

5

셋째 단까지 똑같은 요령으로 쌓는다. 벽돌을 첫째 단과 같은 방향으로 쌓는다.

6

넷째 단의 오른쪽 절반 부분에 벽돌을 임시로 올려놓는다.

7 아궁이의 모서리가 될 부분의 벽돌을 자른다.

8 넷째 단을 쌓은 모습. 벽돌 하나가 온전히 들어가지 않는 부분은 그때그때 벽돌을 잘라서 놓는다.

9 다섯째 단에서 아궁이의 상부를 아치 모양으로 배열한다. 벽돌이 삐져나오면 잘라낸다. 아치 부분 이외에는 넷째 단과 같다.

10 다섯째 단을 쌓은 모습. 정면에서 본 모습과 뒤에서 본 모습.

11 굽은 부분은 흙을 발라서 깔끔하게 정돈한다.

12 여섯째 단을 임시로 쌓은 모습. 틈새는 잘라낸 벽돌로 메우면 된다.

13 굴뚝의 구멍을 벽돌과 흙으로 만든다.

14 여섯째 단을 쌓은 모습.

15 일곱째 단도 여섯째 단과 마찬가지로 쌓는다. 굴뚝 주위는 작은 벽돌로 보강한다.

16 일곱째 단까지 쌓았으면 벽돌 쌓기는 끝.

성공 포인트
세세한 부분은 준비한 취사구의 둘레나 굴뚝의 크기에 맞도록 흙을 바르고 손으로 다듬는다.

17

아궁이에 끼워 넣었던 나무를 망치로 두드려서 빼낸다. 중앙에서 빼내면 쉽게 빠진다.

18

이 상태로 1시간 정도 건조한다.

19

흙을 표면 전체에 바르고 모양이 매끈해지도록 다듬는다.

20

안쪽은 손으로 마무리한다.

21

둘째 날 작업이 끝났다. 이대로 2주 이상 비에 젖지 않도록 주의하며 건조한다. 밤이나 비가 오는 날에는 천막 등을 덮어놓으면 좋다.

중간 흙칠하기   셋째 날

재료

- 섬토실 흙
- 강모래
- 삼여물(삼끈을 5cm 길이로 자른 것으로 대용 가능)
- 솥날개(지름 300mm) 2개
- 굴뚝 1세트

1

플라스틱 수조에 흙과 강모래, 삼여물을 넣고 물을 부으면서 반죽한다.

2

부뚜막 전체를 바른다. 두께는 2~3cm가 기준.

3

솥날개를 끼우고 바른다.

연통도 떨어지지 않도록 끼우고 바른다.

셋째 날의 작업이 완료. 다시 2주 이상 건조한다.

마무리하기   넷째 날

재료
- 회반죽 또는 규조토

표면에 회반죽 또는 규조토를 발라 완성한다.

화덕

내화 벽돌과 내화 콘크리트로 만든다

피자와 빵을 구울 수 있는 화덕 만들기

수제 화덕은 크게 두 종류로 나뉜다. 하나는 화실이 하나인 유형이고, 또 다른 하나는 장작을 때는 방과 요리를 굽는 방이 나뉘어 있는 2층식이다. 이 책에서는 간단하고 만들기 쉬운 돔형 화덕을 소개한다.

이 화덕은 화실이 하나다. 또한 화덕 본체는 플라스틱 팔레트 위에 올라가 있는 형태이기 때문에 지게차를 이용하면 이동도 가능하다.(가동식) 보통은 단관 파이프로 만든 토대 위에 설치하는데, 소형 트럭의 짐칸에도 실을 수 있는 크기로 만들었다. 음식을 넣고 빼기 쉬운 높이에 화덕을 놓아야 편리하게 사용할 수 있다.

화덕을 이동시킬 생각이 없는 사람은 벽돌이나 돌, 블록 등으로 튼튼한 토대를 만들고 그 위에 설치하면 된다. 응용 방식은 다양하다. 작업은 날씨가 좋은 날에 하고, 비가 내리면 천막을 덮어두자. 완성 후에도 비가 올 때는 천막을 덮어두거나 비에 젖을 일이 없는 장소에 만드는 것이 좋다.

작업 주의사항

작업 시기 1년 중 아무 때나 상관없다. 비가 올 때는 천막을 덮어놓는다.
달인의 비결 충분히 건조한 다음에 조금씩 신중하게 불을 넣어서 화덕에 금이 가는 것을 예방한다.

준비물

① 원형톱(합판과 ALC 보드를 자를 때 사용한다.)
② 미장용 양동이
③ 전동 드릴(믹서 어태치먼트를 장착)
④ 임팩트 드라이버
⑤ 디스크 그라인더(벽돌을 자른다.)
⑥ 긴 국자
⑦ 고무 해머　⑪ 수평기
⑧ 봉　⑫ 모종삽
⑨ 자　⑬ 스펀지
⑩ 청소용 브러시　⑭ 흙손

재료

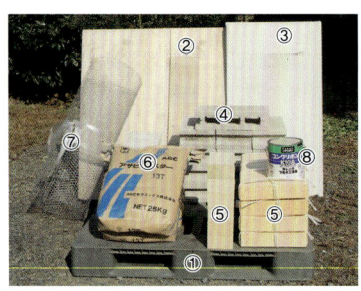

• 단관 파이프(지름 6cm)
여기에서는 1m×9개, 3m×1개(75cm×4개로 분할)
• 단관 파이프용 조인트 코너　Y형×8개, T형×2개
• 나사 적당량
① 플라스틱 팔레트(1.1m×1.1m) 1개
※ 여기에서는 창고의 폐기 팔레트를 사용
② 합판
③ ALC 보드
④ 콘크리트 블록. 통상 사이즈×13개, 1/2 사이즈×10개
⑤ 내화 벽돌. 대×4개, 소×6개
⑥ 내화 콘크리트
⑦ 철망(녹색 코팅이 되어 있지 않은 것)
⑧ 콘크리트 접착제
—
그 밖에 골판지 상자, 신문지, 철사 등

화덕의 토대 만들기 첫째 날

1 설치 장소는 수평하게 만든다. 단관 파이프를 조립하고 플라스틱 팔레트를 올려놓는다. 팔레트의 크기에 맞춰 자른 합판을 그 위에 올려놓는다.

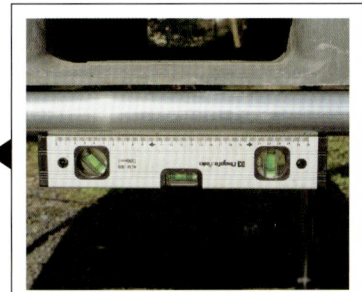

성공 포인트
수평계로 수평을 확인한다.

2 나사를 몇 곳에 박아 합판을 팔레트에 고정한다.

3 콘크리트 블록을 임시로 배치한다. 통상 사이즈 12개와 1/2사이즈 1개를 사용해 균등하게 놓도록 하자. 블록 사이에 열이 빠져나갈 틈이 있어야 한다.

4 콘크리트 접착제를 합판과 콘크리트 블록에 발라서 고정한다.

5 콘크리트 블록에 맞춰 자른 ALC 보드를 블록 위에 올려놓고 나사 몇 개를 박아 고정한다.

6

내화 벽돌을 큰 것과 작은 것 4개씩 놓고, 1/2사이즈의 콘크리트 블록 9개를 놓는다.

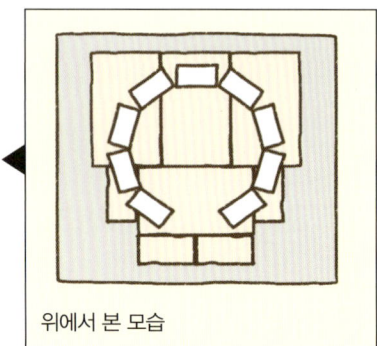

위에서 본 모습

7

콘크리트 블록의 틈새에 나뭇조각을 끼우고 타이어 튜브 등으로 고정한다. 정면의 화구에는 콘크리트 블록을 놓으면 된다.

8

내화 콘크리트에 물을 붓고 잘 섞는다.

9

콘크리트 블록의 구멍, 나뭇가지의 틈새를 내화 콘크리트로 채운다.

10

틈새가 생기지 않도록 봉을 사용해 빼곡히 채워 넣는다.

11

표면을 흙손으로 마무리한다.

12

젖은 스펀지로 매끄럽게 마무리한다.

13

이 상태로 하루 이상 건조한다.

돔 부분 만들기   둘째 날

1
내화 콘크리트가 굳은 것을 확인하고 타이어 튜브와 나뭇조각을 제거한다.

2
내화 콘크리트를 개서 콘크리트 블록과 내화 벽돌 사이에 바른다. 먼저 바깥쪽부터 작업한다.

3
안쪽에도 내화 콘크리트를 바른다.

4
내화 벽돌과 ALC 보드의 사이에도 내화 콘크리트를 바른다.

5
골판지로 돔 부분의 틀을 만든다. 크기는 화덕에 맞춘다. 여기에서는 높이 약 28cm, 지름 약 65cm.

6
돔의 아랫부분에 장작 등을 깔아서 높이를 올린다.

7
마분지 상자로 만든 돔의 틀을 임시로 올린다.

8
앞쪽의 개구부는 콘크리트 블록이나 벽돌로 막아둔다.

9
콘크리트가 달라붙지 않도록 개구부의 상부에 나뭇조각이나 비닐 등을 올려놓는다.

10
돔의 아랫부분에 강모래를 넣는다.

11
마분지 상자로 만든 돔의 틀을 올려놓는다.

12
플라스틱 수조에 강모래를 담고, 물을 부으며 되직해질 때까지 섞는다.

13
모래를 돔의 틀에 쌓아 올린다.

14
흙손을 사용해 보기 좋게 다듬는다.

15
모래를 쌓아 올린 모습.

16
젖은 신문지를 붙인다.

17
내화 콘크리트를 되직하게 갠 다음, 흙손으로 신문지 위에 첫 번째 층을 바른다. 두께는 2~3cm가 기준.

18
첫 번째 층이 말랐으면 보강을 위해 철망을 씌운다. 철망이 돔 전체를 완전히 덮도록 자르고 구부린다.

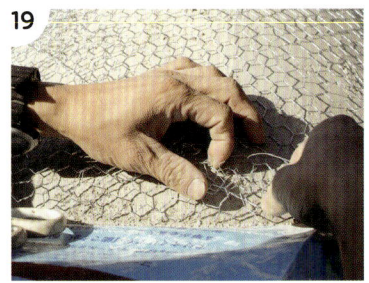
19
끝부분을 철사로 고정한다.

20 두 번째 층을 바른다. 철망 사이에 콘크리트가 확실히 들어가도록 흙손을 이용해 작업한다. 두 번째 층의 두께도 2~3cm가 기준이다. 완성된 두께는 5cm 정도.

21 흙손을 사용해 매끈하게 마무리한다. 마지막에는 젖은 스펀지로 표면을 정리하면 좋다.

22 돔을 완성한 모습. 이대로 48시간 동안 건조한다.

돔 안에서 모래 빼내기

셋째 날

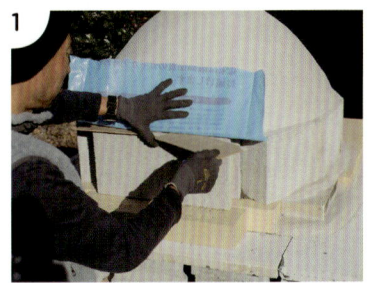

1 내화 콘크리트가 굳은 것을 확인했으면 개구부의 콘크리트 블록과 나뭇조각, 벽돌, 비닐을 제거한다.

2 입구의 콘크리트 블록을 제거한다.

3 돔 안에 들어 있는 모래를 긁어낸다. 골판지로 만든 틀을 포함해 돔 안의 모래 등을 빼낸다.

4 모래를 꺼낸 상태에서 다시 2~4주(온도와 습도에 따라 달라진다.) 동안 확실히 건조한다.

균열이 생겼을 때의 대처
화덕에 균열이 생겼을 때는 내화 콘크리트로 보수하면 된다.

화덕에 불 넣기

- 천연 효모 빵 → 124쪽
- 화덕 요리 → 128쪽

1 개구부의 크기에 맞춰 내화 벽돌 2개에 표시를 한다.

2 벽돌을 자른다.

3 보온용 벽돌 2개를 개구부에 놓은 모습.

4 불 넣기 준비. 장작, 삼나무 잎, 장갑, 부집게, 블로파이프, 잿고무래 등.

5 불쏘시개 위에 삼나무 잎과 장작을 올려놓고 불을 붙인다.

6 필요에 따라 블로파이프로 공기를 불어넣는다.

7 서서히 굵은 장작을 넣고 1시간 정도 가열한 뒤 장작을 꺼낸다. 다른 날에도 똑같은 방법으로 불을 넣는다. 총 2~3회 정도 불을 넣으면 화덕 완성!

성공 포인트
갑자기 온도를 높이면 금이 가므로 2~3회에 걸쳐서 1시간 정도씩 불을 넣는 것이 좋다. 증기가 나오는 것은 수분이 빠져나가고 있다는 신호다.

재료

① 간이 부뚜막
② 벽돌 32개
③ 철망
④ 콘크리트 블록 4개
⑤ 금속 틀(정사각형 1개, 변형 1개)

―

정사각형 금속 틀의 한 변의 길이는 8번 작업에서 올려놓을 각 벽돌의 중앙에 걸칠 수 있을 정도면 된다. 높이는 솥의 바닥으로부터 1cm의 공간이 생기는 정도가 열효율이 좋다.

로켓 스토브

벽돌을 이용해 강력한 화력을 낸다

밥·삶기·찜을 단시간에 효율적으로!

벽돌을 이용해 열효율이 좋은 로켓 스토브를 만들어보자. 벽돌을 쌓기만 하면 되므로 만들기 편하고 이동도 간단하다. 시중에서 판매하는 간이 부뚜막을 설치하고 솥을 올려놓으면 짧은 시간에 밥도 짓고 국도 끓일 수 있다. 찜통을 이용하면 찜 요리도 간단히 만들 수 있다.

로켓 스토브 만들기

작업 주의사항

작업 시기 1년 중 아무 때나 상관없다. 지붕이 있는 곳에 설치하면 비가 내려도 젖지 않아 좋다.

달인의 비결 평평한 장소에 벽돌을 쌓는다. 내화 벽돌이 아니기 때문에 사용하다 보면 깨질 때가 있지만, 교체하면 된다.

1

콘크리트 블록 4개를 배열한다.

2

아궁이를 둘러싸도록 벽돌을 3단으로 쌓는다. 첫째 단에 벽돌 5개씩 총 15개를 사용한다.

3

정사각형이 되도록 벽돌 4개를 가로로 세워서 쌓는다.

4

뒷부분에 가로로 1개를 쌓는다.

5

3번 작업에서 쌓은 벽돌과 서로 엇갈리도록 벽돌 4개를 가로로 세워서 쌓는다.

제1장 농촌생활을 위한 살림살이 만들기

같은 요령으로 셋째 단을 쌓는다.

변형된 모양의 금속 틀을 아궁이에 놓고 그 위에 철망을 올려놓는다.

정사각형의 금속 틀을 올려놓는다.

좌우에 벽돌 2개를 놓고 그 위에 간이 부뚜막을 설치한다.

위에서 내려다본 모습.

솥을 올려놓는다.

아궁이에 벽돌 2개를 가로로 세워서 쌓으면 완성.

불 피우기

아궁이 앞의 벽돌 2개를 치우고 불이 잘 붙는 잔가지로 불을 붙인다.

확실히 불이 붙은 모습.

벽돌 2개를 다시 아궁이 앞에 쌓고 장작을 넣는다.

성공 포인트
아궁이 앞에 벽돌이 있으면 장작을 세워 놓을 수 있어 편리하다.

드럼통 목욕탕

드럼통과 장작만 있으면 즐거운 목욕이 가능!

재료
- 드럼통
- 콘크리트 블록 4개
- 나무 발판

작업 주의사항

작업 시기 1년 중 아무 때나 상관없다. 지붕이 있으면 비가 내리는 날에도 사용할 수 있다.

달인의 비결 드럼통의 크기에 맞춘 나무 발판을 만들자.

자연의 바람을 맞으며 느긋하게 목욕한다

드럼통을 이용하면 간편하게 노천탕을 즐길 수 있다. 드럼통을 설치할 콘크리트 블록과 드럼통, 나무 발판과 장작만 있으면 어디에서나 목욕이 가능하다.

드럼통은 위가 열려 있는 것을 사용한다. 만약 그런 드럼통을 구하지 못했다면 드럼통의 윗부분을 잘라내고, 다치지 않도록 잘라낸 부분을 그라인더로 갈아놓자. 스테인리스 드럼통을 사용하면 내구성이 크게 높아진다. 드럼통은 아이뿐만 아니라 어른도 충분히 목욕할 수 있는 크기다.

다양한 방식의 목욕탕

핫 터브

부뚜막을 설치하고 그 위에 큰 욕조를 올려놓고 물을 데우는 방식으로 활용하는 목욕탕. 꼭 부뚜막이 아니어도 상관없기 때문에 여러 방식의 난로를 이용해 가열해도 된다. 대개 야외에 설치한 큰 욕조를 터브라고 부른다.

외부 가열·순환식 목욕탕

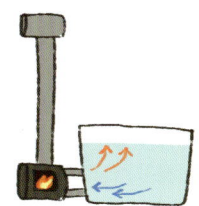

물을 끓이는 부분을 욕조 밖에 만들고, 목욕통과 관으로 연결한 것이 외부 가열·순환식 목욕탕이다. 욕조와 연결된 아래쪽 구멍에서 외부 가열기로 물이 들어가면 위쪽 구멍에서 뜨거운 물이 되어 돌아오는 구조다. 사진 속 목욕탕은 장작으로 불을 때서 물을 데우는 방식이며, 지붕에 태양열 온수기를 설치했기 때문에 날씨가 좋은 날에는 지붕 위에서 데운 물로 목욕을 할 수 있다.

드럼통 욕조 설치하기

1. 평평한 장소에 콘크리트 블록을 설치하고 드럼통을 올려놓는다.

2. 드럼통의 안지름 크기에 맞는 나무 발판을 준비한다.

3. 나무 발판을 안에 넣은 모습.

4. 물을 붓는다.

불붙여 물 데우기

1. 불을 붙인다. 부채질로 공기를 보내면서 물이 적정 온도가 될 때까지 장작을 땐다.

2. 접사다리를 이용하면 드럼통 안에 들어가기가 편하다.

3. 기분 좋게 목욕!

흙벽 보수

중간칠을 하고 규조토나 회반죽으로 마무리한다

준비물
• 흙손
• 플라스틱 수조
• 흙 반죽용 괭이 등

다양한 종류의 흙손

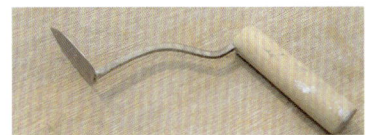

세밀한 부분을 바르는 용도

회반죽과 규조토 마무리용

초벽칠 · 중간칠용

마무리용에 가까워질수록 탄력성이 증가한다.

틈새나 금, 깨진 부분을 보수하고 규조토나 회반죽으로 예쁘게 마무리하자

전통 민가에서 생활할 경우, 흙벽을 보수할 줄 안다면 편리하다. 꼭 습득해두도록 하자. 흙벽이 완전히 벗겨져 떨어졌거나 들떴을 경우, 남은 흙벽을 벗겨내고 다시 칠하는 작업이 필요하다. 이 책에서는 보수할 경우를 가정하고 중간칠부터 소개한다. 중간칠은 같은 날 2번 실시한다. 회반죽으로 마무리를 할지 규조토로 마무리를 할지는 취향에 따라 선택하기 바란다. 여기에서는 EM 규조토를 사용했다.

작업 주의사항
작업 시기 춘분부터 장마철에 접어들기 전, 추분부터 겨울 전까지가 가장 좋다. 습기가 많아지는 장마철은 피하는 편이 좋다.
달인의 비결 표면이 울퉁불퉁하지 않도록 칠한다. 초보자는 표면이 다소 고르지 않더라도 멋이라고 생각하자.

흙벽의 구조

욋가지(대나무를 쪼개서 가로 세로로 엮은 토대)에 초벽칠이라고 부르는 기초칠을 하고, 중간칠을 거쳐 표면을 회반죽이나 규조토로 마무리하면 흙벽이 완성된다.

초벽칠부터 할 경우

초벽칠을 할 때는 흙에 짚(5cm 정도로 자른다.)을 섞고 물로 개서 발효시킨 것을 욋가지 위에 바른다. 먼저 앞에서 3cm 두께로 바르면 뒤에 1cm 정도 초벽이 나온다. 그러면 이튿날에 뒷벽을 1cm 정도 바른다. 완성되었을 때의 두께는 4cm 정도가 기준이다. 이 상태에서 1개월 정도 건조하고 중간칠 작업을 한다.

중간칠하기

재료
- 흙(점토질)
- 강모래(건축용)
- 중간칠용 여물(건축용)

흙을 준비한다
벽에 사용할 흙으로는 채로 걸러서 잔돌 등을 제거한 논이나 밭의 흙이 적합한데, 점토질이어야 한다는 조건이 붙는다. 화산재 흙은 굳지 않으므로 흙벽에 적합하지 않다. 물에 개면 굳는 점토질 흙을 준비하자.

1

흙과 강모래를 1 대 3의 비율로 넣고 물을 조금씩 부으면서 바르기 좋은 굳기가 될 때까지 잘 섞는다.

2

중간칠용 여물을 넣고 다시 잘 섞는다.

3

갠 흙을 나무판에 올려놓고 바르면 좋다.

4

첫 번째 중간칠. 전체적으로 두께 1cm 정도가 되도록 대충 바른다.

5

틈새가 있는 부분은 속까지 흙이 들어가도록 작은 흙손으로 바르면 좋다.

6

첫 번째 중간칠이 끝났으면 마르기 전에 두 번째 중간칠을 한다. 두께는 1cm가 기준이다. 중간칠의 두께가 합계 2cm 정도가 되도록 바르는 것이 좋다. 다 발랐으면 2주 정도 건조한다.

균열에 대처한다

커다란 균열을 발견!

▶

균열 보수용 망을 자른다.

▶

균열에 망을 붙이고 중간칠용 재료를 바른다.

▶

중간칠을 한 모습.

마무리칠하기

재료
- 규조토

1

규조토에 물을 넣어 벽에 바르기 좋은 굳기로 만들고 잘 섞는다.

2

나무판에 규조토를 올려놓고 바르면 좋다.

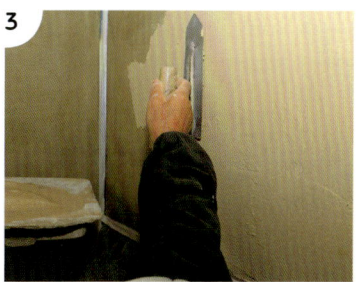

3

2~3mm 정도의 두께로 골고루 바른다.

4

다 바른 모습.

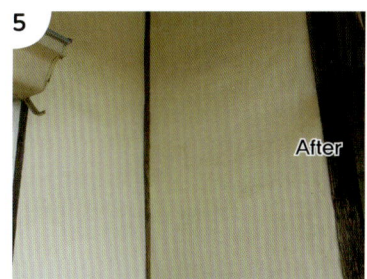

5

2주 정도 건조하면 완성.

휴지는 잘 분해되지 않으므로 퇴비장에 들어가지 않도록 화장실 중앙에 둔 쓰레기통에 넣는 것이 좋다.

자연 발효식 화장실

옥외에 쌓아놓고 퇴비로 이용한다

간단히 만드는 순환형 화장실

하수도가 완비되어 있지 않은 집에 산다면 화장실은 커다란 문제가 된다. 양동이와 좌변기 커버, 목재를 이용하면 배설물을 분해해 흙으로 되돌리는 자연 발효식 화장실이나 바이오 화장실을 손쉽게 만들 수 있다. 시판 제품도 있지만 어렵지 않으니 직접 만들어보자. 비상시나 화장실이 없는 경우에도 자연 발효식 화장실이 활약한다.

양동이 안에 쌓인 분뇨는 틈틈이 옥외의 퇴비장에 쌓아놓고 자연스럽게 발효시켜 분해한 다음, 퇴비로 사용하자. 이 책에서는 냄새 대책과 관리의 용이성을 고려해 대변용과 소변용을 따로따로 만들었다. 물론 구분하지 않고 하나만 만들어도 무방하다. 물을 사용할 필요 없이 미생물의 힘을 빌려 흙으로 되돌리는 자연 발효식 화장실은 지구 환경에 좋은 순환형 화장실이다.

작업 주의사항

작업 시기 1년 중 아무 때나 상관없다. 퇴비장을 만드는 데 사용할 대나무를 벨 시기는 10~12월이 적기다.

달인의 비결 화장실의 목재 부분은 좌변기 커버가 올라가고 양동이를 수납할 수 있다면 어떤 디자인이든 무방하지만, 양동이를 손쉽게 넣고 꺼낼 수 있어야 한다.

재료 ①

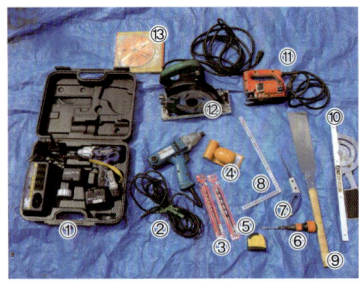

① 임팩트 드라이버
② 전동 드릴
③ 드릴비트
④ 샌드페이퍼
⑤ 줄자
⑥ 드라이버
⑦ 쥐꼬리톱
⑧ 곱자
⑨ 양날톱(켜는 톱과 자르는 톱)
⑩ 각도자
⑪ 실톱
⑫ 원형톱
⑬ 원형톱의 날
⑭ 좌변기 커버
⑮ 양동이
⑯ 양동이 둘레 크기의 종이틀
⑰ 나사

※ 수치는 좌변기 커버와 양동이의 둘레, 자연 발효식 화장실의 높이에 따라 변한다. 이 책의 수치는 지름 296mm의 양동이, 세로 425mm의 좌변기 커버를 사용하고 높이를 325mm로 했을 경우다.

재료 ②

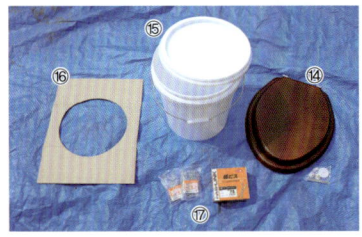

좌변기 커버 고정용 구멍(지름 12mm)
두께 12mm
Ⓒ 456mm 253mm
Ⓑ 430mm 253mm
Ⓐ 296mm 480mm 430mm
45mm 각재
140mm
80mm

목재(면재/12mm 두께)
Ⓐ (상면) 430×480mm×1장
Ⓑ (측면·전후) 430×253mm×2장
Ⓒ (측면·좌우) 456×253mm×2장

목재(각재/45mm)
① 268mm×4개
② 406mm×2개
③⑤ 366mm×4개
④ 316mm×2개

목재(각재/60mm)
⑥ 200mm×1개
⑦ 80mm×4개

자연 발효식 화장실 만들기

화장실 완성도

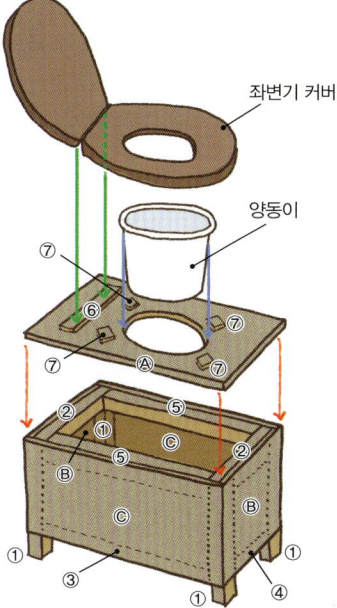

좌변기 커버
양동이

1

목재를 각각 설계한 길이에 맞춰 자른다. 설계도가 있을 경우, 목재소에 잘라 달라고 부탁하면 좋다.

2

윗면 Ⓐ에 양동이 둘레 크기의 종이 틀을 대고 표시를 한 다음 전동 톱으로 자른다. 드릴로 구멍을 뚫은 다음 실톱을 사용해서 잘라도 무방하다.

3

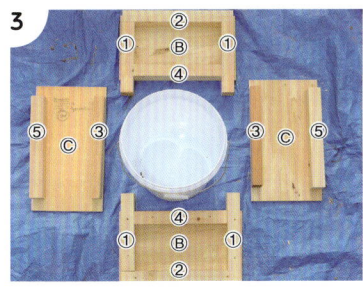

나사를 이용해 각재를 면재에 고정한다. 목재에 번호를 붙여놓으면 좋다. 전면, 후면, 좌우 측면의 네 면을 만든다. 상부의 각재는 윗면의 덮개가 딱 들어맞도록 살짝 어긋나게 배치하는 것이 좋다.

성공 포인트
뒷면에서 각재를 임시로 고정해놓고 앞면을 고정한 다음, 임시 고정 나사를 제거하면 실패할 확률이 낮아진다.

4

측면 네 면을 맞추고 나사로 고정한다.

성공 포인트
전체를 사포질해서 표면을 매끈하게 다듬는다.

5

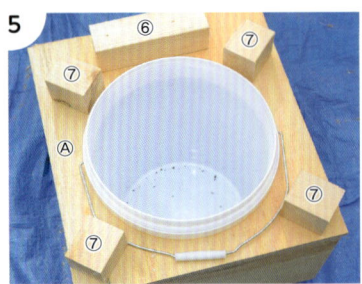

윗면의 구멍에 양동이를 끼우고 좌변기 커버를 고정하기 위한 각재를 나사로 조인다. 위치는 좌변기 커버와 양동이의 손잡이에 맞춘다.

성공 포인트
양동이에 튀어나온 부분이 있으면 미리 잘라낸다.

6

윗면의 각재에 좌변기 커버를 설치할 구멍을 뚫는다.

7

좌변기 커버를 각재에 꽂아서 설치하고 반대쪽에서 너트로 고정한다.

8

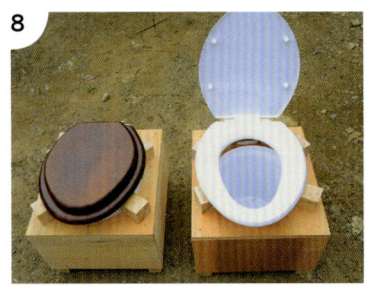

조립이 끝난 모습. 왼쪽의 갈색 변기가 대변용, 오른쪽의 흰 변기가 소변용이다.

9

목재 부분에 감물을 바른다.

10

마른 뒤에 다시 발라주면 색이 깊어진다. 좌변기 커버를 올리면 양동이를 간단히 끼우고 빼낼 수 있다.

11

대변을 본 뒤에 왕겨나 톱밥, 대팻밥, 낙엽, 퇴비, 쌀겨 등을 변이 보이지 않을 만큼 뿌려놓으면 냄새가 덜 날 뿐만 아니라 분해도 잘된다.

성공 포인트
양동이 안의 내용물을 수시로 옥외의 퇴비장에 버린다. 냄새와 벌레가 신경 쓰이는 여름철에는 양동이에 뚜껑을 덮어놓아도 좋다.

퇴비장 만들기

준비물
① 대나무용 톱
② 삽
③ 나무망치
④ 큰직각자 : 직각을 만들 때 사용하는 커다란 삼각자
⑤ 달구: 흙을 다지기 위해 사용
※ 주변의 폐자재나 통나무로 만들면 된다.

재료
- 말뚝(주변의 삼나무 간벌재를 사용) 지름 12cm×150cm×8개
- 대나무(주변에 있는 맹종죽을 사용) 적당량
- 로프(짚이나 마가 아니라 폴리에스테르 등 잘 분해되지 않는 재질) 적당량

퇴비장 겨냥도

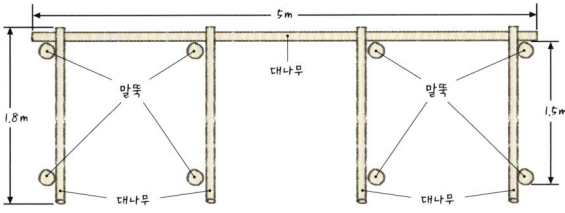

퇴비장 이용법

화장실의 배설물을 쌓고 낙엽 등을 뿌려둔다. 대변과 소변을 함께 쌓아도 무방하지만 소변은 밭에 뿌리고 대변만 쌓으면 발효될 때 나는 냄새를 줄이는 데 도움이 된다.

낙엽, 목재 부스러기, 톱밥, 왕겨, 숙성 퇴비 등을 배설물 위에 뿌린다.

다 쌓아놓고 발효 중인 퇴비. 숙성되면 밭에 사용한다.

1

대나무를 잘라서 옮긴다. 대나무를 자르는 법은 이 책 44쪽을 참조.

2

퇴비장을 설치할 장소를 결정하고 말뚝을 박을 곳을 정한다. 큰직각자를 사용하면 정확하게 직각으로 만들 수 있다.

3

말뚝을 박아 넣을 구멍을 삽으로 판다.

4

말뚝을 박는다. 나무망치로 확실히 박아 넣는다.

5

말뚝 주변을 흙으로 메운다.

6

달구를 사용해 말뚝 주변의 흙을 확실히 다진다.

7

말뚝 8개를 박은 모습.

8

대나무는 사용하기에 적당한 크기로 잘라 놓는다.

9

대나무를 짜 맞추고 로프로 확실히 고정한다. 고정한 대나무와 직각으로 교차되게 대나무를 끼우고 묶는다.

10

튀어나온 부분을 톱으로 잘라서 길이를 맞추면 완성.

이동식 순환형 화장실

땅을 파서 배설하고, 구덩이가 꽉 차면 흙을 덮은 다음 이동한다. 이런 이동식 화장실이라면 더 쉽게 만들 수 있다. 마당이 어느 정도 넓어야 한다.

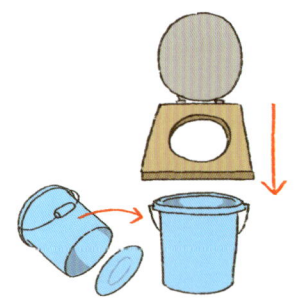

1. 바닥을 도려낸 양동이 또는 18L짜리 양동이에 좌변기 커버를 설치한다.

2. 구멍을 파고 그 위에 올려놓는다.

3. 주위를 텐트로 둘러친다.

4. 배설물 위에 톱밥이나 왕겨 등을 덮어 둔다.

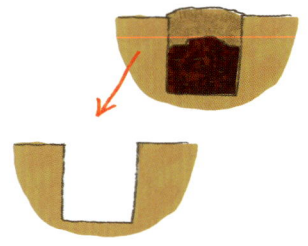

5. 구덩이가 가득 차면 흙을 덮고 이동한다.

대나무 공예

식기와 젓가락을 만들자

대나무 공예에 사용할 주요 도구

① 대나무 켜기용 톱
② 도끼칼
③ 대나무용 도끼칼
④ 접목도
⑤ 송곳
⑥ 전동 드릴
⑦ 드라이버
⑧ 줄자
⑨ 헝겊

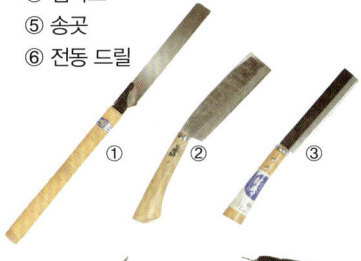

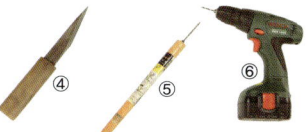

장갑 선택 요령
목장갑은 미끄러져서 위험하므로 미끄럼 방지 기능이 있는 제품을 사용한다.

대나무를 이용해 만드는 생활용품

옛날부터 대나무를 이용해 다양한 생활도구를 만들어왔다. 대나무에는 여러 종류가 있는데, 식기나 사방등을 만들기에는 진죽이나 맹종죽이 좋다고 한다.

　대나무와 대나무 사이의 거리는 우산을 쓰고 걸을 수 있을 정도가 좋다고 알려져 있다. 적당한 대나무 숲의 밀도를 위해서는 죽순을 캐고 대나무를 베는 등의 관리가 필요하다. 즉, 대나무를 이용하는 것은 대나무 숲을 지키는 길로 이어진다. 대나무를 베기에 좋은 시기는 대나무의 수분과 양분이 적은 10월에서 12월 사이다. 이 시기에 대나무를 베면 해충이나 곰팡이가 잘 생기지 않는다. 대나무 공예에 사용할 대나무로는 3~4년생을 추천한다. 1년분의 작업에 사용할 대나무를 겨울에 베어두자. 곧게 뻗은 대나무를 고르는 것이 좋다.

작업 주의사항

작업 시기　대나무를 베는 시기는 10~12월이 좋다. 대나무를 보관해놓으면 1년 중 아무 때나 대나무 공예를 할 수 있다.
달인의 비결　대나무를 깎을 때 칼을 고정하고 대나무를 움직이면 안전하고 예쁘게 깎을 수 있다.

대나무의 나이

어린 대나무는 마디가 희다. 2년차 정도까지는 흰색이 남아 있다가 그 후 서서히 사라진다. 표피의 녹색도 빛이 바랜다.

오래된 대나무는 마디가 거무스름하다. 표피의 녹색도 칙칙해진다.

대나무 베기

1 벨 대나무를 정하고 쓰러트릴 방향을 확인한 다음, 사람이 있는지 살핀다.

2 지면과 가까운 마디 위를 자른다. 대나무를 쓰러트릴 쪽으로 1~2cm를 자르고 날을 뺀다.

3 반대쪽에 날을 넣고 자른다.

4 껍질이 뜯어지지 않게 깔끔히 자른다.

5 1m 정도의 높이에서 베는 방법도 있다.

6 1m 높이에서 베었을 경우, 나무가 썩으면 뿌리부터 뽑아낼 수가 있다.

대나무 손질하기

1 사용하고자 하는 길이로 자르면 운반하기가 용이하다.

2 가지를 친다. 아래쪽에 칼집을 낸다.

3 위에서 아래로 꺾으면 껍질이 뜯어지지 않게 꺾을 수 있다.

4 가지를 친 모습.

5 사용하기 전에 수세미 등으로 깨끗하게 닦아낸다.

6 물기를 닦는다.

컵과 국자 만들기

국자

1

가지가 달린 대나무를 준비한다.

2

원하는 높이로 자른다.

3

가지를 잡기 편한 길이로 자른다. 자른 단면을 다듬는다.

컵

1

마디로부터 2cm 떨어진 곳을 자른다.

2

원하는 높이로 자른다.

3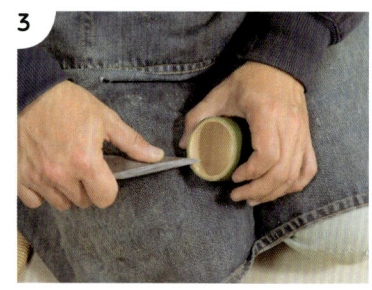

안쪽의 가장자리를 접목도로 매끄럽게 다듬으면 좋다.

4

바깥쪽도 다듬으면 입술에 닿을 때의 촉감이 좋아진다. 줄을 사용해도 무방하다.

완성!

그릇 만들기

1
대나무 양쪽을 자른다. 이때 양 마디에서 2~3cm 정도 떨어진 곳을(바깥쪽) 자른다.

2
반으로 쪼갠다. 도끼칼을 대고 나무망치로 치면서 도끼칼을 아래로 눌러서 쪼갠다.

3
반으로 쪼갠 모습.

4
자른 단면을 접목도로 매끄럽게 다듬는다.

5
바닥 부분의 껍질을 벗겨내면 그릇을 바닥에 두었을 때 흔들리지 않는다.

6
그릇의 곳곳을 사포로 다듬으면 완성.

젓가락 만들기

> **성공 포인트**
> 긴 젓가락을 만들기에는 두툼한 맹종죽이 좋다.

1

쓰기 편한 길이로 자른다. 33~36cm가 기준. 손잡이 쪽에 마디가 오도록 자른다.

2

반으로 쪼갠다. 도끼칼로 한 쪽씩 칼집을 넣는다.

3

칼집에 도끼칼을 집어넣는다.

4

도끼칼을 누르듯이 아래로 내리며 쪼갠다.

5

마디 판을 제거한다.

6

대나무가 곧게 뻗은 부분을 골라서 마디 2개 정도의 폭으로 쪼갠다.

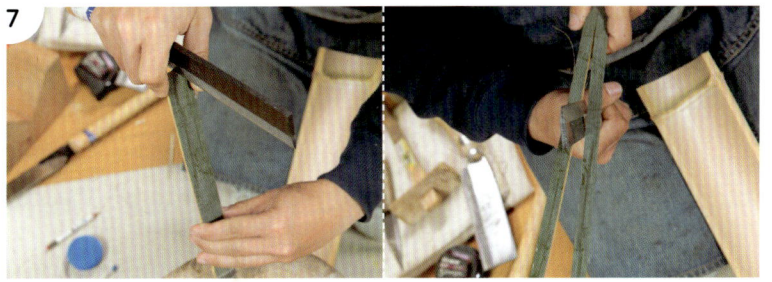

7 젓가락 크기로 쪼갠다. 원래 하나였기 때문에 마디 부분도 일치한다.

8 쓰기 편한 두께로 속대를 벗겨낸다.

9 위쪽이 속대를 벗겨낸 후의 안쪽. 아래쪽은 벗겨내기 전의 속대가 붙어 있는 상태.

10 접목도로 너비와 두께 등을 조절한다. 깎는 방향은 굵은 쪽에서 가는 쪽으로.

성공 포인트
무릎에 헝겊을 대고 칼날은 고정한 채 대나무를 몸 쪽으로 끌어당기면 깔끔하게 깎을 수 있다. 이 방법은 부상도 예방한다.

면국자 만들기

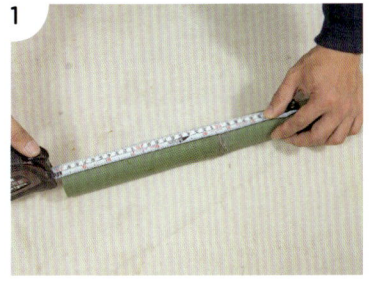

1 마디를 중심으로 좌우 같은 길이(여기에서는 10cm)에 표시를 한다.

2 표시한 부분을 자른다.

3 반대쪽도 자른다.

4
마디로부터 2~3cm 떨어진 부분을 중간까지 자른다.

5
4번 작업에서 칼집을 넣은 부분까지 도끼칼로 자른다.

> **성공 포인트**
> 도끼칼을 누르듯이 내리면서 칼집을 넣은 부분까지 자르면 된다.

6
반대쪽도 같은 요령으로 좌우가 엇갈리도록 자른다.

7
좌우가 엇갈리게 자른 모습.

8
포크 부분(5개)의 폭을 재고, 칼집을 넣기 위해 포크가 있을 위치 네 곳에 같은 간격으로 표시를 한다.

9
표시한 곳에 드릴로 구멍을 낸다.

10
구멍이 있는 부분까지 도끼칼로 쪼갠다.

11
쪼갠 부분에 접목도를 넣고 깎아서 포크 모양을 만든다.

> **성공 포인트**
> 포크 사이를 깎아내며 모양을 만들어 나간다.

12
손잡이 부분을 접목도로 다듬어서 완성한다.

대나무 등 만들기

재료
- 코드가 달린 소켓(스위치가 있는 것)
- 전구(꼭지쇠 12mm인 것을 사용)
- 나뭇조각
- 나사

1

마디 밑 4~5cm 떨어진 부분을 자른다.

2

완성된 모습을 상상하며 위가 될 부분을 비스듬하게 자른다.

3

마디 판을 나무망치로 깬다.

4

창 부분을 자른다.

5

대나무의 안지름에 맞춰서 나뭇조각을 자른다.

6

코드가 달린 소켓을 나사로 나뭇조각에 고정한다.

7

밑바닥을 도려내 코드가 지나갈 틈을 만든다.

8

소켓에 전구를 끼우고 나뭇조각을 나사로 대나무에 고정한다.

완성!

대나무 등의 응용
손잡이를 달았다.

대오리 만들기

대오리 만들기에 도전한다

준비물
- 나무망치
- 페인트붓
- 전정 가위
- 전통 종이
- 진죽
- 줄자
- 감물
- 대나무 켜기용 톱
- 연필
- 헝겊
- 대나무용 도끼칼
- 목공용 본드
- 작업대
- 접목도
- 풀

진죽을 쪼개서 대오리를 만들자

대오리를 만들 때는 맹종죽보다 마디가 길고 섬유가 치밀한 진죽이 적합하다. 대나무를 쪼개고 벗겨서 대오리를 만드는 작업은 능숙해질 때까지 조금 연습이 필요하지만, 생각대로 대오리를 만들 수 있게 되면 다양한 바구니를 짤 수 있으니 반드시 익혀두는 것이 좋다. 대나무를 쪼개고, 벗기고, 얇게 깎아내는 작업은 대나무 켜기용 톱과 대나무용 도끼칼, 접목도를 사용하면 편리하다. 대나무는 섬유가 치밀하기 때문에 대나무 전용 도구가 있어야 원활하게 작업할 수 있다. 접목도는 잘 들어야 하므로 갈아놓도록 하자.

　여기에서는 대나무를 짜서 만든 컵받침에 전통 종이를 바르고 감물로 염색해 완성하는 방법을 소개한다. 감물을 만드는 법은 80쪽을 참조하기 바란다.

작업 주의사항

작업 시기　재료인 대나무를 베는 시기는 10~12월이 좋다. 벤 대나무는 그늘에서 건조한다. 작업은 1년 중 아무 때나 상관없다.

달인의 비결　대나무 켜기용 톱, 대나무용 도끼칼, 접목도를 준비한다. 익숙해질 때까지 계속 도전하자.

진죽과 맹종죽
진죽과 맹종죽은 마디의 모양이 다르다. 쪼개거나 벗길 때는 위에서 아래로 작업한다.

도끼칼을 잡는 법
왼손은 몸통보다 앞으로 나오지 않도록 몸에 붙인다. 칼날 끝을 몸 앞쪽으로 조금 기울이는 느낌으로 움직이자.

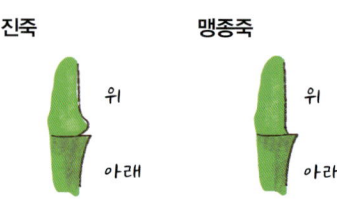

대오리 준비

도끼칼로 대나무를 쪼개고, 벗기고, 얇게 깎아내서 취향에 맞는 대오리를 만들자.

1. 대나무 자르기

1 양 끝의 마디를 잘라낸다. 대나무 켜기용 톱으로 마디로부터 1.5cm 떨어진 부분을 자른다. 처음에 손가락을 가이드로 삼으면 어긋나지 않게 자를 수 있다.

2 톱날이 자리를 잡았으면 대나무를 꽉 고정하고 자른다. 완전히 자르지 말고 거의 다 잘랐을 때쯤 톱날을 빼고 뒤집는다.

3 손가락을 가이드로 삼아서 톱날이 어긋나지 않도록 자른다.

4 마디를 잘라낸 모습.

성공 포인트
뒤집어서 자르지 않으면 껍질이 벗겨질 때가 있다.

2. 대나무 쪼개기

1 대나무용 도끼칼을 정확히 대나무의 절반이 되는 지점에 댄다.

2 먼저 손잡이 방향에 칼집을 넣는다. 대나무를 잡고 들었다 내리는 기세를 이용해 칼집을 넣는다.

3
칼집에 도끼칼을 넣고 양손으로 칼날을 누르듯이 내리며 쪼갠다.

4
나무망치로 두들기며 쪼개도 무방하다.

5
잘 쪼개지지 않을 때는 칼날의 두께보다 두꺼운 막대를 끼우고 아래로 누른다.

6
도끼칼을 뽑고 5번 작업에서 끼운 막대로 눌러서 쪼갠다.

7
절반으로 쪼개진 모습.

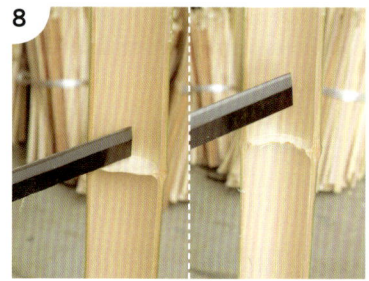

8
마디 판을 제거한다. 도끼칼의 칼등으로 가볍게 치면 부서진다.

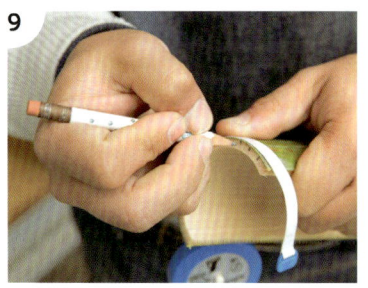

9
쪼개고 싶은 너비를 재고 연필로 표시한다. 여기에서는 7mm.

10
도끼칼을 대고 칼날을 넣어서 쪼갠다. 쪼갤 대나무의 중앙에서 가까운 곳부터 쪼갠다.

11
가급적 좌우의 폭을 균등하게 쪼개면 잘 쪼개진다.

12
좀 더 가늘게 쪼갠다.

13
같은 요령으로 계속 쪼개서 7mm의 폭으로 전부 쪼갠다.

성공 포인트
사진처럼 가장자리에서부터 쪼개려고 하면 똑바로 쪼개지지 않고 점점 가늘게 쪼개진다.

3. 벗기기

1 대나무 두께의 3분의 1 정도 위치에 칼날을 댄다. 껍질 쪽이 3분의 1, 속대 쪽이 3분의 2.

2 처음에는 엄지손가락을 껍질, 둘째손가락을 속대 쪽에 대고 도끼칼을 손바닥으로 밀듯이 조금씩 누른다. 칼날이 들어가면 벗긴다.

3 마디 부분에서는 마디 뒤를 꼭 잡고(사진에서는 왼손 엄지손가락과 둘째손가락을 이용) 칼날을 주의하여 조금씩 움직여서 통과시킨다.

4 원하는 두께에 맞춰 2~3회 작업을 반복한다.

5 내피 쪽도 사용하고 싶을 때는 같은 방법으로 벗긴다.

4. 깎아내기

1 무릎에 헝겊을 깔고 대오리를 놓는다. 껍질을 아래쪽으로 향하게 놓고 안쪽(속대 쪽)에 칼날을 댄 다음 두께가 균등해지도록 긁어내듯이 깎는다. 이때 칼날의 각도에 주의한다. 대오리가 잘라질 수 있다.

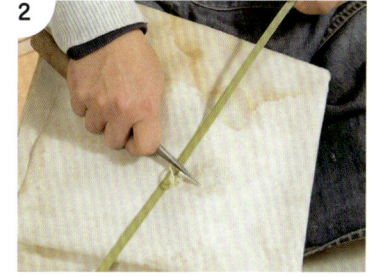

2 칼날을 움직이는 것이 아니라 대오리를 잡아당기며 깎는 것이 비결이다. 사용하기 편한 크기의 접목도를 사용하면 좋다.

완성된 대오리

오른쪽은 벗기기 전, 왼쪽은 껍질과 속대를 벗겨낸 것.

오른쪽은 한 번 벗긴 것, 왼쪽은 이것을 한 번 더 벗긴 것.

컵받침 만들기

대나무로 짠 것을 그대로 사용해도 좋다. 여기에 전통 종이와 감물 염색으로 멋을 내보자.

1. 대나무로 짜기

1 대오리를 사용하고 싶은 길이로 자른다. 여기에서는 15cm 정도의 길이로 껍질 부분을 사용했다.

2 대오리 7개를 7mm 간격으로 균등하게 놓고 끄트머리에 서진 등을 올려놓아 움직이지 않게 한다.

3 직각이 되도록 대오리를 하나씩 건너뛰며 엇갈리게 끼운다.

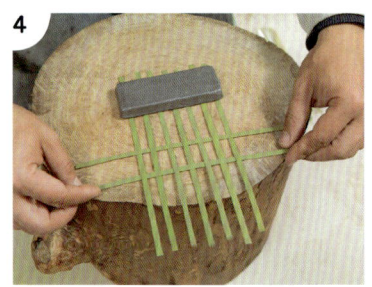

4 두 번째 대오리는 첫 번째 대오리와 반대로 끼운다.

성공 포인트
간격을 일정하게 맞추면 보기가 좋아진다.

5 정사각형 모양이 되면 테두리 부분을 만든다. 가는 속대 대오리를 엇갈리게 끼운다.

6 또 다른 속대 대오리를 첫 번째와 서로 어긋나게 통과시켜 테두리를 만든다.

7 똑같은 요령으로 네 변을 전부 작업한다.

8 목공용 접착제를 쓰기 편한 농도로 물에 희석시켜 테두리에 바른다.

9 네 변을 가릴 수 있는 폭의 대오리를 준비한다. 컵받침을 짜는 데 사용한 것보다 두꺼워야 한다. 길이를 맞춰서 잘라 8개를 준비한다.

10 본드가 말랐으면 가장자리에 맞춰 자른다.

11 먼저 한 변의 위아래를 9번 작업에서 준비한 대오리로 덮고 클립 등을 사용해 임시로 고정한다.

12 다른 세 변도 똑같이 한다.

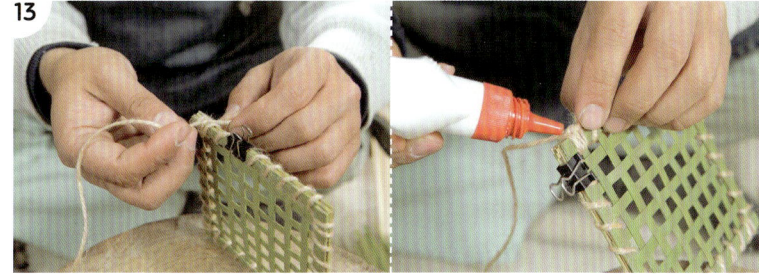

13 삼끈으로 둘레를 감친다. 한 칸씩 단단하게 감고 가장자리를 묶는다. 매듭에 접착제를 소량 발라두면 풀릴 우려가 없다.

대나무 컵받침 완성

색이 다른 유형
껍질이 아니라 속대 대오리로 만든 모습. 전통 종이를 바를 것이라면 쓰고 남은 대오리로 만들어도 충분하다.

컵받침과 식탁 매트
식탁 매트도 컵받침과 같은 요령으로 만들 수 있다.

2. 전통 종이 바르기

풀과 물을 1 대 1로 섞는다.

전통 종이를 손으로 찢는다.

전통 종이에 풀을 바르고 컵받침에 붙인다.

풀을 바르면서 **2**번 작업에서 찢은 전통 종이를 붙여 나간다.

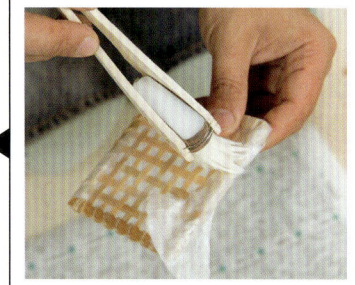

성공 포인트
공기를 빼내면서 착 달라붙도록 붙인다. 그 위에도 풀을 발라주면 좋다.

3. 감물 바르기

감물과 물을 1 대 1로 섞는다.

페인트 붓을 이용해 물에 섞은 감물을 컵받침에 바른다. 컵받침이 마르면 여러 번 반복해서 감물을 바른다. 원하는 색이 나올 때까지 칠한다.

전통 종이를 붙인 모습
종이를 두세 겹 정도 붙이고 자연 건조한다.

전통 종이를 바른 대나무 컵받침이 완성.

다양한 면
오른쪽 위에서부터 시계 방향으로 흰색, 갈색, 녹색 등의 솜이 보인다.

실뽑기

목화를 키워서 실을 만들자!

유기농 면에 도전하자

무명천의 소재인 목화는 아욱과 식물로 오크라와 비슷한 예쁜 꽃을 피운다. 과거에 각지에서 재배되다가 화학솜의 발달과 값싼 수입 면의 등장으로 이제는 소수 농가를 빼고는 자취를 감췄다. 목화를 키워서 실을 만들면 뜨개질을 하거나 직물을 만들 수 있다. 수제 유기농 면에 도전해보자.

작업 주의사항

작업 시기 목화의 수확 시기는 늦여름부터 가을이다. 수확한 면화를 건조해 보관하면 언제라도 실을 뽑을 수 있다.

달인의 비결 한 가닥으로 꼰 것을 단사, 두 가닥으로 꼰 것을 쌍사라고 한다. 원하는 굵기와 강도로 만들어 사용하면 된다.

목화 재배

1 목화의 씨. 씨뿌리기는 5월경에 한다.

2 30cm 간격으로 한 포기씩 재배한다. 목화의 꽃봉오리.

3

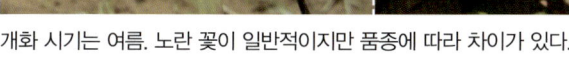

개화 시기는 여름. 노란 꽃이 일반적이지만 품종에 따라 차이가 있다.

4
꽃이 핀 뒤에는 면화가 생긴다. 여물어 터졌을 때가 수확기.

5
색이 다른 품종을 재배하면 재미있다.

6
수확한 면화는 잘 건조해서 종이봉투에 넣어 보관한다.

실을 뽑을 준비

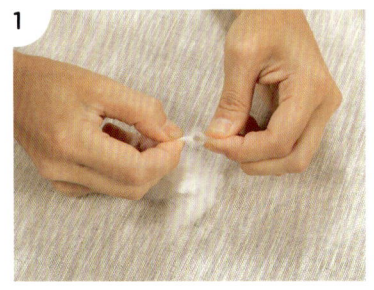

1
씨 빼기
면화와 씨를 분리한다. 정성껏 분리하자.

씨아기를 사용하면 편리하다.

2
면화 풀기
애완동물용 슬리커 브러시 2개를 이용해 펴준다.

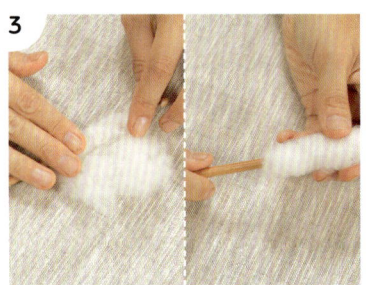

3
거친 실 만들기
면의 밀도가 균일하도록 둥글게 말아서 거친 실을 만든다. 이것은 열매 하나 분량이다.

사진의 거친 실은 각각 열매 3개 분량. 다른 색을 조합해도 좋다. 아래에서부터 흰색, 흰색+녹색, 흰색+녹색+갈색, 갈색+흰색.

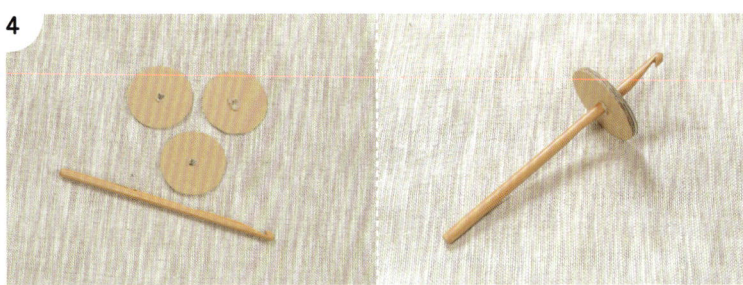

4
방추 만들기
지름 4~5cm인 두꺼운 종이에 코바늘을 끼워서 팽이를 만든다. 2~3장을 겹쳐서 끼우면 잘 빠지지 않는다.

실뽑기용 방추(스핀들)는 시중에서 구입할 수도 있다.

인도의 차르카로 실뽑기
인도의 차르카는 간단한 물레이다. 구조는 단순해서, 손으로 돌리면서 실을 뽑는다. 방추보다 빠르게 실을 뽑을 수 있다.

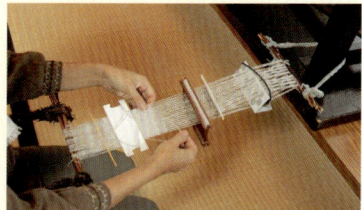

실을 사용해 짜기 ①
원시기 또는 허리 베틀로 불리는 단순한 구조의 방직기. 한쪽을 기둥에 고정하고 다른 쪽을 몸(허리)에 감은 다음 직물을 짠다.

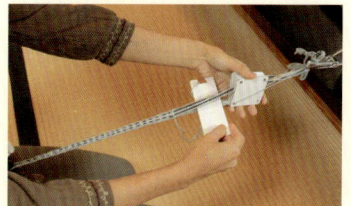

실을 사용해 짜기 ②
카드 방직은 카드(두꺼운 종이나 나무 등)를 사용해서 직물을 짜는 방직법이다. 원시기와 마찬가지로 기둥이나 몸에 고정하고 사용한다. 기하학적인 무늬를 짤 수 있다.

실을 뽑는 방법

※ 이것은 소량의 면화에서 실을 뽑을 경우의 방법이다. 다양한 방법이 있으므로 양이 많을 때는 좀 더 편한 방법을 찾아보기 바란다.

1
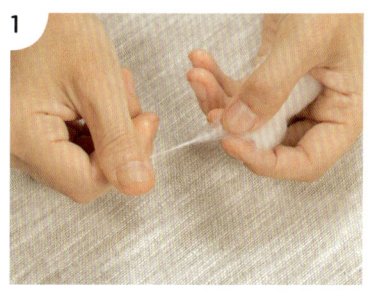
거친 실의 끝부분에서 실을 잡아당기면서 비틀어 꼰다.

2

약간 팽팽한 정도로 실의 끝을 잡고, 비틀면서 잡아당긴다.

3
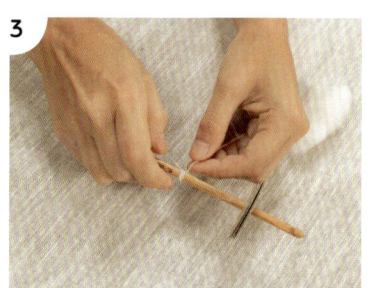
20~30cm를 꼬았으면 코바늘의 허리에 여러 번 감아서 끝을 고정한다.

4

실을 원반에 넘겨서 코바늘의 끝 쪽으로 잡아당긴다.

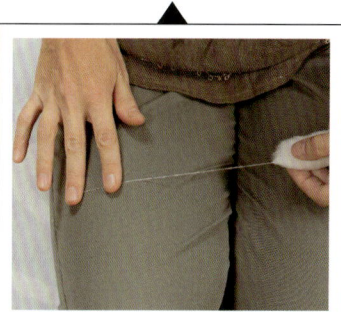
성공 포인트
넓적다리에 놓고 굴리는 방법도 있다.

5 한 손에 방추, 다른 손에 거친 실을 잡고 방추를 시계 반대 방향으로 돌리면서 꼬아 나간다.

6 40~50cm 정도 뽑았으면 코바늘의 끝부분에서 실을 풀어 허리에 감는다.

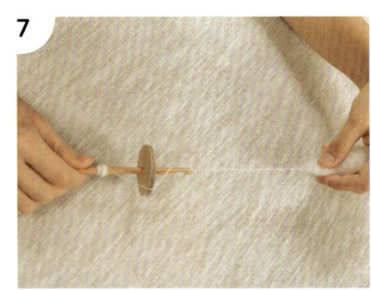

7 5~6번 작업을 반복해 실을 꼬면서 잡아 당긴다.

8 마지막에는 좀 더 강하게 꼬아서 마무리하면 좋다.

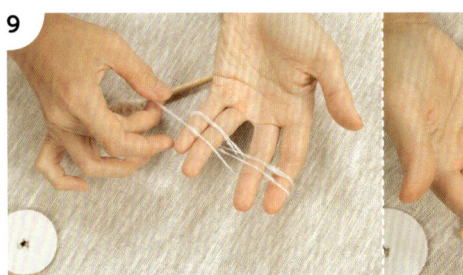

9 열매 하나 분량을 뽑았으면 손가락에 8자로 감는다. 실을 냄비에 삶아서 꼰 상태로 고정하고, 건조하면 단사가 완성된다.

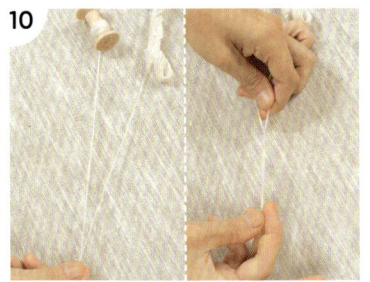

10 쌍사를 만든다. 단사 두 가닥을 잡고 시계 방향으로 꼰다.

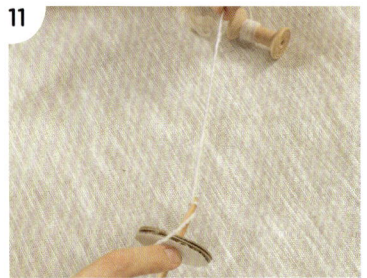

11 조금 꼬였으면 방추에 감고 6~9번 작업과 같은 요령으로 꼰 다음, 실을 냄비에 삶아서 꼰 상태로 고정한다.

12 왼쪽이 단사. 오른쪽이 쌍사. 각각 열매 하나 분량.

손으로 꼬아서 뽑은 실을 사용해 만든 작품. 머플러는 직접 짠 것이고, 머플러 위에 있는 것은 위쪽이 코바늘로 짠 솔, 오른쪽 아래가 대바늘로 짠 핸드 워머, 왼쪽이 코바늘로 짠 래리엇(lariat)이다.

단사 세 가닥을 꼬아서 만든 삼사. 아래쪽이 흰색, 위쪽이 갈색+녹색+흰색.

직접 뽑아서 염색한 양털실로 짠 컵받침과 목도리.

양털실 공예

직접 뽑은 양털실로 컵받침을 만들어보자

다양한 색과 질감의 양털실

양털은 양의 종류에 따라 색과 촉감, 질감이 제각각이다. 원하는 색의 털을 그대로 실로 뽑아서 써도 좋고, 흰 양털을 염색해서 원하는 색으로 만들어도 좋다. 양털을 염색하는 법은 69쪽에 소개했다.

세계 각지의 양털을 구해서 취향에 맞는 양털실을 뽑아 뜨거나 짜보자. 먼저 원모를 씻어서 깨끗하게 만드는 것부터 시작한다. 양털은 급격한 온도 변화에 약하며 쉽게 오그라드니 주의하기 바란다.

염소를 키우는 요령(255쪽 참조)으로 양을 키울 수도 있다. 직접 양을 키워서 양털을 구한다면 실을 뽑는 작업도 한층 즐거워질 것이다.

작업 주의사항

작업 시기 양털을 깎는 시기는 본격적으로 더워지기 전인 초여름이다. 양털실 뽑기는 1년 중 아무 때나 작업할 수 있다.
달인의 비결 미지근한 물로 씻는 축융 작업으로 양털의 감촉을 변화시킨다.

원모 씻기

> **성공 포인트**
> 물이 뜨거우면 세탁은 잘되지만 원모 크기가 줄어드니 주의한다.

1

원모. 지저분하고 냄새도 난다.

2

약 50℃의 미지근한 물에 울 세탁용 세제를 넣는다.

3

10~15분 정도 양털을 담가둔다.

15분 후.

소쿠리 등을 이용해 세제액을 거른다.

세제액과 같은 온도의 물에 헹군다. 맑아질 때까지 물을 바꿔가며 헹군다.

물기를 빼고 탈수기에 돌린 다음 건조한다.

더러움이 남아 있을 경우 잘라서 제거한다.

왼쪽이 씻기 전, 오른쪽이 씻은 후.

털실 뽑기

실을 뽑기 위한 방추.

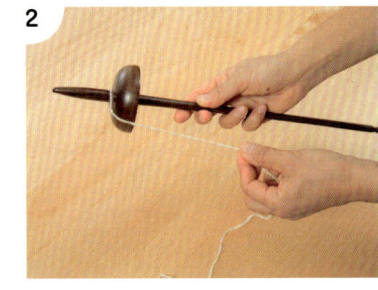
연실을 준비한다. 한쪽 끝에 고리를 만들어서 방추의 상부에 건다.

시계 방향으로 세 바퀴 정도 감는다.

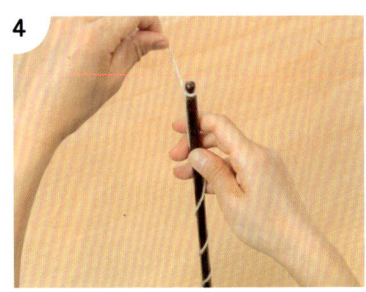
코에 걸고 한 바퀴 돌린다.

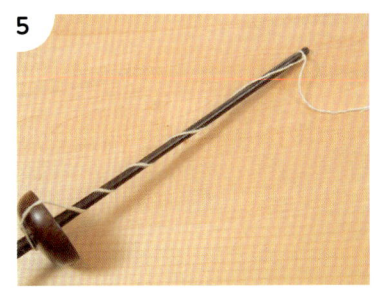
연실의 끝을 묶어서 고리를 만든다.

6 씻은 원모를 준비한다.

7 양털 한 다발을 잡아 뺀다.

8 찢듯이 잡아당겨서 푼다.

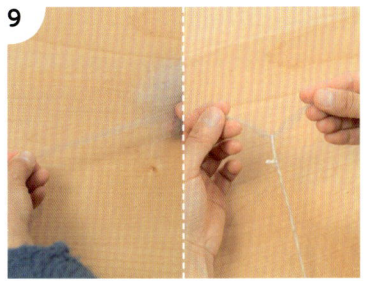
9 한 가닥을 뽑아서 연실의 고리에 통과시킨다.

10 푼 양털을 꼬면서 감는다.

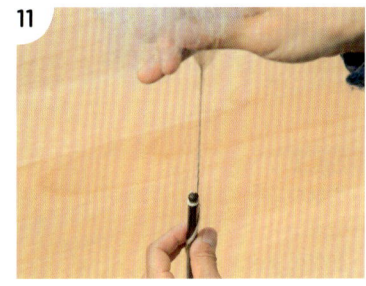
11 방추를 시계 방향으로 돌리면서 꼬아 나간다.

12 꼰 실을 방추에 감는다.

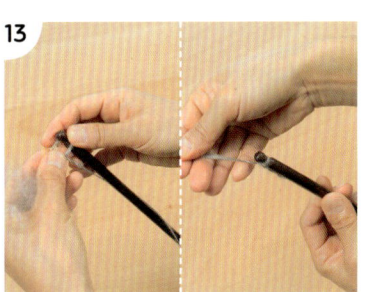
13 연실과 같은 요령으로 코에 한 바퀴 감아서 건다.

14 10~13번 작업을 반복한다. 푼 양털을 잡아당기면서 꼰다.

15 실을 다 뽑은 모습.

16 손가락에 감으면서 털실 공을 만든다.

물레를 사용한다
페달을 밟아 회전시키면서 실을 뽑는 기계. 많은 양의 실을 빠르게 뽑을 수 있다.

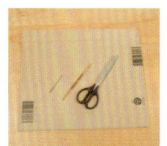

베틀로 짠다
단순한 구조의 베틀로 더 크고 긴 직물을 짜보자.

베틀로 짠 목도리.

왼쪽이 축융 전,
오른쪽이 축융 후.

마분지 판을 이용해 컵받침 짜기

준비물
- 마분지
- 코바늘
- 털실용 돗바늘
- 가위

- 털실(이 책에서는 69쪽에서 염색한 실을 사용), 다른 색이나 질감의 실을 준비한다.

1. 날실 걸기

1
날실의 끝을 테이프로 붙인다.

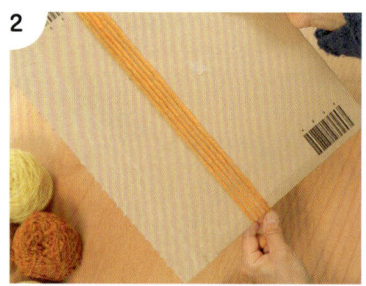

2
날실을 빙글빙글 감는다. 4~5mm 간격으로 감으면 짜기가 수월하다.

3
색을 바꿀 때는 끝을 묶어놓는다.

4
다른 색의 날실을 빙글빙글 감고 끝부분을 테이프로 고정한다.

2. 씨실 통과시키기

성공 포인트
마분지 판의 위아래를 작업하기 편한 방향으로 바꿔가면서 작업하면 좋다.

1
씨실을 바늘귀에 끼우고 한 가닥씩 건너뛰며 통과시킨다.

2

실 끝을 반대 방향으로 접어놓는다.

3

2단째의 씨실을 1단째와 반대가 되도록 통과시킨다.

4

바늘을 사용해서 간격이 균등해지도록 모은다.

5

같은 요령으로 반복한다.

6

색을 바꿀 때는 원래의 실을 조금 접고 끝에서 바꾼다.

7

가는 실은 두 겹으로 만들면 좋다.

8

씨실을 다 짠 모습. 끝부분을 2cm 정도 남기고 자른다.

3. 술 정리하기

1

눈에 띄지 않는 색의 실(양털)을 바늘에 끼운다.

2

4~5가닥씩 모아서 두세 바퀴 돌리고 묶는다.

3

바로 위에 있는 씨실의 위에서 바늘을 통과시켜 다음 술로 간다.

4

같은 요령으로 끝까지 작업하고, 마지막에는 묶은 실에 두 번 통과시킨 다음, 실을 자른다.

4. 잘라내기

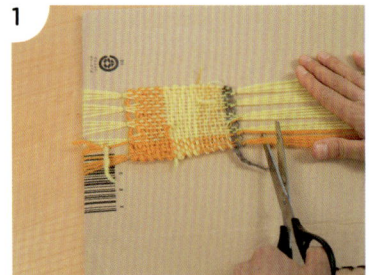
술을 정리했으면 날실을 자른다.

반대쪽도 자른다.

가장자리의 실을 잘라서 정리한다.

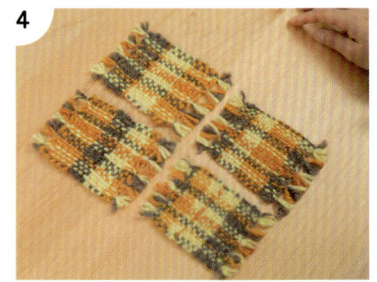
여기에서는 1개분만 만들었지만, 같은 요령으로 앞면에 2개, 뒷면에 2개를 만들면 합쳐서 4개를 만들 수 있다.

5. 축융 작업

약 40℃의 물에 울 세탁용 세제를 넣는다.

여러 방향에서 비비며 씻는다.

미지근한 물에서 헹군다.

탈수하고 말리면 완성!

왼쪽이 축융 전, 오른쪽이 축융 후. 양털은 짠 뒤에 축융 작업을 하면 눈이 촘촘해지고 안정된다.

천연 염색

자연의 색으로 물들이자

준비물
- 큰 냄비 2개
- 대야나 큰 세면기 1개
- 큰 사발 1개
- 양동이 1개
- 집게 1개
- 온도계 1개
- 실이나 원모, 천 등 염색할 것 200g×2(양파용, 감귤용)
- 염료로 사용할 식물 각 200~600g(준비 가능한 양)
- 구운 백반 : 염색할 실의 6%에 해당하는 양
- 식초 50mL
- 연실
- 비닐 끈

소재와 매염제에 따라 같은 염료라도 색이 달라진다

식물(초목)로 염색도 할 수 있다. 마당이나 밭, 강가, 잡목림 등 주변에서 자라는 식물을 이용해 염색에 도전해보자. 식물의 종류에 따라 다양한 색이 있으며 계절이나 사용하는 식물의 양에 따라서도 미묘하게 색이 변화한다. 매번 다른 색으로 염색하는 것도 묘미다.

염색할 소재에 따라서도 다양한 염색법이 있다. 가장 염색하기 쉬운 소재는 실크이며, 그 다음은 양털이다. 면이나 마는 실크나 양털 같은 동물성 섬유에 비해 단백질이 적게 들어 있어 염색이 잘되지 않는다. 이 때문에 먼저 오즙(콩을 으깬 즙) 등에 삶아서 단백질을 입히는 작업을 한다. 또 일반적으로 식물로 염색한 색을 고정하기 위해 매염이라는 과정을 거친다. 시판되는 매염제에는 알루미늄이나 철, 구리 등이 있으며, 매염제에 따라 색이 변화한다. 가장 친숙한 매염제는 백반으로, 알루미늄 매염제의 일종이다. 여기에서는 양털과 실크를 양파 껍질과 귤껍질로 염색하는 방법을 소개한다.

작업 주의사항
작업 시기 식물이 자라는 시기에 맞춰서 1년 내내 가능하다.
달인의 비결 양털은 급격한 온도 변화에 약하므로 온도를 맞추는 것이 중요하다.

준비

실과 염료, 매염제를 준비하자.

1
실은 헝클어지지 않게 포개어 감는다. 왼쪽 위에서부터 시계 반대 방향으로 원모, 세모사, 중세모사, 뽑은 털실, 방적 공장의 잔사(실크).

2
포개어 감은 실이 헝클어지지 않도록 연실 등을 사용해 8자로 묶는다.

3
비닐 끈을 두 곳에 묶어서 손잡이를 만든다.

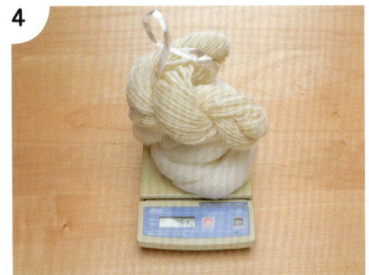
4
실의 무게를 잰다.

5
백반을 계량한다. 사진은 24g.

6
염료로 쓸 재료를 계량한다. 사진은 귤껍질(건조) 500g, 양파 껍질 300g.

양털과 실크 염색

양털은 너무 주무르면 펠트처럼 되니 주의하자.

1. 물에 담그기

실을 40~50℃의 물에 10분 정도 담가놓는다.

2. 매염

1 백반을 소량의 물에 넣고 가열한다.

2 백반이 녹았으면 물(실이 잠길 만큼의 양)을 붓고 가열한다.

3 40℃ 정도가 되었으면 앞서 물에 담근 실을 짜서 넣고, 부글부글 끓으면 30~60분 동안 더 삶는다.

4 이따금 위아래를 뒤집는데, 너무 자주 만지면 굳어버리므로 최소한으로만 건드리자. 불을 끄고 약 40℃로 식힌다.

3. 염료 우리기

1 귤껍질과 양파 껍질을 물에 넣고 끓인다. 이때 내용물은 물에 겨우 잠길 정도면 된다.

2 약 15분 간격으로 색을 확인하고, 진해졌으면 소쿠리에 행주를 깔고 거른다.

3 두 번째로 우린 물, 세 번째로 우린 물을 모두 모아서 염료를 합친다. 염료는 물속에서 양털을 둥둥 뜨게 할 정도의 양이 필요하다. 부족하면 물을 부어 연하게 만들어도 무방하다. 40℃ 정도로 식힌다.

4 귤껍질을 처음 우린 물(왼쪽)과 두 번째로 우린 물(오른쪽).

양파 껍질을 처음 우린 물(왼쪽)과 두 번째로 우린 물(오른쪽).

4. 염색

1. 선매염한 양털을 소쿠리에 담고 눌러서 가볍게 짠다.

2. 양털을 염료에 담근다. 중요한 점은 염료액과 양털이 같은 온도여야 한다는 것이다. 실을 골고루 잠기도록 넣는다.

3. 가열한다. 부글부글 끓이고, 색을 보면서 최소 60분 정도 염색한다. 이따금 집게 등으로 위아래를 뒤집어주는데, 너무 자주 만지지 않도록 한다. 마지막에는 불을 끄고 자연스럽게 식힌다.

5. 씻기

1. 미지근한 물로 씻는다. 완전히 식어버렸으면 40~50℃로 가열한 다음 씻는다. 씻은 물이 맑아질 때까지 물을 바꿔주며 씻는다.

6. 식초 처리

마지막으로 헹군 물에 식초(약 50mL)를 넣고 섞는다.

▲위는 민트 잎, 아래는 귤껍질. 둘 다 백반 매염.

▲쑥 잎. 옅은 색은 구리 매염. 진한 색은 철 매염.

▲양털은 원모를 염색한 다음 실에 솎아낸 벚나무 가지+백반 염매.

코치닐
쪽의 생잎
쑥 잎
솎아낸 벚나무 가지
귤껍질
사과나무
비파나무

7. 탈수

양털은 원모를 염색한 다음 실을 뽑아도 좋다.

헹구지 않고 그대로 탈수한다. 염료가 남은 채로 건조하면 색이 빠지는 원인이 된다. 일반 세탁기를 이용하면 충분하다.

8. 건조

실을 가지런하게 걸어 응달에서 건조한다.

완성
왼쪽이 양파 껍질, 오른쪽이 귤껍질.

이 식물은 무슨 색?

솎아낸 벚나무 가지	새먼핑크 계열		동백꽃, 솎아낸 매화나무 가지	연한 핑크
솎아낸 느티나무 가지, 비파나무 잎	적갈색에서 새먼핑크 계열		강황, 치자 열매	선명한 노랑
로즈메리, 샐비어 잎, 민트, 레몬밤	밝은 노랑 (레몬옐로 계열)		쑥 잎	모스그린 계열
홍차	갈색에서 베이지 계열		쪽의 생잎	청색 계열
녹차	갈색에서 베이지 계열			

※ 이상, 백반으로 매염했을 경우
※ 철과 구리로 매염했을 경우
※ 무매염, 비가열

수제 비누

폐유로 만들어보는 비누

준비물

- 사발(재질은 유리, 스테인리스, 플라스틱으로 제한)
- 플라스틱 용기(또는 우유팩)
- 계량 스푼
- 온도계
- 계량컵
- 거품기
- 고무장갑
- 마스크
- 국자
- 고글
- 저울

사전 준비

피부를 노출하지 않는 복장에 고무장갑, 고글, 마스크를 쓴다. 창문을 열고 환풍기를 켠다. 작업대에 신문지 등을 깔면 좋다.

기름과 가성 소다로 간단하게 만든다

기본 재료는 기름과 가성 소다와 물뿐이다. 여기에 취향에 따라 정유를 넣어서 향을 내면 자신만의 비누가 완성된다. 수제 비누의 재료가 되는 기름은 올리브유나 미강유, 팜유, 코코넛유 등이 일반적이지만, 튀김에 사용한 폐유를 이용해도 무방하다. 가성 소다는 부식성이 있기 때문에 위험하다. 비누를 만드는 과정에서도 피부에 닿거나 들이마시지 않도록 충분히 주의하기 바란다.

작업 주의사항

작업 시기 1년 중 아무 때나 만들 수 있다. 다만 흔적이 남는 시간은 기온에 좌우된다.
달인의 비결 가성 소다(수산화나트륨)는 극약이므로 신중하게 다뤄야 한다.

비누로 사용할 기름은 무엇이 좋을까?

수제 비누에는 올리브유가 자주 사용되는데, 흔적이 생기기까지 시간이 걸린다. 엑스트라 버진 오일이 가장 시간이 오래 걸리고, 퓨어, 정제의 순서로 흔적이 빨리 생긴다. 이 책에서 소개한 기본 비누의 경우, 정제 올리브유를 사용했다.

그 밖에 미강유, 동백유, 포도씨유, 팜유, 코코넛유, 호호바유 등도 비누 만들기에 이용할 수 있다. 취향에 맞는 기름을 찾아내 즐겁게 비누를 만들어보자.

기본 비누

재료
- 올리브유 500g
- 정제수 200g
※ 수돗물도 상관없지만 미네랄워터는 불가하다.
- 가성 소다 60~70g
- 취향에 맞는 정유 5~15mg

주의!
온도가 90℃ 정도까지 올라가 기체가 나올 때가 있다. 기체를 들이마시지 않도록 한다.

1
정제수를 계량한다.

2
가성 소다를 계량한다.

3
내열성 용기에 정제수를 붓고 가성 소다를 조금씩 넣으면서 저어서 녹인다.

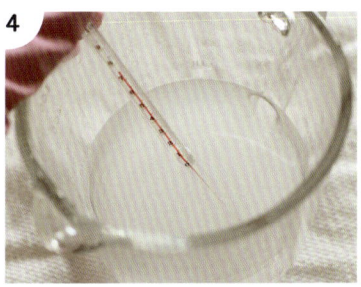

4
40~45℃까지 식힌다.

5
기름을 계량한다. 중탕을 해서 40~45℃로 데운다.

성공 포인트
여러 종류의 기름을 섞으려면 이때 섞는다.

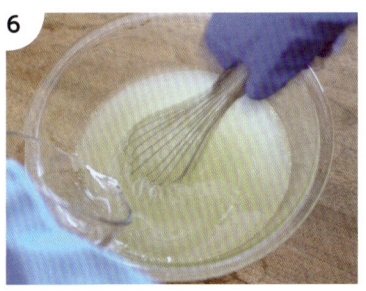

6
기름에 가성 소다를 넣은 정제수를 단숨에 붓는다.

7
거품기로 섞는다. 20분 정도 쉬지 않고 섞는다.

8
1~2시간 간격으로 섞고 굳는 것을 확인한다.

정유를 추가할 경우, 미리 섞어놓는다.

점성이 생겨서 섞은 흔적이 남으면 OK.

> 흔적이 생기는 시간은 기온과 기름의 종류에 따라 다르다. 기온이 25℃라면 24시간 후에 흔적이 남는다.

정유를 섞을 생각이라면 이때 부어주고 잘 섞는다.

비누액을 플라스틱 용기에 붓는다.

타월로 감싸서 24시간 동안 묵힌다. 24시간 후 타월에서 꺼내 1~2일을 더 묵힌다.

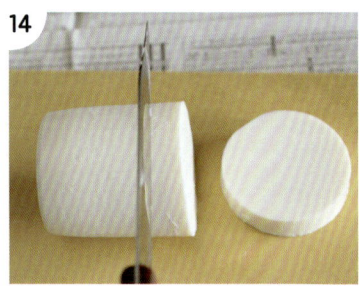

굳었으면 틀에서 꺼내 적당한 크기로 자른다.

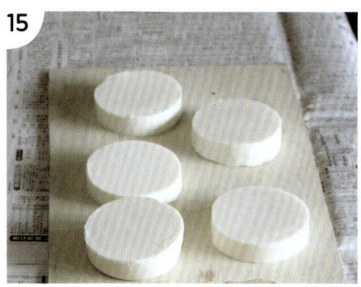

통풍이 잘되는 응달에 4~6주 정도 건조하면 완성.

올리브유+미강유와 벌꿀+쌀겨 비누

재료
- 올리브유 200g
- 미강유 300g
- 가성 소다 60~70g
- 정제수 200g
- 벌꿀 1큰술
- 쌀겨 1큰술
- 선호하는 정유 5~15mL

1

기본 비누를 만드는 작업을 하다가 흔적이 생기면 벌꿀과 쌀겨를 넣어준다. 이 작업을 할 때는 기온이 25℃였고 4시간 뒤에 흔적이 생겼다.

2

선호하는 정유를 넣고 섞는다.

3

플라스틱 용기에 붓고, 기본 비누 만드는 작업을 참고해 같은 방법으로 묵힌다.

4
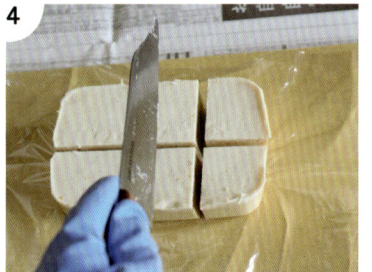
굳었으면 자른다.

5

통풍이 잘되는 곳에서 4~6주 동안 건조한다.

폐유를 이용한 비누

재료
- 폐유 500g
- 가성 소다 70g
- 정제수 200g
※ 폐유 찌꺼기는 제거해놓는다.

만드는 방법은 기본 비누와 같다. 취향에 따라 정유를 추가해도 무방하다. 기온이 25℃인 상황에서 작업을 했고 5시간 후에 흔적이 나타났다. 기름이 지저분하면 흔적이 빠르게 생긴다. 폐유 비누는 식기 세척이나 청소 등에 사용하는 것이 바람직하다. 피부에 맞지 않을 경우 사용하지 말자.

폐유 양초

오래된 튀김용 기름으로 양초를 만들자

재료(2개 분량)

- 폐유 또는 선호하는 기름 200g
- 폐유 응고제 60~70g(통상 사용량의 2~3배)
- 크레용 적당량
- 정유 적당량
- 연실 2개
- 클립 2개
- 양초를 굳힐 용기 2개

오래된 기름을 양초로!

오래된 기름을 버리지 말고 재이용해 양초를 만들 수 있다. 이 양초는 비상시에도 대활약을 한다. 폐유가 아니라 샐러드유나 올리브유로 만들어도 된다. 색을 내고 싶을 때는 크레용을 깎아서 넣고, 향을 내고 싶을 때는 정유를 넣자.

이 책에서는 시중에서 판매하는 기름 응고제를 사용했지만, 밀랍을 이용해도 된다. 밀랍을 섞는다면 폐유 200g에 밀랍 70g 정도를 녹인다.

작업 주의사항

작업 시기 언제라도 상관없다. 폐유가 쌓였다면 만들어보자.
달인의 비결 클립을 이용하면 불을 붙이는 심지를 세우기가 쉽다. 종이 심지를 사용해도 무방하다.

폐유 양초 만들기

1

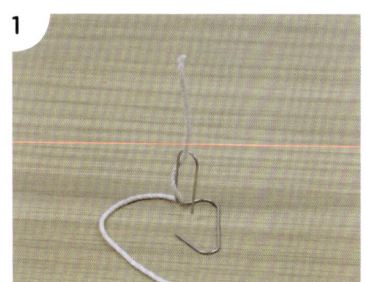

클립을 구부려서 연실을 세운다.

2

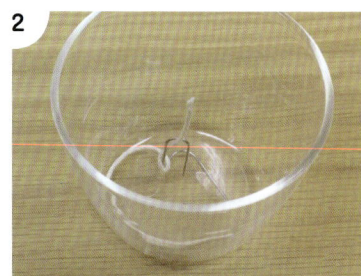

용기에 클립을 넣어둔다.

3

선호하는 색깔의 크레용을 깎는다.

4 내열성 용기에 폐유와 크레용, 응고제를 넣고 중탕으로 가열한다.

5 잘 섞고 크레용과 응고제를 녹인다.

6 정유를 추가한다면 이때 함께 섞는다.

7 용기에 흘려 넣는다.

8 그대로 굳히면 완성.

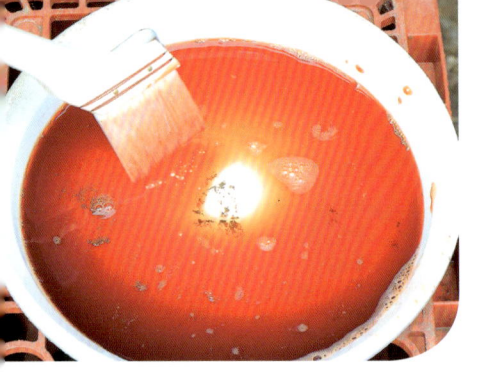

감물

탄닌이 많은 풋감을 사용한다

준비물
- 풋감 적당량
- 식칼
- 감물을 담을 용기
- 도마 등

옛날부터 도료와 염료로 사용된 감물

예로부터 감물은 방부, 방충, 방수 효과가 있는 천연 도료이자 염료로 다방면에 사용되어왔다. 덜 익어서 떫은 풋감을 이용하는데, 돌감은 탄닌이 많아 감물에 적합하다고 알려져 있다.

풋감의 수확 시기는 지방에 따라 차이가 있지만 일반적으로 7월 하순에서 8월 초순이 적기다. 이 시기의 감에는 감물의 주성분인 탄닌이 많이 들어 있다. 이 시기를 놓쳤더라도 익지 않아 파랄 때 수확하자.

작업 주의사항

작업 시기 탄닌이 많이 들어 있는 시기의 풋감을 사용한다. 일반적으로 7월 하순에서 8월 초순이 적기다.
달인의 비결 떫은 감이나 돌감을 사용하면 좋은 감물을 만들 수 있다고 한다.

감물 만들기

1

풋감을 사용한다. 감이 지저분하다면 물로 씻는다.

2

꼭지를 따내고 열매를 4~8등분 정도로 자른다.

3

씨를 부순다. 두꺼운 비닐 주머니에 넣고 망치 등으로 두들기는 방법도 있고, 믹서 또는 푸드 프로세서를 이용하면 간단하다.

4

부순 감을 플라스틱 수조 등에 넣고 감이 찰랑찰랑하게 잠길 정도로 물을 붓는다.

5

이물질이 들어가지 않도록 비닐 등으로 씌운다. 이대로 5~7일 정도 묵힌다.

6

도중에 곰팡이가 생기기 쉬우므로 아침과 저녁, 하루 두 번씩 휘저어주면 좋다.

7

일주일이 지난 뒤에 소쿠리나 행주 등으로 걸러 '처음 우린 물'을 채취한다.

도움말

두 번째로 우릴 경우, 거른 감에 새로 물을 붓고 처음 우릴 때와 마찬가지로 약 일주일 뒤에 걸러 발효 숙성시킨다. 처음 우린 물과 두 번째로 우린 물을 따로 발효 숙성시켜도 좋고, 섞어서 발효 숙성시켜도 무방하다.

8

거른 감물을 플라스틱 용기나 유리병, 페트병 등에 넣고 발효 숙성시킨다. 1년에서 3년 정도 묵히면 된다.

9

10개월 뒤의 모습. 때때로 상태를 살피면서 휘저어준다. 굳고 있는 부분이 있으면 제거한다.

10

거른 직후의 감물(왼쪽)과 2년 동안 발효시킨 감물(오른쪽).

모기향

제충국과 천연 소재로 만든다

천연 소재로 만들어서 안전하다

국화과의 제충국은 중앙의 노란 부분에 살충 성분을 함유하고 있어서 모기향 등에 사용되어왔다. 제충국 파우더는 시중에서도 판매되고 있는데, 집에서 꽃을 재배할 수도 있다. 제충국에 향을 내는 재료인 후박나무 가루를 추가해주면 모양을 만들기가 수월해진다. 취향에 따라 쑥 가루나 정유를 추가해도 무방하다.

준비물

- 제충국 가루 100g
- 후박나무 가루 100g
- 쑥 가루 30g
- 정유(제라늄 등 방충 효과가 있는 것) 적당량
- 물 적당량

작업 주의사항

작업 시기 제충국의 개화기는 5~7월경. 꽃을 따서 중앙 부분을 건조시켜 보관한다.
달인의 비결 방충 효과가 있는 제라늄, 유칼리, 레몬그라스 등의 정유를 사용하면 효과가 더 좋아진다.

모기향 만들기

1
재료를 계량해 사발에 담는다.

2
물을 붓고 점토 정도의 굳기가 되도록 반죽한다.

3
고깔이나 소용돌이 등 원하는 모양을 만든다.

4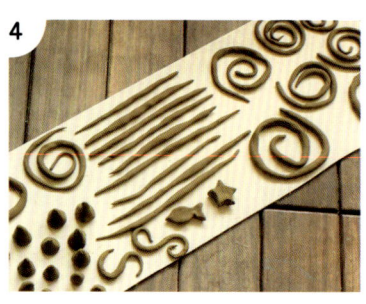
통풍이 잘되는 장소에서 며칠 동안 건조한다.

5
고깔 모양이 연기가 잘 올라온다.

생활용품을 만드는 데 필요한 도구

생활에 필요한 여러 가지 물건을 만드는 것은 농촌생활의 커다란 즐거움이다. 목공 도구, 도장에 사용할 염료 등 필요한 도구를 어느 정도 갖춰 놓으면 작업이 원활해진다. 아래의 공구들은 철문점이나 전문점에서 손쉽게 구입할 수 있다.

계측용 도구

곱자
금속제이며 눈금이 새겨져 있어서 재목 등의 길이를 잴 때 사용한다. 모서리는 직각을 재기 위해 사용된다. mm 단위가 표시되어 있는 스테인리스 제품을 추천한다.

자
스테인리스 등 금속제가 사용하기 편하다. 길이가 긴 50cm와 짧은 15cm의 두 종류가 있으면 편리하다.

줄자
눈금을 보기가 편하고 늘렸을 때 안정감이 있는 제품이 사용하기 좋다. 3.5미터, 5.5미터, 7.5미터, 10미터 등 여러 종류가 있는데, 목공에 사용하려면 3.5미터가 편리하다.

수평기
일정 면이 평평한지 아닌지를 확인할 때 없어서는 안 될 도구. 어느 정도 커서 안정감이 있는 제품을 고르자.

절단용 도구

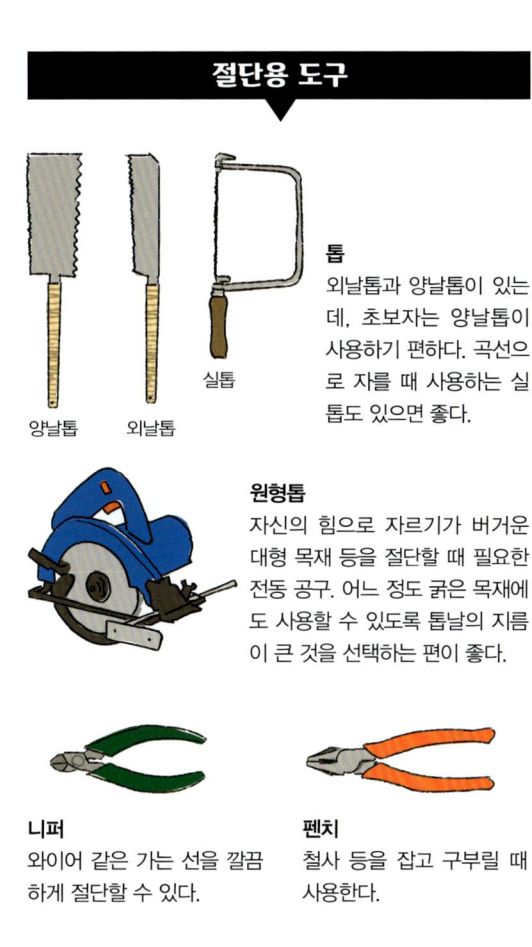

톱
외날톱과 양날톱이 있는데, 초보자는 양날톱이 사용하기 편하다. 곡선으로 자를 때 사용하는 실톱도 있으면 좋다.

양날톱 / 외날톱 / 실톱

원형톱
자신의 힘으로 자르기가 버거운 대형 목재 등을 절단할 때 필요한 전동 공구. 어느 정도 굵은 목재에도 사용할 수 있도록 톱날의 지름이 큰 것을 선택하는 편이 좋다.

니퍼
와이어 같은 가는 선을 깔끔하게 절단할 수 있다.

펜치
철사 등을 잡고 구부릴 때 사용한다.

접합용 도구

임팩트 드라이버
드라이버 비트를 사용해 나사를 조이는 공구. 힘이 강해서 긴 나사도 간단히 조일 수 있다.

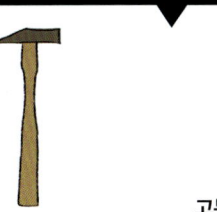

뿔망치
못을 박을 때 사용한다. 한쪽이 뽀족하게 튀어나와 못대가리를 깊게 박을 때 사용할 수 있다.

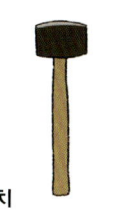

고무망치
벽돌을 쌓을 때 사용한다. 나무를 직접 두드리는 용도라면 플라스틱 망치를 사용하면 좋다.

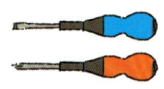

드라이버
나사를 조이거나 풀 때 사용한다. 십자형과 일자형을 세트로 갖춰놓자.

여러 작업에 필요한 도구

둥근 흙손

평흙손

줄눈흙손

흙손
시멘트, 모르타르, 회반죽 등의 도료를 바를 때 사용한다. 다양한 종류가 있으므로 사용하는 장소에 따라 목적에 맞는 것을 고르자.

끌
나무를 깎거나 구멍을 낼 때 사용한다.

송곳
밑구멍을 뚫거나 가볍게 표시를 할 때 있으면 편리하다.

페인트 붓
도료의 종류에 따라 수성붓, 유성붓, 니스붓이 있다. 또한 바를 장소나 대상에 따라 평붓, 경사붓 등 모양이 다른 붓을 적절히 사용하면 편리하다.

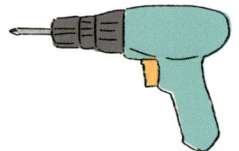

드라이버 드릴
끝에 장착하는 비트를 바꾸면 드라이버나 드릴로 사용할 수 있다.

다양한 도료

도료에는 수성 도료와 유성 도료, 오일스테인 등이 있다.
천연 재료를 사용한 감물이나 밀랍 등의 사용도 권장한다.

수성 도료
조요소(용제)의 주성분이 물인 도료. 최근 들어 성능이 좋은 제품이 늘어나 옥외의 도장 등에도 문제없이 사용할 수 있다. 유성 도료에 비해 냄새가 덜 심하고 환경에도 덜 해롭다.

유성 도료
건성유가 주성분인 도료로, 용제를 혼합해 사용한다. 옛날부터 많이 사용되었지만 최근 들어서는 환경 보호를 위해 수성 도료를 사용하는 경우가 늘어났다. 가격이 저렴하고 빨리 마르는 특징이 있다.

오일스테인
도막(塗膜)을 만들지 않는 유형의 도료. 점도가 낮고 액상이어서 바르면 목재에 스며든다. 이 때문에 붓 자국이 생기지 않아 초보자도 깔끔하게 칠할 수 있다. 다만 착색제이기 때문에 마감용 도료를 발라줘야 한다.

마감용 도료(니스)
수성 도료나 유성 도료, 오일스테인 등으로 색을 칠한 뒤에 마감용으로 덧바르는 마무리 도료. 투명성이 높아서 광택이 나고 깔끔하게 마무리되며, 표면을 보호한다.

자연에서 유래한 재료

● **감물**
덜 익은 감을 부숴서 짜낸 즙을 발효 숙성시켜 만든 액체. 반투명한 적갈색으로, 인체에 무해하며 포름알데히드 등의 화학 물질을 흡착하는 효과와 항균 효과도 있다.

● **밀랍**
꿀벌이 벌집을 만들기 위해 분비하는 성분으로, '봉랍'이라고도 부른다. 꿀을 채취한 벌집을 가압 압착하거나 끓여서 녹여 채취한다. 옛날부터 양초의 재료로 사용되어 왔는데, 목재 마감에 왁스로 사용할 수 있다.

앤티크 가공에 도전하자
갈색 도료로 밑칠을 하고 그 위에 녹색 도료를 바른 다음 사포질을 해서 마무리한 예. 안쪽에서 드러나는 갈색이 고풍스러운 분위기를 연출한다.

제 2 장

농촌에서 즐기는
아웃도어 라이프

장작·낙엽 모으기
산이 주는 선물을 이용한다

작업 주의사항

작업 시기 나무 벌채는 일반적으로 8~12월이 적기다. 낙엽은 가을에서 겨울 사이, 잎이 떨어졌을 때 모으자.

달인의 비결 폐타이어를 이용하면 안전하고 효율적으로 장작 패기를 할 수 있다.

나무를 베고, 장작을 패고, 가을에는 낙엽을 모은다

산은 장작과 낙엽 등 농촌생활에 없어서는 안 될 재료를 우리에게 제공한다. 자신이 살고 있는 집 주변의 산이 사유지라면 주인의 허락을 미리 받아 땅에 떨어진 나무나 낙엽을 얻을 수 있다. 개인이 벌목하는 일은 법으로 금지되어 있으니 주의하자. 다만 자신이 소유한 산이 있다면 허가를 받아 벌채하는 일은 가능하다.

상수리나무와 졸참나무, 떡갈나무, 후박나무 등의 활엽수는 20년에 한 번 잘라주면 좋다고 알려져 있다. 벌채는 일반적으로 나무의 수분이 적은 8~12월이 적기다.

활엽수는 불이 오래 붙고, 삼나무나 노송나무 등의 침엽수는 불이 잘 붙는 특징이 있다. 나무가 자라기 전까지는 주변의 잡초를 베어주는 관리도 필요하다. 베어낸 잡초는 가축의 먹이나 밭에 이용할 수 있다. 베어낸 나무는 장작이나 버섯 재배에 이용하자. 장작은 건조해서 사용해야 하므로 비를 맞지 않는 장소에 보관한다. 낙엽은 퇴비나 부엽토의 소중한 재료다. 가을에 모아두자.

낙엽 모으기

1 갈퀴로 낙엽을 모은다.

2 커다란 바구니나 농업용 컨테이너에 담고 꾹꾹 밟은 다음 또 담는다.

3 낙엽을 담은 용기가 가득 차면 운반해서 퇴비(239쪽)나 부엽토(242쪽), 온상(248쪽)을 만드는 데 사용한다.

장작 모으기

준비물
- 톱
- 자막대기
- 큰 도끼
- 손도끼
- 전기톱
- 통나무
- 폐타이어

사전 준비
- 무릎 정도 높이의 통나무와 타이어를 준비한다.
- 큰 도끼와 손도끼를 전날부터 물에 담가 두면 연결 부위가 단단히 조여진다.

1. 톱으로 자르기

1. 25cm 위치에 표시를 한다.

2. 전기톱이나 톱으로 자른다.

2. 장작 패기

1. 타이어 안에 나무를 세워 넣는다.

2. 힘껏 패서 쪼갠다.

장작의 보관
비에 맞지 않도록 지붕이 있는 장소에 쌓아놓는다.

성공 포인트
타이어를 사용하면 튀어나갈 위험성이 없고 여러 개를 동시에 작업할 수 있다.

숯을 굽고 있는 숯가마. 연통에서 흰 연기가 솟아오른다.

숯 굽기

숯가마와 드럼통에 굽는다

숯가마를 이용해 숯을 대량으로 굽는다

숯은 바비큐나 풍로 요리를 할 때, 화로에 불을 붙일 때 등 다양하게 사용된다. 처음에는 요령이 필요하지만, 익숙해지면 누구나 숯을 구울 수 있다. 이 책에서는 본격적으로 숯가마를 사용하는 방법과 드럼통을 사용해 숯을 굽는 방법을 소개한다.

숯으로 만드는 장작은?

장작으로는 졸참나무, 떡갈나무, 상수리나무 등의 나무가 적합하다. 지름 10cm 정도의 생나무가 가장 좋다. 통나무 상태여도 상관없고, 쪼개도 상관없지만 굵기가 일정해야 균일하게 구울 수 있다.

덮개

합판으로 형틀을 만든다. 나무를 채운 숯가마 위에 형틀을 올린 다음, 시멘트에 석회와 속돌을 섞어 반죽한 것을 틀에 붓고 일주일 동안 건조한 뒤, 가마에 불을 땐다. 그러면 합판은 불타 없어지고 덮개가 생긴다. 무겁기 때문에 여닫을 때는 레버 블록을 사용한다.

작업 주의사항

작업 시기 숯 굽기는 1년 중 아무 때나 가능하지만, 뜨거운 불을 가까이 해야 하므로 농한기인 겨울에 하는 것이 좋다.
달인의 비결 가마를 밀봉한 뒤에는 공기를 확실히 차단하는 것이 중요하다.

숯가마의 구조

장작을 채우고 아궁이에 점화

첫째 날

1 장작을 준비한다. 길이와 두께를 일정하게 맞춰놓는다.

2 가마의 안쪽부터 채워나간다. 가급적 공간이 생기지 않도록 빼곡하게 채운다.

안쪽 모서리는 숯이 잘되지 않으므로 가는 나무를 넣는다.

아궁이에서 가장 가까운 쪽은 어차피 불타버리므로 잡목을 채워도 된다.

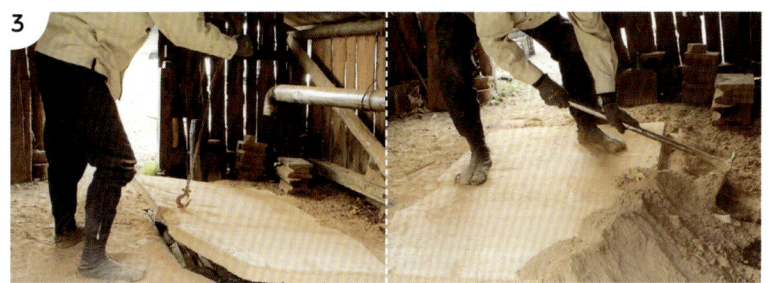

3 덮개를 씌우고 틈새와 덮개 위에 흙을 덮어 밀폐한다.

4 연통을 연결한다.

5 아궁이의 재를 치우고 불쏘시개를 넣어 불을 붙인다.

6 블로파이프로 바람을 불어넣으면서 30분 정도 태운다.

7 확실히 타고 있는지 확인하고 아궁이를 블록과 벽돌로 대충 막는다. 위에 장작을 놓아서 데워두면 좋다.(장작이 잘 탄다.)

8 약 1시간 반 후 아궁이를 열어 장작을 추가하고 아궁이를 다시 대충 막는다.

9 연기 상태를 살핀다. 사진에서는 흰 연기가 기세 좋게 나오고 있다. 연기의 온도가 60℃를 넘겼다면 가마 속의 장작이 연소되기 시작했다는 신호다.

10 연기 상태가 괜찮으면 장작에 빨갛게 숯불이 핀 것을 확인하고 아궁이를 벽돌과 함석판, 흙으로 약간의 틈만 남기고 막는다. 이 상태에서 약 24시간을 기다린다.

숯가마 밀봉

둘째 날

> **성공 포인트**
> 완전히 밀폐해야 단단한 숯이 만들어진다.

1 다음날 연통을 분리하고 성냥을 대서 2~3초 이내에 불이 붙는다면 800℃ 정도가 되었으니 숯가마를 밀봉해도 된다. 연기는 투명해진 상태. 연통을 알루미늄 호일과 깡통 덮개 등으로 막아 공기를 차단한다.

2 아궁이의 벽돌 바깥쪽에 함석판을 세우고 흙으로 메운 다음, 흙손으로 다져서 공기가 들어가지 않도록 완전히 막는다. 이 상태에서 하루 이상 기다린다.

가마 열기

넷째 날 이후

1 연통에 씌웠던 덮개(깡통 덮개 + 알루미늄 호일)를 치운다.

2 아궁이를 막고 있는 흙을 치운다.

3 덮개 주위의 흙을 치우고 덮개를 연다.

4 완성된 숯. 처음에 넣은 장작 중 6분의 1 정도가 숯이 되었다. 아궁이 근처에 놓았던 장작은 불타서 없어졌다.

> **숯이 되지 않은 원목이 있다면?**
> 숯이 되지 않은 것이 있으면 다음에 다시 구우면 된다.

5 보관함에 넣어 보관한다.

드럼통과 18L 캔을 이용한 숯 굽기

준비물
- 뚜껑을 딸 수 있는 유형의 드럼통
- 콘크리트 블록×6개
- 뚜껑을 딸 수 없는 유형의 18L 캔
- 로스톨(격자 모양의 철판), 연통

드럼통과 18L 캔을 이용하면 넓지 않은 공간에서도 간단하게 숯을 구울 수 있다. 드럼통 주위에 말뚝을 박고 확실히 흙을 덮는 것이 중요하다.

사전 준비

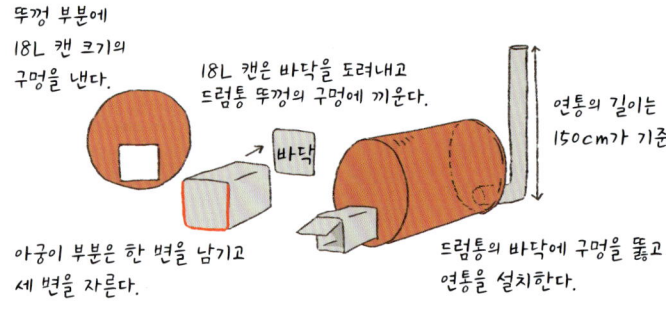

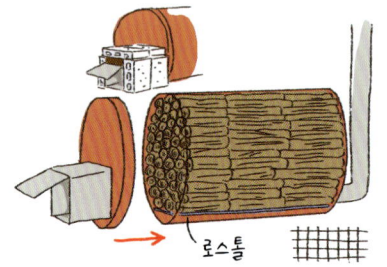

1. 드럼통의 바닥에 로스톨을 깔고 장작을 빼곡히 채운 다음 뚜껑을 덮는다. 아궁이 좌우에 블록을 놓는다.

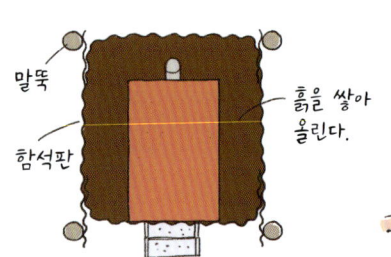

2. 드럼통 주위에 말뚝을 4개 박고 함석판으로 둘러싼 다음 흙을 쌓아 올린다.

3. 아궁이에 불을 붙인다. 굴뚝에서 흰 연기가 뭉게뭉게 솟아오를 때까지 장작을 때면서 부채로 열심히 공기를 불어넣는다.(30분에서 1시간 정도)

4. 흰 연기가 뭉게뭉게 나온다면 좋은 상태다. 아궁이인 18L 캔의 뚜껑을 닫고 흙을 절반 정도까지 쌓아 올린다. 때때로 연기 상태를 관찰한다.

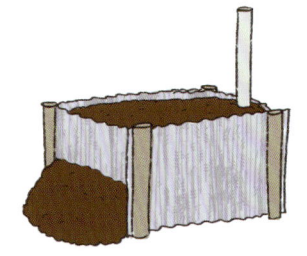

5. 연기가 굴뚝 입구에서 15cm 정도만 투명해졌다면 30분~2시간 정도, 투명하고 푸른 연기가 되었다면 수십 분 정도 남은 것이다. 연기가 투명해져 굴뚝에서 아무것도 보이지 않는다면 아궁이를 흙으로 완전히 덮는다. 이 단계까지 걸리는 시간은 일반적으로 불을 붙인 뒤 6~7시간이다. 시간은 기온, 습도, 장작의 상태에 따라 달라진다.

6. 아궁이에 흙을 쌓아 올렸다면 공 모양으로 만든 진흙으로 굴뚝을 막는다. 이대로 24시간 이상 기다린다.

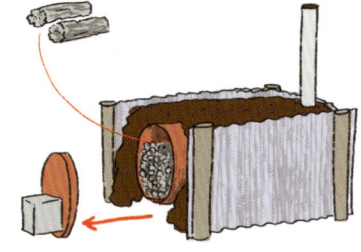

7. 흙을 치우고 드럼통 속의 숯을 꺼낸다. 사용 후에는 드럼통 위의 흙을 치워놓는다.(드럼통이 찌그러지는 것을 예방하기 위해서다.) 같은 드럼통으로 10~15시간 정도 숯을 구울 수 있다.

장작과 숯을 활용한다

숯을 다양한 방면에 이용하자

장작이나 숯은 화목난로나 바비큐, 풍로, 화로 등에 쓴다. 장작이나 숯이 새빨갛게 타오르는 모습은 아무리 바라봐도 질리지 않는다. 또 숯으로 조리한 요리는 원적외선으로 익기 때문에 전기나 가스와는 다른 맛을 낸다. 게다가 장작 난로나 화로의 온기는 일단 체험하면 중독이 될 만큼 아늑하다. 장작과 숯을 생활에 적극적으로 이용하자.

준비물
- 풍로 또는 화로
- 부젓가락과 부지깽이(화로의 경우)

- 소화 항아리
불이 붙은 숯을 넣고 뚜껑을 덮으면 자연스럽게 불이 꺼지며, 숯은 다시 사용할 수 있다.

- 숯과 부집게
풍로나 화로 곁에 두고 사용한다.

- 착화기
숯을 넣고 불에 가까이 가져가면 간단히 불을 붙일 수 있다.

화목난로
화목난로는 화력이 강해서 한 집에 하나만 있어도 집 안이 따뜻해진다. 여러 가지 유형이 있으며 가격도 천차만별이니 취향에 맞는 유형을 찾아보자.

—
통나무집의 화목난로(왼쪽). 전통 민가에 설치한 화목난로(오른쪽).

화로
화로는 숯을 넣고 태워서 온기를 내는 도구다.

—
쇠 주전자를 화로에 올려놓은 모습은 옛 모습을 간직한 정겨운 풍경이다.

풍로
풍로는 조리 기구의 일종이다. 하부에 공기가 들어가는 구멍이 있으며, 석쇠를 올려놓고 사용한다.

—
거실에서 편히 쉬면서 재료가 구워지기를 기다리는 것도 즐겁다.

버섯 키우기

원목에서 키운 버섯은 맛과 향이 좋다

준비물
- 종균(톱밥형) 1500mL
- 종균(캡슐형) 적당량
- 원목
- 전기톱 혹은 톱
- 드라이버 드릴
- 쇠망치
- 톱밥 5L
- 쌀겨 2L
- 물 적당량
- 플라스틱 수조
- 사발

직사광선을 피하고 습도가 높은 응달에서 키운다

원목 재배로 키운 버섯은 한 번 먹으면 절대 잊지 못할 만큼 맛과 향이 훌륭하다. 마당의 나무 그늘에서 재배할 수 있으며, 한 번 식균하면 몇 년 동안 즐길 수 있다.

버섯의 종류에 적합한 원목을 이용하는 것이 중요하다. 버섯 재배에 사용할 나무를 찾는다고 마을 사람들에게 말해놓으면 나무를 베러 갈 때 같이 가자고 제안받거나 주민들이 나눠주기도 한다.

버섯 재배의 과정

1 원목 벌채
벌채의 적기는 10~2월. 원목 굵기는 10~30cm가 사용하기 좋다.

2 건조
벌채 후 1~2개월 동안 건조한다.

3 통나무 자르기
1~2월에 사용하기 좋은 길이로 자른다.

4 식균
2월 하순부터 4월 하순경, 종균을 심는다.

5 임시 눕히기
식균 후 5월 하순 무렵부터.

6 본 눕히기
5월 이후에 본 눕히기.

7 발생
그해 가을 이후, 3~5년 정도 발생한다.

작업 주의사항

작업 시기 종균의 식균은 2~4월경. 그 후 임시 눕히기를 하고, 5월 이후에 본 눕히기를 한다.
달인의 비결 단목 재배와 장목 재배를 조합하면 효율적으로 수확할 수 있다.

키우기 쉬운 버섯

종류	특징	재배에 적합한 원목
느타리버섯	원목 재배를 하면 향이 좋고 맛 있다. 보통 원목 재배, 단목 재배를 할 수 있다.	팽나무, 서어나무, 호두나무, 오리나무, 너도밤나무, 버드나무, 사과나무, 벚나무 등
나도팽나무버섯	시판되고 있는 것은 봉우리 형태가 많은데, 우산이 펼쳐진 것도 맛있다. 보통 원목 재배, 단목 재배를 할 수 있다.	팽나무, 단풍나무, 호두나무, 벚나무, 너도밤나무, 칠엽수, 서어나무, 느티나무, 버드나무, 밤나무 등
표고버섯	키우는 사람이 많은 버섯으로, 보통 원목 재배가 적합하다.	상수리나무, 졸참나무, 서어나무, 밤나무, 너도밤나무 등

종균의 종류
캡슐형(왼쪽)은 원목에 드릴로 구멍을 뚫고 캡슐을 박아 넣는다. 톱밥형(오른쪽)은 물에 반죽해서 나무의 절단면에 발라 식균한다.

느타리버섯 키우기

다른 버섯도 같은 요령으로 키울 수 있다.

1. 단목 재배의 식균

1 나무를 자른다. 15~25cm 길이에 표시를 한다.

2 표시한 부분을 자른다.

3 절단면이 일치하는 것을 2개 1조로 사용하므로 한 세트로 만들어놓는다.

4 톱밥(나무를 자를 때 생긴 것)을 체로 친다. 고울수록 좋은 반죽이 된다.

5 플라스틱 수조에 톱밥과 쌀겨를 섞고 톱밥형 균을 넣어 섞는다.

6 물을 붓고 반죽이 될 때까지 섞는다.

성공 포인트
손에 쥐고 짰을 때 물이 뚝뚝 떨어지는 정도가 좋다.

7

절단면에 종균 반죽을 4~5mm 두께로 바르고 절단면을 포갠다.

성공 포인트
가장자리를 수북하게 바른다.

2. 장목 재배의 식균

1

원목에 드릴로 캡슐용 구멍을 뚫는다.

2

캡슐균을 구멍에 넣는다.

3

쇠망치로 박으면 작업이 빠르다.

3. 임시 눕히기

식균한 원목을 천막지의 위에 나열하고 물을 뿌린 다음 감싸놓는다. 5월의 본 눕히기 전까지는 움직이지 않도록 하며, 바람이나 직사광선을 피하고 건조하면 물을 뿌린다. 장목, 단목 모두 마찬가지다.

절단면에 균이 퍼진 모습. 이렇게 되었으면 본 눕히기를 해도 된다.

다양한 눕히기 방법
버섯의 종류와 환경, 계절 등에 따라 다양한 눕히기 방법이 있다.

땅 눕히기
지면에 그대로 눕힌다. 땅에 묻는 방법도 있다.

합장 눕히기
좌우에서 교대로 기대어 세우듯이 눕힌다.

4. 본 눕히기

5월 하순 무렵, 직사광선이 닿지 않고 물기가 적으며 관리하기 수월한 나무 그늘에 본 눕히기를 한다. 단목 재배의 경우 절단면을 분리하고, 균을 바른 면이 위를 향하도록 땅에 놓은 다음 물을 뿌린다.

장목 재배의 경우 하나씩 땅에 옆으로 눕혀서 땅 눕히기를 하고 물을 뿌린다.

5. 수확

단목 재배의 경우 그해 가을부터, 장목 재배의 경우 이듬해 봄부터 버섯이 발생한다. 단목은 약 3년, 장목은 약 4~5년 발생한다. 흠집이 생기지 않도록 조심스럽게 버섯을 수확한다.

기름 짜기

유채나 들깨의 씨앗을 볶아서 가열한다

식물에서 얻을 수 있는 기름은 매우 귀중한 존재

과거에 기름은 귀했다. 직접 짜보면 알겠지만, 식물에서 짤 수 있는 기름의 양은 아주 조금밖에 안 된다. 튀김에 쓸 만큼 많은 기름을 얻으려면 상당한 양의 원료가 필요하다.

옛날 사람들은 이렇게 귀중한 기름을 불을 밝히는 데에 사용했으며, 비자나무, 때죽나무, 야생동백 등의 종자를 등불의 원료로 이용했다.

기름을 짤 수 있는 식물은 여러 가지가 있는데, 현재 원료의 대부분을 수입에 의존하고 있다. 밭의 한구석에서 유채나 깨를 키워서 기름 자급에 도전해보자.

작업 주의사항

작업 시기 착유는 아무 때나 할 수 있지만 기름의 원료가 되는 종자는 작물에 따라 수확기가 다르다. 유채과는 봄, 참깨나 해바라기는 가을이 수확기다.

달인의 비결 많은 양을 짤 경우, 전문 업자에게 의뢰하는 편이 좋다.

기름을 얻을 수 있는 식물

종류	특징
유채	기름의 원료로 서양유채를 많이 심는다.
참깨	볶아서 짠 것이 향기로운 참기름, 생으로 짠 것이 백참기름이다.
들깨	차조기과 식물로, 주로 잎을 이용하지만 기름의 원료로도 사랑받는다.
카놀라	유채과 식물. 주로 봉오리를 먹지만 종자에서 기름을 얻을 수 있다.
옥수수	옥수수 배아로 기름을 짠다. 올레인산이 풍부하다.
쌀	쌀겨에서 화학적으로 추출한다.
면	면화의 씨앗을 짜서 얻으며, 비타민 E가 풍부하다.
해바라기	검은 씨앗의 속을 짜서 얻는다. 비타민 E가 풍부하게 들어 있다.
포도	포도씨유라고 불리며, 포도의 종자를 짜서 얻는다.
동백나무	야생동백의 종자를 짜서 얻는다. 머릿기름으로 사용되어왔다.
아보카도	과육을 짜서 얻는다. 지방이 15%로 풍부하게 들어 있다.
올리브	과육을 짜서 얻는다. 올레인산이 풍부하다.

준비물

① 나무틀. 두께 약 3cm, 폭 약 6cm의 나무를 이용
② 소형 잭
③ 대나무 잔(잭의 지름보다 조금 더 큰 것)
④ 나무 뚜껑(대나무 잔에 들어갈 만한 지름, 두께는 약 1cm) 4~5개
⑤ 스테인리스 그물망
⑥ 비닐 주머니를 자른 것
⑦ 비닐 주머니

대나무 잔에는 기름이 나오도록 송곳으로 구멍을 모두 네 곳에 뚫고, 조각칼로 기름을 유도하기 위한 홈을 파놓는다.

유채에서 기름 짜기

재료
- 유채의 씨앗 100g
- 물(분쇄한 종자의 10% 양)

등불 기름으로 사용했던 씨앗
오른쪽 위의 동그란 것부터 시계 방향으로 감태나무, 비자나무, 개비자나무, 야생동백, 참개암나무, 때죽나무.

1 유채의 씨앗을 프라이팬에서 향기가 날 때까지 4~5분 동안 중불에서 볶는다.

2 분쇄기로 소량씩 분쇄한다.

3 물을 붓고 응어리가 생기지 않도록 섞는다.

4 수증기가 올라오는 찜통에서 10~20분 동안 찐 다음 뜨거울 때 짠다.

500와트의 전자레인지에서 1분 동안 가열해도 된다.

5 대나무 잔을 비닐 주머니에 넣고 스테인리스 그물망을 안쪽에 설치한다.

6 찐 유채의 씨앗을 넣는다.

7 자른 비닐 주머니를 놓고 나무 뚜껑을 눌러 넣는다.

8 잭을 올려놓고 나무틀에 세팅한다. 잭을 조여 나간다.

대나무 잔의 구멍에서 기름이 흘러나온다. 필요에 따라 나무 뚜껑을 더 끼운다.

짜낸 기름과 씨앗 찌꺼기. 찌꺼기는 밭의 비료가 된다. 100g의 씨앗에서 약 5mL의 기름을 얻을 수 있다.

유채   들깨   카놀라

같은 요령으로 들깨와 카놀라의 씨앗을 짜 봤다. 왼쪽에서부터 유채, 들깨, 카놀라를 짜서 얻은 기름.

해바라기 씨나 동백나무 열매는?

해바라기 씨나 동백나무 열매는 수분이 많기 때문에 물을 붓거나 가열을 하지 않아도 된다.

1. 껍질을 까고 열매를 꺼내서 펜치 등으로 잘게 부순다.
2. 프라이팬에서 4~5분 정도 볶는다.
3. 그대로 착유기에 넣고 짠다.

산나물 캐기
계절의 향기를 즐기자

식재료를 찾아 야산으로 떠나자

농촌에는 계절마다 먹을 수 있는 들풀과 산나물이 많다. 먹을 수 있는 식물을 파악하고 야산으로 캐러 가자. 들풀과 산나물의 제철은 뭐니 뭐니 해도 봄이다. 봄에만 채집할 수 있는 머위 줄기나 고사리를 비롯해 각종 나무의 새싹도 쑥쑥 자라난다.

작업 주의사항

작업 시기 봄이 찾아오면 들풀과 산나물이 싹을 틔운다. 제철을 놓치지 말고 수확하자.

달인의 비결 떫은맛이 강한 것이 많으므로 살짝 데치거나 튀기는 등 다양한 방법으로 맛있게 먹자.

산초

운향과인 산초는 향기가 좋은 어린잎이 유명하지만 열매도 먹을 수 있다. 열매는 8월에서 10월경이 제철이다. 가지에 커다란 가시가 있으니 채집할 때 주의하자. 또 가지는 나무공이의 재료가 된다.

산초 열매 조림

산초 열매는 오른쪽에 소개한 방법으로 데치면 떫은맛을 없앨 수 있다. 냄비에 같은 양의 간장과 물, 술을 붓고 산초 열매를 넣은 다음 취향에 따라 미림을 적당량 붓고 중불에 국물이 없어질 때까지 조린다.

산초 열매 간장 절임

1

산초 열매를 뜨거운 물에 2~3회 데치고 하룻밤 동안 물에 담가둔다.

2

물기를 빼고 간장에 절인다. 약 2주 뒤부터 먹을 수 있다.

쇠뜨기

속새과인 쇠뜨기(뱀밥)는 3~5월이 제철이다. 봉오리처럼 생긴 포자낭을 먹는다.

산마늘

마늘과 비슷한 냄새가 난다고 해서 이런 이름이 붙었다. 백합과 산나물로, 4~5월이 제철이다.

왕원추리

4~5월에 어린잎을 먹는다. 여름에 백합을 닮은 꽃을 피운다.

쇠뜨기 조림

쇠뜨기의 표피를 떼고 뜨거운 물에 살짝 데친 다음, 하룻밤 동안 물에 담가 떫은맛을 뺀다. 냄비에 간장과 미림, 설탕을 물과 같은 양으로 붓고 쇠뜨기를 넣어 조린다.

산마늘 간장 절임

1. 산마늘을 잘게 썬다.
2. 간장을 찰랑찰랑하게 붓는다. 다음날부터 소스나 조미료, 양념으로 이용할 수 있다.

왕원추리 무침

왕원추리를 살짝 데쳐서 썬 다음, 된장과 설탕과 미림을 넣어서 무친다.

머위 줄기

초여름에 나는 머위의 꽃줄기. 쓴맛이 나며, 튀김이나 조림 외에 된장에 무쳐서 먹어도 맛있다.

범의귀

6월경에 어리고 부드러운 싹을 먹는다. 데치고 물에 씻어 무침으로 만들어 먹어도 좋다.

쑥

봄철의 어린잎을 따서 쑥떡을 만들어 먹거나 된장국에 넣어서 먹는다. 잎을 말려 쑥가루를 만들어도 좋다.(82쪽 모기향)

고사리

제철은 3~5월. 떫은맛이 강하기 때문에 탄산수소나트륨(베이킹 소다)을 넣고 데친 다음 물속에 하룻밤 담가 떫은맛을 제거한다. 보통 나물로 많이 먹는다.

머위

4~5월이 제철. 살짝 데쳐서 심을 빼고 매콤달콤하게 조리는 '머위 조림'이 유명하다.

민들레

민들레는 국화과 식물로 꽃, 잎, 뿌리를 식용으로 쓴다. 꽃이나 어린잎은 튀김이나 샐러드, 초무침으로, 뿌리는 민들레 커피로 즐길 수 있다.

미나리

물가에 자생하는 들풀로 나물이나 탕, 국에 사용한다.

오갈피나무의 새싹

초봄에 어린잎을 따서 이용한다. 살짝 데친 다음 채를 썰어 밥을 짓거나 튀김, 나물 등을 만들어 먹는다.

※ 들풀과 비슷하게 생긴 독성 식물도 있으므로 채집할 때 충분히 주의를 기울여야 한다.

임산물 채취하기
자연의 결실을 즐기자

작업 주의사항
작업 시기 죽순 캐기는 3~5월경, 오디는 5~6월경, 은행이나 밤은 가을이 수확기다.

달인의 비결 어디에 어떤 결실이 있는지 사전에 확인하자. 소유자가 있을 경우 멋대로 따서는 안 된다.

자연의 산물을 만나다
봄에는 죽순, 초여름에는 오디, 가을에는 밤과 은행, 호두 등 다양한 결실을 만날 수 있다. 그 시기에만 즐길 수 있는 귀중한 계절의 맛인데, 단기간에 많이 얻을 수 있는 것이 많으므로 잘 조리해서 오랫동안 즐기자.

오디

농촌에는 뽕나무가 많다. 5~6월경에 열매를 수확할 수 있으므로 오디잼(176쪽)을 만들어 먹는다.

죽순

진죽
진죽은 맹종죽보다 제철이 늦다. 뿌리부터 꺾듯이 수확한다.

맹종죽
죽순이 땅 위로 솟기 전의 것이 부드럽지만, 솟아난 것도 상관없다. 주위의 흙을 삽으로 파면 된다.

삶기

1. 죽순을 캔 당일에 삶을 것. 끝을 잘라내고 칼집을 넣는다.

2. 냄비에 물을 듬뿍 부은 다음 죽순과 쌀겨, 빨간 고추를 넣고 끓인다.

3. 부드러워지면 그대로 식힌다.

4. 물기를 짜내고 껍질째 비닐 주머니에 넣어 냉장 보관한다. 일주일 이내에 먹는다.

구운 죽순

미리 데친 죽순을 절반으로 자른다. 오븐 등에서 노릇노릇해질 때까지 굽고, 간장을 바른 다음 나무 열매를 뿌린다.

죽순 조림

미리 데친 진죽을 먹기 좋은 크기로 자르고, 참기름에 볶은 다음 같은 양의 간장과 미림을 붓고 조린다.

은행

가을이 깊어졌을 무렵이 제철. 고무장갑을 낀 손으로 줍는다. 냄새가 나는 과육 같은 부분에서 씨앗을 꺼내 씨앗만 가지고 돌아오면 된다. 과육은 흙으로 되돌린다.

물에 잘 씻어 건조한다.

껍데기 깨기

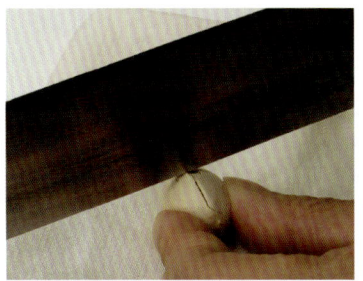

젖은 행주 위에 은행을 올려놓고 뾰족한 부분을 식칼의 칼등으로 두들겨서 깬다.

껍데기 안의 열매가 상하지 않게 깔끔하게 깔 수 있다.

볶은 은행

은행의 껍데기를 깨고 열매를 꺼낸 다음, 물을 찰랑찰랑하게 부은 냄비에 넣고 국자로 굴리면서 가열하면 껍질이 벗겨진다. 껍질을 벗겼으면 물기를 빼고 살짝 볶은 다음 소금을 친다. 너무 많이 먹지 않도록 주의한다. 독성이 있으니 10세 미만의 아동은 먹지 못하게 하자.

밤

가을이 수확기. 안에 벌레가 있을 경우가 많으므로 즉시 삶거나 그대로 냉동해도 좋다.

껍데기 벗기기

1

껍데기를 벗긴다.

2

속껍질을 벗기지 않은 채로 조려서 먹을 수도 있다.

3

설탕 조림 등을 만들 때는 육각으로 벗긴다.

밤 설탕 조림

1

냄비에 껍질을 벗긴 밤 1kg과 물, 반으로 자른 치자나무(착색용. 국물 내기용 주머니에 넣는다.)를 넣고 10분 정도 삶는다.

2

물 500mL, 설탕 350g, 소금 한 움큼, 미림 2큰술을 냄비에 넣어 설탕을 녹인 다음 삶은 밤을 넣고 약한 불에서 약 15분을 조린 뒤 그대로 식힌다.

3

시럽 용기에 보관한다.

계류낚시

계곡의 물고기와 놀자

낚시 준비

먼저 간단한 도구로 도전한다
4.5~5.5m의 저렴한 계류 낚싯대에 원줄과 눈표, 봉돌과 목줄을 연결한다. 양손을 사용할 수 있도록 짐은 배낭에 넣어 등에 진다.

준비물

- **계류 낚싯대**
길이 4.5~5.5m의 계류 낚싯대를 준비한다.
- **뜰채**
낚은 고기를 쉽게 건질 수 있다.
- **낚시 바지**
강을 걸으며 이동할 때 편리하다.

- 낚싯줄
- 어롱
- 눈표
- 배낭
- 조개봉돌
- 모자
- 낚싯바늘
- 편광 선글라스
- 미끼
- 소형 펜치
- 미끼통
- 가위

낚는 즐거움, 먹는 즐거움, 물고기를 낚아보자

우리나라 계류에서 잡을 수 있는 어종은 대표적으로 열목어와 산천어가 있다. 큰 물고기가 아니기 때문에 대부분 가벼운 장비를 사용한다. 즉, 계류낚시 도구는 매우 간단하다. 4.5~5.5m의 저렴한 계류 낚싯대만 있어도 충분히 즐길 수 있다. 계류낚시는 하류에서 상류로 낚으면서 계곡을 거슬러 올라가는 것이 기본이기 때문에 가슴까지 올라오는 계류용 방수 바지를 입고 있으면 편리하다. 그래도 미끄러지거나 넘어질 위험은 있으므로 충분히 주의하며 낚시를 하자.

작업 주의사항

작업 시기 보통 겨울철에는 낚시를 하지 않지만, 어종마다 제철이 다르다. 잡고 싶은 물고기의 활동 시기를 알아두자.
달인의 비결 주변의 낚시꾼이나 낚시 용품점에서 정보를 얻어 효과적인 미끼 등을 철저히 준비한다.

채비도

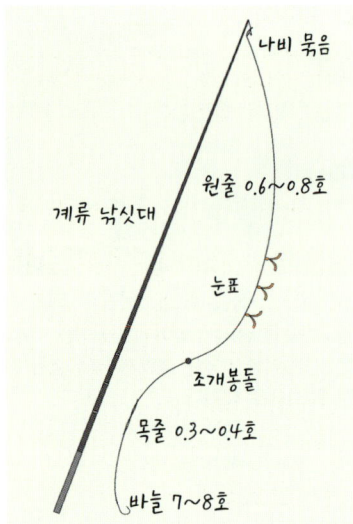

봉돌은 유속이나 수심에 따라 바꾼다.
바늘은 7~8호.

미끼를 꿰는 법

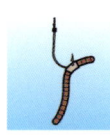
지렁이가 미끼일 때는 환대에 바늘을 꿴다.

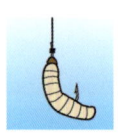
허니웜을 사용할 때는 몸통을 꿴다

이크라 2, 3개를 그림처럼 바늘에 꿴다.

기본적인 낚시 방법

성공 포인트
계류어가 미끼를 물면 원줄에 달린 눈표가 꿈틀하고 움직이므로 이것을 신호로 낚싯대를 잡아챈다. 이때 낚싯대를 50cm 정도 자신의 몸 쪽으로 끌어당기는 듯한 감각으로 날카롭게 당긴다. 물고기는 민첩하므로 재빨리 잡아챌 필요가 있다.

물살에 태운다
자연스럽게 흘러가는 느낌으로 낚싯줄이 팽팽해지지 않도록 미끼를 흐르게 하면 물고기가 미끼를 물 때가 많다.

포인트에 던져 넣는다
낚싯줄을 드리우고 봉돌의 무게를 이용해 진자처럼 물고기가 있을 것 같은 포인트에 던져 넣는다.

낚시 포인트

물이 낙하하는 곳
물이 낙하하는 곳에는 벌레 같은 먹잇감이 떨어지기 때문에 물고기가 바위 뒤쪽에서 기다리고 있을 때가 많다.

흐름이 완만한 곳 · 깊은 곳
흐름이 완만하고 수심이 있는 곳은 물고기가 체력을 사용하지 않고 숨을 수 있기 때문에 쉬고 있을 때나 잠잘 때는 이곳에 있을 가능성이 있다.

흐름이 감기는 바위 그늘
물이 흐르는 곳에 있는 바위의 뒤쪽은 먹잇감이 모이기 쉽고, 물고기도 모습을 숨길 수 있다. 가라앉은 바위의 뒤쪽도 노려보자.

여울 속
여름처럼 수온이 높을 때는 함유 산소량이 많은 여울 속에 물고기가 많이 모여든다. 조금 수심이 있는 여울이라면 노려볼 필요가 있다.

맛있는 계류어

산천어
전국 각지의 계류에 서식하는 송어의 육봉형(陸封型). 근연종인 홍점산천어보다 조금 북방형이다. 최대 30cm 이상 자란다.

홍점산천어
흔히 아마고라고 부르는 물고기다. 최근에는 송어의 아종으로 보는 경우가 많다. 몸 측면의 붉은 점이 특징이다. 크기는 산천어와 마찬가지로 20~30cm 정도다.

곤들매기
산천어나 홍점산천어보다 상류에 있는 수온 15℃ 이하의 원류 지역에서 산다. 장소에 따라 생김새가 미묘하게 다르다.

무지개송어
원산지는 북아메리카. 계류에서 잡히는 무지개송어는 낚시터 또는 양식장에서 도망친 경우가 많다. 걸려들면 힘찬 입질을 즐길 수 있다.

잡은 물고기의 활용법

먹는다
계류어는 소금구이나 튀김 등의 요리법으로 맛있게 먹을 수 있다. 곤들매기는 회로도 먹을 수 있다. 또 비늘과 내장을 제거하고 소금을 뿌려서 냉장고에 넣어두면 사흘은 보관이 가능하다.

키운다
계류어 특유의 아름다움에 반해 관상용으로 키우는 사람도 있다. 그러나 수온을 15℃ 이하로 유지해야 하기 때문에 사육이 어려우며, 수조에서 키울 경우는 대형 여과조 외에 냉수기도 필요하다.

방생한다
물고기가 너무 작거나 너무 많이 잡아서 다 먹을 수 없다면, 잡은 곳에서 고기를 만지지 말고 방생하자. 식용으로 잠시 비축하고 싶다면 작은 여울에 그물을 치고 방류한다.

즉석 훈제를 만드는 법

낚시터나 캠프장에서 간단히 훈제를 만들고 싶다면 중화 냄비(웍)와 석쇠를 활용하자. 석쇠의 크기는 중화 냄비의 한가운데에 걸치는 정도가 가장 좋다. 입문자에게는 사용하기 쉬운 벚나무 훈연칩을 추천한다. 소요 시간은 약 1시간.

1

준비물은 중화 냄비, 석쇠, 뚜껑, 훈연칩, 알루미늄 호일.

2

소금 1큰술을 넣은 물 500mL에 내장을 제거한 물고기를 15~30분 동안 담근다.

3

중화 냄비에 훈연칩과 석쇠를 넣고 알루미늄 호일 위에 물고기를 올려놓은 다음, 중간 불로 가열한다.

4
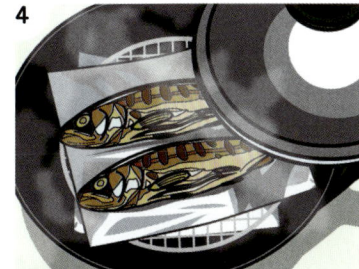

물고기의 크기에 따라 다르지만 약 30분 동안 훈제한다. 물고기의 색이 노르스름해지면 완성.

해변 낚시·채집

풍부한 바다의 산물을 맛보자

낚시·채집의 준비

스피닝 태클을 준비한다
바다낚시에는 다양한 도구가 있는데, 먼저 가벼운 봉돌을 사용한 가지바늘 채비로 방파제 근처에 있는 물고기들을 노려보자.

준비물
- 스피닝 로드
- 아이스박스
- 릴(낚싯줄 포함)
- 모자
- 고리 봉돌
- 편광 선글라스
- 가지바늘 채비
- 소형 펜치
- 가위
- 양동이
- 미끼
- 소형 갈퀴
- 미끼통
- 조개 채집망

규칙과 예의를 지키며 해변의 생물을 채집하자

농촌이라도 근처에 해변이 있다면 풍부한 해산물을 즐길 수 있다. 낚시 입문자에게는 어항(漁港)이나 방파제에서 낚시하기를 추천한다. 어항이나 방파제는 발을 디딜 곳이 안정적이고 공중화장실이 있는 곳도 많아서 가족과 함께 낚시를 즐기기에 최적이다. 저렴한 것이어도 상관없으니 전체 길이가 1.9~2.1m인 스피닝 로드에 2.5~5호의 나일론 원줄을 감은 스피닝 릴을 장착하면 다양한 물고기를 낚을 수 있다. 장소에 따라 잡을 수 있는 물고기가 다르므로 해당 지역의 낚시 용품점에 가서 도구를 보여주고, 그 도구로 잡을 수 있는 물고기의 정보를 얻는다. 그다음 효과가 좋은 용구와 미끼를 구입하자.

해변에서는 낚시 외에 조개잡이나 해초 채집 등도 즐길 수 있다. 그러나 바다에는 어업권과 금어 기간 등이 있으니 잡아도 되는지 사전에 문의하거나 간판 등을 보고 확인하자.

작업 주의사항

작업 시기 기본적으로는 초봄부터 늦가을. 파래는 12~2월까지가 제철이며. 문절망둑(망둑어)은 가을이 될수록 커진다.
달인의 비결 주변에 사는 사람이나 낚시 용품점에서 정보를 얻어 효과적인 미끼 등을 철저히 준비한다.

채비도

스피닝 로드
원줄 2.5~3호
스냅 도래
시판 가지바늘 채비
스피닝 릴
육각 봉돌 1~5호

가지바늘 채비는 중층에서 바닥까지를 노릴 수 있다.

노리는 어종과 미끼를 알자

- 왕털갯지렁이
- 지렁이
- 바위털갯지렁이
- 크릴새우

왕털갯지렁이나 바위털갯지렁이를 미끼로 쓰면 볼락 등 육식성 물고기를 잡을 확률이 높아진다. 크릴새우를 사용하면 전갱이 같은 작은 물고기가 물 때가 많다.

어업권과 금어 기간을 확인하자

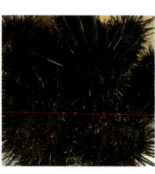

대부분의 해변에는 어업권이나 금어 기간이 있으므로 사전에 확인해두자. 돈을 내면 조개잡이를 할 수 있는 마을도 있다. 또한 성게나 소라 등 잡아서는 안 되는 종류를 설정해놓은 곳도 있다.

낚시하기 좋은 장소

방파제나 어항 등은 발을 디딜 곳이 안정적이어서 입문자도 어렵지 않게 낚시를 즐길 수 있다. 그러나 파도가 높다면 위험하니 결코 무리하지는 말자.

낚시의 기본
방파제 근처에 낚싯줄을 느슨하지도 팽팽하지도 않은 상태로 드리우고 기다린다. 입질이 없으면 낚싯줄을 위아래로 움직이거나 먼 곳에 던진 다음, 끌어당겨 입질을 유도한다.

전갱이
무리를 지어 돌아다니기 때문에 아침이나 저녁 등의 짧은 시간대에 잘 잡힌다.

볼락
방파제의 벽 근처나 소파블록 속, 바위 뒤쪽 등에 숨어 있다.

문절망둑
하구의 모래밭 등지에 서식한다. T천평채비에 잘 잡힌다.

바위 해변에서 하는 채집

모래밭에 바위가 혼재하는 장소의 웅덩이에서는 게나 새우를 잡을 수 있다. 돌을 잡아끌거나 뒤집어보자.

복잡한 지형의 바위 해변에는 다양한 생물이 살고 있다. 바닷물이 빠져나가면서 생긴 웅덩이에서는 거위목따개비나 팽이고둥을 잡을 수 있다. 또 수심이 어느 정도 있는 웅덩이에는 문어가 숨어 있을 때도 있다.

태평줄새우
길이 4~7cm의 새우. 투명한 몸에 검은 줄무늬가 특징이다. 튀김을 만들어 먹으면 맛있다.

거위목따개비
갑각류의 일종으로 바위와 바위의 틈새에 잔뜩 달라붙어 있다. 된장국에 넣거나 소금물에 데쳐서 먹는다.

미역
흔한 해조류로, 3~5월이 제철이다. 바닷속에서는 갈색이지만 데치면 사진처럼 녹색이 된다. 국이나 샐러드를 만들어 먹을 수 있다.

문어
낚시로도 잡을 수 있는 문어는 소금으로 잘 씻은 다음 삶아서 먹는다.

팽이고둥
삶은 뒤에 이쑤시개로 꺼내서 먹는다.

파래
바위에 붙어 있는 해조류. 비슷한 종류가 다수 있다. 채집 후에 잘 씻어서 국을 끓이거나 무침, 조림을 만들어 먹는다.

모래밭에서 하는 채집

하구 부근의 모래밭은 영양이 풍부하기 때문에 바지락이나 대합 등의 조개류가 많이 살고 있다. 썰물 때를 이용해 모래를 파보면 발견할 수 있다. 다만 독성이 있는 플랑크톤이 발생했을 경우 패독이 발생하니 주의하자.

썰물 때 갈퀴로 모래밭을 판다. 다른 곳보다 조금 볼록 솟아오른 곳을 파면 좋다.

바지락
제철은 봄과 가을. 된장국에 넣거나 술찜을 만들어 먹으면 맛있다.

백합
4~5월이 제철. 해감을 하고 굽거나 국을 끓여 먹는다.

생선을 말리는 법

전갱이나 보리멸 등의 물고기를 대량으로 낚았을 때는 말려서 보관하자. 생선을 말릴 때 편리한 '건조망'은 대형 낚시 용품점에서 구입할 수 있다. 이것을 이용하면 위생적으로 빠르게 말릴 수 있다. 말리는 데 걸리는 시간은 약 반나절.

1 생선을 펼친다

비늘과 내장을 제거하고 식칼로 갈라서 펼친다.

2 10~20%의 소금물
20~30분 절인다

10~20% 농도의 소금물을 만들어 20~30분 동안 절인다.(크기가 크면 좀 더 오래)

3 통풍이 잘되고 햇빛이 닿는 장소에서 말린다

소금물을 가볍게 씻어낸 다음 통풍이 잘되고 햇빛이 닿는 장소에서 말린다.

4 저녁 ▶ 밤 ▶ 아침

저녁에 말리기 시작해 다음날 아침이면 완성된다. 마르지 않았다면 햇볕을 쪼인다.

제2장 농촌에서 즐기는 아웃도어 라이프

위험한 식물과 생물에 주의하자!

농촌에서 살면 여러 가지 식물 또는 생물과 만나는 즐거움을 누릴 수 있는 반면에 생각지도 못한 위험과 조우할 수도 있다. 평소 위험한 식물과 동물에 대해 알아두자.

위험한 생물

독성이 있는 벌레에게 쏘일 때가 있다. 또 뱀이나 말벌을 만나는 경험도 할 수 있다. 대처법을 알아두자.

말벌
장수말벌은 매우 위험해서 쏘였다가는 죽음에 이를 수도 있다. 8~10월에 사망 사고가 급증하므로 이 시기에는 말벌을 보면 즉시 멀리 떨어지도록 하자.

지네
야행성에 좁고 따뜻한 곳을 좋아하는 지네는 민가에 종종 침입한다. 집 안에 침입하지 못하도록 문단속을 철저히 하고, 들어올 수 있을 것 같은 장소에는 방충제를 설치하자.

등에
대체로 이른 아침이나 저녁에 활발히 활동하므로, 이 시간대에 밭일 등을 할 때는 긴 팔 옷옷과 긴 바지를 착용해 노출을 줄인다.

살무사
야산에서 만날 확률이 높은 독사다. 전체 길이는 40~60cm이며, 드물지만 1m가 넘는 것도 있다. 머리가 삼각형인 것이 특징이다. 발견하면 즉시 멀리 떨어지도록 하자.

붉은등과부거미
신경독을 가지고 있는 암컷에게 물리면 림프절의 통증과 발한, 혈압 상승, 호흡 곤란 등의 증상이 나타난다. 원산지가 오스트레일리아로 당연히 반입 금지 생물이지만, 한국으로 밀반입한 사례도 있다. 발견하면 즉시 멀리 떨어진다.

곰
한국에는 불곰과 반달가슴곰이 살며, 특히 지리산 일대에는 반달가슴곰이 서식하고 있다. 다만 그 수가 많지 않고 곰도 사람을 만나면 피하는 게 보통이다. 만에 하나 곰을 만나면 죽은 척을 하기보다는 큰소리를 내서 위협하는 편이 효과적이다. 도망칠 때는 뛰지 말고 천천히 옆으로 피하듯이 이동한다.

위험한 식물

야산에서 자라는 식물 중에는 맛있는 산나물도 있지만 먹으면 중독을 일으키는 것도 있으니 주의하자.

남천
빨간 열매에 들어 있는 도메스티신은 기침을 가라앉히는 효과가 있지만 대량으로 섭취하면 지각과 운동 신경의 마비를 일으킬 수 있으니 주의하자.

은행
메틸피리독신(MPN)이라는 중독 물질이 있기 때문에 유아가 은행을 너무 많이 먹으면 죽음에 이를 수도 있다. 어른에게는 MPN을 해독하는 효소가 있지만 아이에게는 없다.

산투구꽃
투구꽃 중에서 산림에 자생하는 것은 산투구꽃이라고 부른다. 산투구꽃에 들어 있는 아코니틴이라는 물질은 청산칼리에 필적하는 독소다. 겉모습이 쑥과 비슷하므로 주의한다.

석산
비늘줄기에 알칼로이드가 많이 들어 있기 때문에 먹으면 구역질과 설사, 심할 경우 중추 신경 마비를 일으킬 수 있다.

독미나리
시큐톡신, 시큐틴 같은 독성 성분이 있어서 잘못 먹으면 구토, 설사, 경련, 호흡 곤란 등을 일으킨다. 미나리와 비슷하니 주의한다.

은방울꽃
꽃과 뿌리에 독소가 많이 들어 있어서 먹으면 구토와 두통, 어지럼증, 심부전, 혈압 저하, 심장 마비 등을 일으킨다.

얼음새꽃
뿌리에 독소가 있는데 머위 줄기라고 착각해 중독되는 경우가 있다.

제3장

건강하고 소박한 자연 먹거리

수제 면요리

밀가루와 메밀가루의 풍미를 즐기자

준비물
- 사발 또는 세면기
- 계량컵
- 저울
- 스푼
- 포도주 병(국수방망이로 대용 가능)
- 국수판(국수를 자를 때 사용하는 판으로 소면 상자의 뚜껑이나 우유팩으로 대용 가능)
- 국수칼
- 나무판이나 두꺼운 종이(우동은 한 변이 30cm, 소바는 45cm인 정사각형)

바로 만들어 먹는 면 요리법

수타 우동이나 메밀국수는 일반적으로 반죽을 이겨서 만든다. 반죽을 재우는 시간도 물론 필요하다. 그러나 여기에서는 반죽을 이기거나 재우지 않고 약 10분 만에 만들어서 먹을 수 있는 방법을 소개한다.

　일본에서는 '꽃우동' '꽃소바'라는 이름으로 알려진 방법이다. 소금도 사용하지 않아 밀가루나 메밀가루 본연의 풍미를 맛볼 수 있다. 자신이 키운 밀이나 메밀을 쓰고 싶어 하는 사람에게 안성맞춤이다. 밀을 키우는 법은 232쪽, 메밀을 키우는 법은 234쪽을 참조하기 바란다.

만들 때의 주의사항

맛을 결정하는 요소　가루 섞는 작업을 재빨리 마쳐서 가루가 뭉치지 않게 한다.
달인의 비결　일단 면을 뽑기 시작했으면 마지막까지 단번에 작업한다. 반죽이 경단이 되지 않도록 주의한다.

우동 만들기

재료(2인분)
밀가루 150g, 물 75g(기온 30℃→밀가루량의 50%, 20℃→54% 기준), 녹말가루(반죽이 달라붙는 것을 방지하는 용도) 적당량

1. 계량

가루 사이사이에 공기가 들어가게 한다. 오래된 가루는 체로 친다.

밀가루와 물을 계량한다.

2. 섞기

1 용기에 가루를 넣고 손을 갈퀴처럼 만들어 손가락 끝으로 표면을 평평하게 정리한다.

2 높은 곳에서 물을 소용돌이 모양으로 단번에 붓는다.

3 용기를 시계 방향으로 한 번에 약 30도씩 움직이면서 스푼을 2시에서 8시 방향으로 20회씩 재빨리 움직여 가루를 흩뜨린다.

4 시계 반대 방향으로 용기를 30도씩 돌리면서 스푼을 8시에서 2시 방향으로 20회씩 재빨리 움직인다.

5 스푼을 세워서 잡고 가루를 시계 방향으로 얕게, 크게 그리고 빠르게 50회 섞는다.

3. 모으기

1 용기를 돌리면서 용기의 바닥에 붙은 반죽을 긁어내듯이 바닥부터 빠르게 20회 섞는다.

2 용기의 측면도 같은 요령으로 20회 긁어낸다.

3 스푼과 손가락에 붙은 반죽을 떼어내어 반죽에 붙인다.

4 탁구공을 잡듯이 손을 오므리고 반죽의 표면을 시계 방향으로 20회 움직인다. 이때의 모습이 수국처럼 생겼다고 해서 꽃우동이라는 이름이 붙었다.

5 반죽을 모아서 자신의 몸 쪽으로 가져온다.

4. 누르기

1 손바닥 아래쪽을 대고 꾹 누르면 핫케이크 모양이 된다.

2 반죽을 떼어내서 뒤집는다. 반으로 접으면 오믈렛 모양이 된다.

3 꾹 누른다.

4 뒤집어서 다시 반으로 접고 주먹으로 누른다.

5 뒤집어서 반으로 접고 세 모서리를 반죽의 중심을 향해 접는다.

6 나머지 세 변도 반죽의 중심 쪽으로 모아 오므라뜨린다.

7 뒤집어놓고 꾹 누르면 만두 모양이 된다.

▲

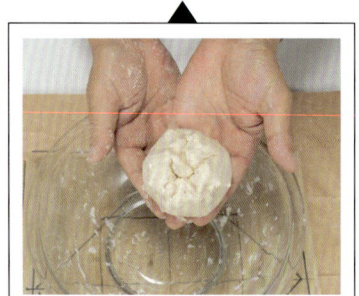

성공 포인트
무화과 같은 모양이 된다.

5. 펴기

1. 나무판에 녹말가루를 뿌리고 반죽을 놓은 다음 반죽 위에도 녹말가루를 뿌린다.

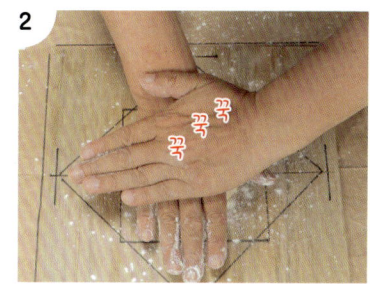

2. 포갠 손으로 반죽의 10시, 11시, 12시 방향을 3번 눌러준다.

3. 반죽을 90도 회전시킨다.

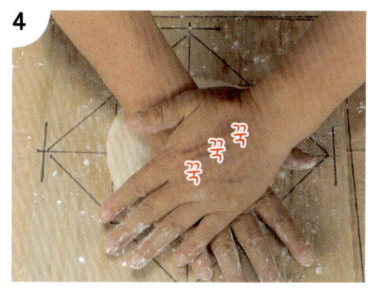

4. 2~3번 작업을 총 4회 반복한다. 그러면 반죽이 한 바퀴 돈다.

5. 녹말가루를 뿌리고 병을 평행하게 잡은 다음 반죽의 중앙을 꾹 누른다.

6. 위로 2cm씩 가장자리까지, 아래도 가장자리까지 눌러준다.

7. 반죽을 90도 돌려서 5~6번 작업을 반복한다. 반죽이 멜론 모양이 된다.

8. 녹말가루를 뿌리고 병을 2cm 정도 민 다음 손을 뗀다. 이 동작을 반복하며 가장자리까지 간다.

9. 아래쪽도 8번 작업과 같은 요령으로 반복하면 반죽이 나뭇잎 모양이 된다.

10. 반죽을 90도 돌려서 8~9번 작업을 반복하면 다이아몬드 모양이 된다.

11. 녹말가루를 뿌리고 반죽을 나무판과 나란히 놓는다.

12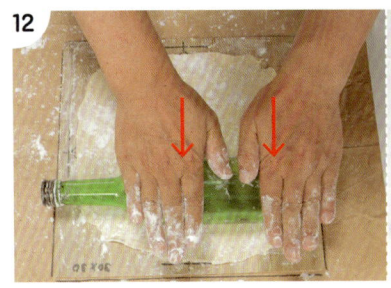

병을 굴려 반죽을 늘린다. 80%를 밀고(당기고) 20%는 남긴다는 느낌으로 네 귀퉁이를 작업한다.

13

반죽을 90도 돌려서 **12**번 작업을 반복하면 반죽이 완성된다. 두께는 약 3mm.

6. 접어서 자르기

1

반죽의 절반에 녹말가루를 뿌리고 세로로 접는다.

2

다시 절반에 녹말가루를 뿌리는데, 중앙 부분에는 좀 더 많이 뿌린다. 그리고 반으로 접는다.

3

반죽의 위아래에 녹말가루를 듬뿍 뿌린 다음 국수판을 올려놓고 약 4mm 간격으로 자른다.

4

전부 잘랐으면 접힌 부분에 손가락을 넣고 톡톡 쳐서 녹말가루가 전체에 골고루 퍼지게 한다.

5

가볍게 꼬아서 용기에 넣으면 완성. 삶는 시간은 4~5분.

어떻게 보관하나?
완성한 면은 냉장 보관일 경우 1~2일, 랩에 싸서 냉동 보관할 경우 10일 정도 간다.

메밀국수 만들기

밀가루를 절반 정도 사용하기 때문에 초보자도 쉽게 만들 수 있다.

재료(2인분)
메밀가루 100g, 밀가루 50g, 물 75g

1
메밀가루와 밀가루를 섞어서 체에 친 다음, 118쪽의 '계량' 과정부터 '펴기' 과정까지를 진행한다. 그리고 '펴기'의 12~13번 작업을 반복해 반죽의 두께를 약 1.5mm로 만든다.

2 녹말가루를 듬뿍 치고 우동과 똑같이 1/4로 접는다.

3 녹말가루를 더 치고 1.5mm 폭으로 자른다.

4 완성된 모습. 보관 방법은 우동과 같다. 삶는 시간은 30초가 기준.

밀가루·메밀가루·쌀가루·보릿가루로 간단하게 만드는 와플

향기가 좋은 곡물 가루를 물에 녹여서 와플 메이커에 붓고 굽기만 해도 맛있는 와플을 만들 수 있다.

재료

쌀가루 + 밀가루
쌀가루 50g, 밀가루 30g, 물 160g

메밀가루 + 밀가루
메밀가루 50g, 밀가루 30g, 물 160g

보릿가루 + 밀가루
보릿가루 50g, 밀가루 30g, 물 160g

※ 물의 양은 된 정도를 보면서 조절. 취향에 따라 소금을 추가한다.

1. 와플 메이커에 올리브기름(적당량)을 얇게 바르고 가열해둔다.
2. 가루에 물을 넣고 스푼으로 30초 정도 재빨리 휘저어 섞는다.
3. 틀에 반죽을 흘려 넣은 다음 뚜껑을 닫고 센 불에서 1분 30초, 뒤집어서 1분 30초, 중간 불에서 앞뒷면을 1분씩, 총 5분 동안 구우면 완성.

천연 효모 빵

화덕을 이용해 향기로운 빵을 굽자

천연 효모와 직접 농사지은 밀로 빵을 만들자

천연 효모는 가정에서 손쉽게 만들 수 있다. 여기에서는 건포도를 사용했지만 사과나 감귤, 매실, 딸기, 허브 등 여러 가지 과일과 식물로 만들 수 있으니 도전해보자.

　천연 효모 빵의 재료는 밀가루와 천연 효모, 소금, 물 등으로 매우 단순하다. 여기에서는 화덕에서 굽는 방법을 소개했지만, 일반 오븐에서 구워도 상관없다.

<u>만들 때의 주의사항</u>
맛을 결정하는 요소　발효는 기온과 온도가 중요하다. 효모가 잘 활동할 수 있도록 온도를 관리하자.
달인의 비결　원종을 만들어놓으면 계속해서 몇 번이고 사용할 수 있다.

건포도로 천연 효모 만들기

기온은 27℃ 정도가 적당하다. 추울 때는 난방을 한 뒤 만들면 된다.

1. 액종 만들기

재료
- 건포도 100g(오일 코팅을 하지 않은 것)
- 물 500g
- 병(끓여서 소독해놓는다.)

1

병에 건포도와 물을 넣고 뚜껑을 닫는다. 하루에 1~2회 용기를 흔들어서 섞는다.

2

2~3일 후. 건포도가 떠오른다.

3

4~7일 후. 뚜껑을 열었을 때 쉭 소리가 나며 잔거품이 생기고 달콤한 알코올향이 나면 하루를 더 묵혀서 완성한다. 이것을 액종으로 이용한다. 건포도가 들어 있는 상태로 7~10일 동안 냉장 보관이 가능하다.

2. 원종 만들기

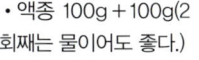

- 소금 한 움큼
- 병(끓여서 소독해놓는다.)
- 액종 100g + 100g(2회째는 물이어도 좋다.)
- 밀가루 100g + 100g(여기에서는 전립분을 사용)

1

병에 밀가루 100g, 액종 100g, 소금을 넣고 잘 섞은 다음 뚜껑을 닫는다. 발효해서 부풀어 올랐으면 다음날까지 냉장 보관한다.

2

다음날, 병 속에 새로운 액종(또는 물) 100g과 밀가루 100g, 소금을 더 넣고 섞은 다음 뚜껑을 닫는다. 발효해서 부풀어 올랐으면 다음날까지 냉장 보관한다.

3

다음날, 부피가 1.5~2배 정도 되고 기포가 좁쌀같이 올라왔으면 완성. 바로 사용할 수 있으며 냉장고에서 2~3일 정도 보관이 가능하다.

※ 원종균을 계속 사용할 경우, 2~3일마다 **2**번 작업을 반복한다. 이때는 액종이 아니라 물을 사용한다.

캉파뉴 굽기

프랑스의 소박한 시골 빵. 밀가루와 천연 효모의 향기를 즐기자.

재료
- 박력분(또는 중력분) 300g
- 강력분(전립분을 사용) 200g
- 천연 효모의 원종 75g
- 소금 12g
- 물 275mL

※ 원종이 아니라 액종을 사용할 경우는 물의 1/3 분량을 액종으로 사용한다.

1

물에 소금을 넣어 녹인다.

2

원종을 넣고 잘 섞는다.

3

박력분과 강력분을 체에 쳐서 섞는다.

4

원종을 섞은 물에 밀가루를 넣고 잘 섞는다.

5

섞였으면 반죽으로 모은다.

6

반죽이 모였으면 반죽판에 올려놓고 10~15분 정도 잘 이겨준다.

7

매끄럽게 늘어나면 글루텐이 형성되었다는 신호다.

8

반죽을 둥글게 뭉쳐 매끈한 쪽이 위를 향하도록 용기에 넣고 랩을 씌운 다음, 1차 발효시킨다. 기온 25℃, 습도 70~80%에서 3~4시간이 최적.

> **성공 포인트**
> 기온이 낮을 경우는 중탕을 하고, 높을 경우는 아이스박스 등에 넣으면 좋다.

9

1차 발효 후. 용기에서 꺼낸 다음 눌러서 가스를 뺀다.

10

접어서 둥글게 모으고, 꽁무니를 집어서 붙인 다음 꽁무니가 바닥을 향하도록 사발에 놓는다. 마른 행주로 감싼 다음 밀폐 용기나 비닐 주머니에 넣어 2차 발효시킨다.

11

발효 완료(기온 30℃, 습도 70~80%에서 약 1시간) 십자로 칼집을 넣고 220~230℃에서 20~30분 동안 굽는다.

12

완성! 몇 시간 뒤에 먹으면 더 맛있다.

화덕에서 빵을 구울 때의 주의사항

장작불이 직접 닿으면 타버리기 쉽다. 안쪽의 장작 앞에 내화 벽돌을 놓는 것이 좋다. 화덕 입구를 내화 벽돌로 막으면서 온도를 조절한다.

물을 가득 부은 깡통을 화덕에 넣어서 화덕 안의 습도를 유지한다.

화덕 요리
다양한 피자와 오븐 요리를 만끽하자!

천연 효모와 밀가루로 맛있는 피자를 굽자

화덕은 만능 오븐이므로 피자나 빵을 비롯해 온갖 요리를 만드는 데 이용할 수 있다. 직접 농사지은 밀가루와 천연 효모로 만든 반죽에 밭에서 딴 토마토로 만든 소스를 발라 화덕에서 피자와 칼초네를 구워 보자. 이것이야말로 농촌생활의 진짜 즐거움이다.

겉은 바삭바삭하고 속은 부드럽게 구울 수 있는 화덕은 가스로 조리할 때와는 차원이 다른 맛을 제공한다. 다양한 요리에 활용해보자.

만들 때의 주의사항
맛을 결정하는 요소 피자에 사용하는 토마토소스는 토마토와 소금만으로 만들어 감칠맛을 살린다.
달인의 비결 피자를 구울 때는 입구를 열고, 오븐 요리를 할 때는 입구를 닫는다.

화덕에서 피자를 구울 때의 주의사항
화덕의 온도는 400~500℃가 적당하다. 화덕 안에 손을 넣을 수 없을 정도가 되어야 한다. 고온에서 단시간에 굽기 때문에 바삭하게 피자가 구워진다.

토마토소스를 만드는 법
토마토를 큼직하게 썰고 소금을 조금(토마토 중량의 2%) 넣은 다음 물을 붓지 않고 절반 정도가 될 때까지 졸인다. 냉장고에서 일주일 정도 보관할 수 있다.

천연 효모로 만든 마르게리타 피자

토핑 재료
- 토마토소스
- 가루 치즈(파르메산)
- 모차렐라 치즈
- 바질
- 올리브유

반죽 재료(6장 분량)
- 박력분(또는 중력분) 300g
- 강력분(전립분을 사용) 200g
- 원종 75g
- 소금 12g
- 물 275mL

※ 원종이 아니라 액종을 사용할 경우는 물의 1/3을 액종으로 사용한다.

1. 반죽 준비

천연 효모와 반죽을 만드는 법은 124~127쪽을 참조. 126쪽의 **7**번까지 작업한 뒤에 반죽을 하나당 약 170g씩 6개로 잘라서 둥글게 만들어 용기에 넣는다. 그리고 마른 행주를 씌워 발효시킨다. 기온 25℃, 습도 70~80%에서 약 3~4시간이 최적.

2. 반죽 늘리기

1

반죽에 녹말가루(적당량)를 뿌리고 스크레이퍼로 떼어낸다.

2

손으로 눌러서 공기를 뺀다.

3
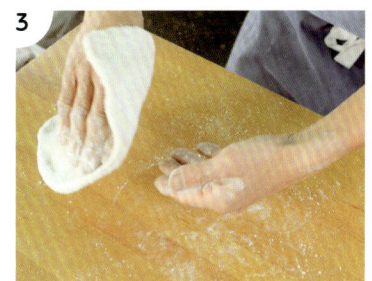
손으로 늘린다.

3. 소스와 토핑 올리기

1
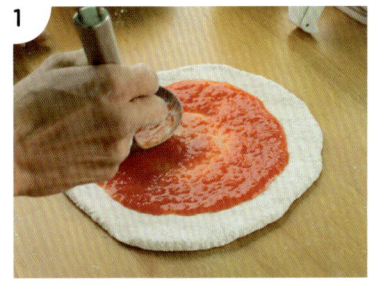
토마토소스를 바른다.

2

가루 치즈와 모차렐라 치즈를 올린다.

3

올리브유를 뿌린다.

4

바질을 올린다.

5

반죽을 더 늘리면서 피자 삽에 올려놓는다.

6

화덕에 넣고 굽는다.

7

피자 삽으로 골고루 돌리면서 굽는다.

8

완성.

여러 가지 피자

비앙코 피자
재료 : 가루 치즈, 모차렐라 치즈, 올리브유, 바질

마리나라 피자
재료 : 토마토소스, 마늘, 올리브유, 오레가노, 미니토마토

버섯 피자
재료 : 토마토소스, 가루 치즈, 모차렐라 치즈, 버섯(느타리버섯 등), 올리브유, 오레가노

칼초네

1. 피자 반죽에 토마토소스와 치즈 가루, 모차렐라 치즈, 올리브유, 바질을 올린다.

2. 반으로 접고 가장자리를 손가락으로 집어서 봉한다.

3. 화덕에서 이따금 뒤집어주며 굽는다.

군고구마와 로스트 넛

1. 고구마, 토란, 감자를 내열 용기에 담고 약 180℃에서 15~30분 정도 굽는다.

2. 땅콩 같은 견과류는 내열 용기에 담아서 천천히 구우면 된다. 약 150℃에서 20분 정도 굽는다.

흰 살 생선과 제철 채소로 만드는 화덕 구이

1

내열 용기에 생선을 올려놓고 마늘과 무, 순무, 감자, 브로콜리를 썰어서 넣는다. 취향에 맞는 허브(타임, 마저럼 등)와 소금, 후추, 올리브유, 케이퍼, 올리브를 올린다.

2

화덕의 입구 부분을 내열 벽돌이나 블록으로 막고 노릇노릇하게 굽는다.

3

완성.

훈제 음식

베이컨과 스모크 치킨을 마당에서!

목재 칩으로 그을려 맛을 응축한다

훈제에는 온도에 따라 열훈과 온훈, 냉훈이 있다. 초보자에게는 도구가 적게 필요하고 실패할 확률이 낮은 열훈이나 온훈을 추천한다.

목재 칩에는 여러 종류가 있는데, 여기에서는 농촌생활을 하면서 구하기 쉬운 벚나무를 사용했다. 열원으로는 로켓 스토브(31쪽)를 사용했지만 일반 가스풍로나 휴대용 풍로를 사용해도 무방하다.

만들 때의 주의사항

맛을 결정하는 요소 칩의 종류에 따라 향이 달라지므로 취향에 맞는 칩을 찾아내자.
달인의 비결 온도가 너무 높으면 지나치게 익어버린다. 온도를 확인하며 적정 온도를 유지하자.

훈제통 만들기

준비물
- 18L 캔(통)
- 쇠꼬챙이
- 철망
- 가위
- 송곳

1 뚜껑이 열리지 않는 경우, 상부를 잘라낸다.

2 통의 측면에 송곳으로 구멍을 뚫는다.

3 구멍으로 쇠꼬챙이를 끼워 넣고 철망을 올려놓으면 완성.

밑간하기

재료
- 돼지 안심 덩어리
- 닭다리 살
- 소금과 설탕(고기 한 덩이당 각각 1큰술)
- 허브(타임, 오레가노, 로즈메리 등)

1 포크로 고기에 구멍을 내고 소금과 설탕을 문질러 바른 다음 허브를 묻힌다.

2

비닐 주머니에 넣고 냉장고에서 2~7일 정도 재운다.

3

훈제 당일 30분에서 1시간 정도 소금기를 빼고 물기를 털어낸다.

훈제하기

재료
- 밑간한 고기
- 삶은 달걀
- 치즈
- 말린 무
- 가리비의 관자 등
- 벚나무 칩

1

베이컨과 스모크 치킨용 고기는 응달에서 바람을 맞히며 30분 정도 건조한다.

2

벚나무 칩을 집어넣은 훈제통을 로켓 스토브 위에 올려놓는다.

3

철망 위에 훈제할 재료를 늘어놓는다.

4

뚜껑을 덮는다.

5

불을 붙이고 70~80℃에서 훈제한다. 연기가 나오지 않으면 그때그때 칩을 보충한다.

6

작고 얇은 고기는 20~30분이면 충분하다. 고기 덩어리는 1~2시간이 기준.

성공 포인트
뚜껑에 200℃까지 측정할 수 있는 온도계를 설치해 수시로 온도를 확인한다.

낫토

직접 만들어 먹어서 각별한 맛

준비물
- 발포 스티롤 상자
- 온도계
- 페트병(뜨거운 음료용)
- 콩
- 낫토균
- 사발, 소쿠리, 압력솥
- 플라스틱 용기
- 랩
- 김발

※ 사발 같은 도구는 잡균이 번식하지 않도록 끓는 물로 소독한다.

수제 낫토, 콩의 맛이 난다

손수 만든 낫토는 콩의 맛이 살아 있어 중독될 정도다. 낫토균은 구하기 쉬운 분말 낫토균을 사용하면 된다.

만들 때의 주의사항

맛을 결정하는 요소 발효 온도는 38~40℃를 유지한다. 40℃를 넘지 않도록 주의한다.

달인의 비결 수시로 온도를 관리해 잘 발효시키자.

1. 담가두기

성공 포인트
반으로 잘랐을 때 흰 선이 없으면 OK. 왼쪽의 콩 3개는 침수가 제대로 되지 않았다.

콩 500g이 만들기 수월하다. 충분한 양의 물에 하룻밤 담가둔다. 1.8~2배로 콩이 부풀어 오른다.

2. 찜

소쿠리에 콩을 담아 물기를 빼고 압력솥으로 찐다. 알갱이가 작은 콩은 약 40분, 큰 콩은 약 50~60분이 기준. 찌는 도중에 물이 다 떨어지지 않도록 주의한다. 찜통을 이용해 3~4시간 쪄도 된다.

성공 포인트
엄지손가락과 셋째손가락으로 집으면 으스러질 정도의 굳기가 기준.

3. 낫토균 버무리기

성공 포인트
중앙을 조금 오목하게 담으면 공기 대류가 일어나서 좋다.

1
낫토균을 사발에 넣고 정해진 양의 물에 희석한다. 분말의 경우 50mL 정도의 미지근한 물(40~50℃)에 녹이면 콩에 골고루 버무릴 수 있다.

2
사발에 찐 콩을 넣고 골고루 섞는다.

3
소쿠리에 콩을 담고 여분의 물기를 뺀다.

4
플라스틱 용기에 콩이 2~3단이 되도록 평평하게 담는다.

5
랩을 덮고 네 귀퉁이를 가볍게 눌러준 다음, 위에서 이쑤시개로 구멍을 몇 개 뚫는다. 구멍이 너무 크거나 수가 많으면 콩이 말라버리니 주의한다.

4. 발효시키기

성공 포인트
38~40℃가 적정 온도. 온도가 낮으면 온수를 교환하고, 높으면 공기를 넣어준다.

1
40~50℃의 온수를 담은 페트병을 2개 이상 준비해 발포 스티롤 상자에 넣는다. 상자 안에서 공기 대류가 일어나도록 한다. 일회용 손난로를 사용해도 좋다.

2
페트병 위에 김발을 올려놓아 페트병이 직접 닿지 않게 하고 그 위에 콩을 담은 용기를 올려놓은 다음 뚜껑을 닫는다.

3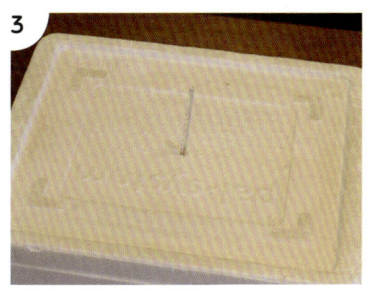
뚜껑에 온도계를 꽂아 내부의 온도를 가끔씩 측정한다. 콩에서도 발효열이 나온다.

4
8~10시간 뒤에 온도와 끈적끈적한 실의 상태, 발효 상태를 확인한다. 표면이 희면 발효가 진행되고 있다는 표시다.

5
약 18~20시간이 지나면 완성된다. 발효가 잘되었으면 뚜껑을 덮어 냉장고에 보관한다. 발효가 덜 되었으면 시간을 연장한다.

두부

집에서 키운 콩으로 도전해보자!

준비물
- 무명 주머니(두유를 짜는 용도)
- 국수방망이 혹은 긴 젓가락(두유를 짜는 용도)
- 두부용 틀 또는 소쿠리
- 큰 냄비
- 큰 소쿠리나 사발
- 온도계
- 믹서
- 국자
- 나무 주걱
- 나무틀용 무명천

재료
- 콩 260g(약 2모 분량)
- 간수(정해진 양의 온수에 녹여둔다.)
- 물 1.2L 이상

콩이 지닌 본연의 맛을 즐긴다

콩의 맛을 응축한 두부는 틀과 간수만 있으면 누구나 만들 수 있는 음식이다. 소쿠리 두부라면 설령 틀이 없어도 간단히 만들 수 있다. 수제 두부는 콩의 맛을 확연히 알 수 있기 때문에 집에서 키운 콩이나 좋은 콩으로 만들면 더욱 맛있게 먹을 수 있다.

만들 때의 주의사항
맛을 결정하는 요소 신선한 콩을 사용하면 맛이 더 좋아진다.
달인의 비결 믹서를 이용해 콩을 충분히 곱게 갈자.

1. 콩물 만들기

성공 포인트
약 2분을 기준으로 콩 입자가 매끄럽게 느껴질 때까지 믹서에 간다.

1

콩 260g을 물 1.2L에 하룻밤 동안 담근다.

2

침수시킨 콩을 물과 함께 믹서에 갈아 콩물을 만든다.

2. 콩물 가열하기

1

냄비에 물(적당량)을 2~3cm 높이로 붓고 국자로 콩물을 조심스럽게 흘려 넣은 다음 센 불로 가열한다. 콩물을 물 위에 뜨게 하면 눌러붙는 것을 방지할 수 있다. 끓을 때까지 섞지 않는다.

2

콩물이 끓으면 나무 주걱으로 섞으면서 가볍게 끓을 정도로 불을 줄인다. 눌러 붙지 않도록 바닥에서부터 쉴 새 없이 저어준다. 이 상태에서 10~15분 동안 졸인다.

3

익기 시작하면 콩의 달콤한 향기가 난다. 맛을 봤을 때 풋내와 아린 맛이 없고 깔끔한 맛이면 불을 끈다. 지나치게 끓이면 두부가 단단하게 굳지 않으니 주의한다.

3. 두유 짜기

1

냄비 위에 소쿠리를 걸치고 무명 주머니를 펼친 다음, 국자로 콩물을 흘려 넣는다.

2

전부 담았으면 주머니의 아가리를 비틀고 국수방망이나 젓가락을 사용해 콩물을 짠다. 뜨거우니 화상을 입지 않도록 주의한다.

3

다 짰으면 물을 100mL 정도 붓고 다시 한 번 짠다. 짜낸 액체가 두유다.

4. 간수 붓기

1

간수를 정해진 양의 미지근한 물에 녹인다.

2

두유를 냄비에 붓고 온도를 잰다. 70℃보다 높으면 식을 때까지 기다린다. 70℃보다 낮으면 가열해서 70℃로 맞춘다.

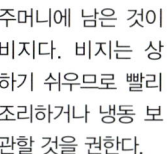
비지가 생겼다!
주머니에 남은 것이 비지다. 비지는 상하기 쉬우므로 빨리 조리하거나 냉동 보관할 것을 권한다.

성공 포인트
70℃보다 높으면 딱딱해지고, 낮으면 제대로 굳지 않는다.

3

70℃의 두유에 녹인 간수를 붓는다. 나무 주걱에 흘리면서 약 5초에 걸쳐 단번에 붓는다.

4

즉시 2~3회 섞은 다음 나무 주걱으로 두유의 움직임을 멈추고 조용히 뺀다. 너무 많이 섞으면 딱딱해지니 주의한다.

5

냄비 뚜껑을 덮고 10~15분 동안 가만히 놔둔다.

5. 틀에 담기

1
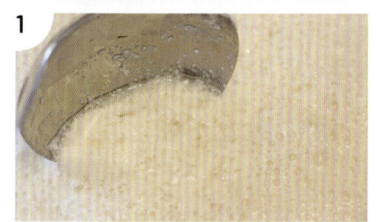
두유가 굳기 시작해 굳은 부분과 연한 노란색의 투명한 액체로 분리되면 응고가 된 것이다. 이 굳은 부분이 순두부다.

2

틀에 무명천을 깔고 구석을 깔끔하게 정돈한다.

3

국자로 균일하게 담는다.

4

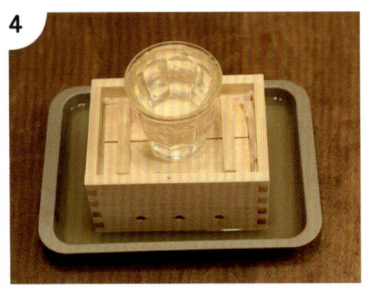

천을 위에 덮고 나무 뚜껑을 놓은 다음 300~500g의 누름돌을 15~20분 동안 올려놓는다. 누름돌이 무거울수록 단단한 두부가 되니 취향에 맞춰 조절한다.

6. 틀에서 빼기

물을 가득 담은 사발에 나무틀째로 두부를 담가 틀을 떼어내고 천을 조심스럽게 벗긴다. 약 30분 동안 물에 담가 쓴맛을 제거하면 완성이다. 두부가 잠길 정도의 물에 담가두고 하루 이틀 사이에 전부 먹는다.

소쿠리 두부

소쿠리에 천을 깔고 그 위에 순두부를 부으면 된다. 단단한 두부가 좋은 사람은 천을 표면에 올려놓고 30분 정도 놔둔다. 누름돌을 올려놓아도 좋다. 굳은 두부를 물에 30분 정도 담가서 쓴맛을 빼낸다.

조금은 생소한 땅콩 두부

땅콩 두부는 땅콩과 칡가루로 만든다. 텃밭에서 땅콩을 키우는 사람도 있으므로 땅콩을 구할 수 있다면 한번 만들어보자. 부드러우면서도 차진 식감을 즐길 수 있다.

재료
- 땅콩(날것) 1컵(약 150g)
- 칡가루(또는 토란 줄기) 1/2컵(약 50g)
- 물 600mL

      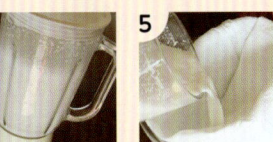    

1. 땅콩을 5~6시간 동안 물에 담가놓는다.
2. 껍질을 벗기고 소쿠리에 담아 물기를 뺀다.
3. 땅콩과 물을 믹서에 넣고 돌린다. 2회 정도로 나눠서 돌리는 것이 좋다.
4. 우유처럼 흰색이 되고 손으로 만졌을 때 매끄러운 느낌이 들 정도면 된다.
5. 무명 같은 천 주머니에 담는다.
6. 꽉 짠다.
7. 칡가루를 계량한다.
8. 짜낸 두유와 칡가루를 냄비에 붓고 약한 불에 가열한다. 나무 주걱으로 쉴 새 없이 저어준다.
9. 10분 정도 지나면 부드럽게 굳기 시작한다. 커스터드 크림처럼 탄력 있게 굳었으면 불을 끈다.
10. 틀을 물에 적시고 굳은 두유를 부은 다음, 식었으면 냉장고에 넣어 굳힌다.
11. 1~2시간이면 굳는다. 미림과 매콤달콤한 간장 소스 또는 흑설탕 진액 등을 쳐서 먹으면 맛있다.

곶감

떫은 감을 매달아 단맛을 낸다

껍질을 벗겨서 말리면 단맛이 응축된다

가을에 오렌지색으로 변하는 감은 옛날부터 친숙했던 과일이다. 떫은 감의 껍질을 벗겨서 곶감을 만들면 떫은맛이 단맛으로 바뀌면서 풍부한 맛이 살아난다. 잘 말린 곶감은 보존성도 뛰어나다. 통풍이 잘되고 비에 맞지 않는 곳에 매달자.

만들 때의 주의사항

만드는 시기 감이 익는 가을에 만든다. 감이 적당히 딱딱해서 껍질이 잘 벗겨지는 것이면 좋다.
달인의 비결 통기성이 좋은 장소에 매달고, 비에 맞을 것 같으면 실내로 옮긴다.

곶감 만들기

재료
- 떫은 감
- 끈

1	2	3

떫은 감을 준비한다. 매달기 좋도록 가지를 남겨놓는다.	꽃받침을 뜯어낸다. 가위로 잘라도 무방하다.	껍질을 벗긴다.

제3장 건강하고 소박한 자연 먹거리

4

감에 끈을 매단다. 간격을 벌려서 무거워지지 않게 한다.

> **가지가 없다면?**
> 감에 꼬챙이를 꽂아서 매달거나 소쿠리에 펼쳐서 말려도 된다.

5

통풍이 잘되고 비에 젖지 않는 처마에 매단다.

6

일주일 정도 지난 뒤에 중심까지 잘 주물러주면 부드러워진다. 이때 씨를 빼도 좋다.

7

2~4주 동안 말리면 완성된다.

> **가루가 잘 생기게 하고 싶을 때**
> 마른 감을 며칠 동안 짚 사이에 끼워놓았다가 다시 말리면 표면에 하얀 가루가 생긴다.

곰팡이 예방법

곰팡이를 예방하는 2가지 방법을 소개한다.

말리기 전에 뜨거운 물에 살짝 담근다.   말리기 전에 소주(증류식)에 살짝 담근다.

말랭이

고구마나 무를 가늘게 썰어 말리자

재료
- 고구마나 무 이외에 표고버섯이나 가지, 토마토 등도 추천한다.

말려서 보존하면 영양도 상승한다

예로부터 사람들은 수확물을 오랫동안 먹기 위해 말려서 보존하는 방법을 사용했다. 말려서 수분이 빠지면 보존성이 높아지기 때문이다. 또 채소를 말리면 감칠맛이 응축되며 비타민과 미네랄도 증가한다. 식감도 좋아지므로 여러 가지 채소를 말려서 먹어보자.

만들 때의 주의사항

만드는 시기 고구마는 수확기인 가을, 무는 초겨울에 만든다.
달인의 비결 통째로 말리거나 얇게 썰어서 말리는 등 취향에 맞춰 한다.

무말랭이 만들기

무청을 활용한다
무의 잎과 줄기를 말린 시래기는 식용으로 사용할 뿐만 아니라 좋은 입욕제이기도 하다. 혈액 순환을 촉진하는 효과가 있다고 한다.

1

무를 원하는 모양으로 썬다.

2

소쿠리에 펼쳐서 말린다.

3

바짝 마르면 완성.

고구마 말랭이 만들기

이 점을 주의하자!
곰팡이가 생기기 쉬우므로 냉장 보관하고 최대한 빨리 먹도록 하자.

1. 고구마를 씻어서 통째로 찐다.

2. 원하는 크기와 두께로 썬다. 껍질을 벗겨도 좋다.

3. 통풍이 잘되는 장소에서 말린다.

4. 며칠에서 2주 정도 말리면 완성된다. 취향에 따라 말리는 정도를 조절한다.

곤약

수제 특유의 맛과 식감!

구약감자를 믹서에 갈아 잘 이긴 다음 틀에 담는다

구약감자는 가을에 출하되는데, 밭에서 재배하는 것도 추천한다. 무성하게 자란 이국적인 모습의 잎은 관상용으로도 가치가 있다.

　곤약을 만들 때는 강판에 간 구약감자에 응고제를 넣어 굳힌다. 응고제로는 수산화칼슘(소석회)이 구하기 쉽다. 농가에서는 옛날부터 짚을 태워서 만든 잿물을 사용했다. 이 책에서는 잿물을 사용하는 방법과 수산화칼슘을 사용하는 방법을 소개하는데, 그 밖에도 여러 가지 방법으로 곤약을 만들 수 있다. 수제 곤약은 시판되는 곤약과는 식감이 다르다. 구약감자의 맛을 즐길 수 있는 곤약 만들기에 도전해보자.

준비물
- 수세미
- 믹서(또는 강판)
- 식칼
- 도마
- 고무 주걱
- 냄비
- 곤약을 담을 용기
- 사발
- 고무장갑

재료
- 구약감자 500g
- 잿물 1.5L

만들 때의 주의사항

만드는 시기　신선한 구약감자를 구할 수 있는 가을부터가 적기다. 구약감자를 보관할 수 있다면 겨우내 만들 수 있다.

달인의 비결　초보자는 응고제를 사용하면 잘 실패하지 않는다. 맨손으로 구약감자를 만지면 가려울 수 있으니 고무장갑을 착용한다.

곤약 만들기

1. 구약감자 키우기

1

4~5월경에 씨감자를 심는다.

2

포기 사이에 닭똥이나 기타 퇴비를 한 움큼 뿌려두면 좋다.

3

독특한 모양의 잎이 우거진다. 가을에 잎이 시들면 구약감자를 캐서 수확한다. 가을에 캐고 봄에 심기를 2~3년 반복하면 감자가 커진다.

2. 잿물 만들기

1 볏짚을 준비한다.

2 불을 붙여 태운다.

3 검게 탄 것을 사용하므로 재가 되기 전에 물을 부어 불을 끈다.

4 물을 볏짚이 찰랑찰랑하게 잠길 정도로 붓고 그대로 20~30분 동안 놔둔다.

5 타월이나 기타 천으로 거른다. 처음에는 탁하지만 여러 번 반복하면 투명에 가까워진다.

6 완성된 잿물. 리트머스 시험지로 알칼리성인지 확인해두자.

> **성공 포인트**
> 중성이나 약알칼리성이면 구약감자가 굳지 않으니 주의한다.

3. 구약감자의 밑처리

1 구약감자를 수세미로 씻어서 흙과 더러움을 제거한다.

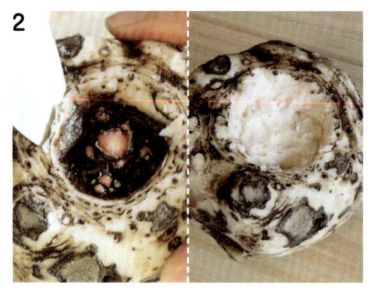

2 싹이나 지저분한 부분이 있으면 잘라낸다.

3 쓰기 좋은 크기로 자른다. 껍질은 벗기지 않아도 된다.

4. 잿물을 사용할 경우

믹서가 없을 때는?
강판에 간 다음 잿물과 섞는다.

1 구약감자와 잿물을 몇 번으로 나눠서 믹서에 간다.

2 냄비에 믹서로 간 구약감자를 넣고 잘 섞은 다음 그대로 40분 정도 놔둔다.

3 냄비를 중간 불로 가열하고 반죽하듯이 잘 섞는다.

4 손가락에 달라붙지 않을 정도면 된다.

5 용기에 담는다.

6 표면을 평평하게 다듬고 30~40분 동안 방치한다.

◀ 잘 굳지 않았을 경우 수산화칼슘을 첨가해도 좋다.

7 용기에서 꺼내 적당한 크기로 자른다.

8 끓는 물에 넣고 30~40분 삶은 다음 그대로 하룻밤 동안 방치한다.

9 완성. 삶은 물째로 용기에 넣고 냉장 보관한다. 일주일 동안 보관이 가능하다.

5. 수산화칼슘을 사용할 경우

재료
- 구약감자 500g
- 물 1.5L
- 수산화칼슘 4g

1 밑처리를 한 구약감자를 몇 번으로 나눠서 물과 함께 믹서에 넣고 간다.

2 냄비에 넣고 실이 생길 때까지 약 10분 동안 이긴 다음 약 40분 동안 방치한다.

3 수산화칼슘을 정해진 양의 물(이번에는 100mL)에 녹인다.

4 수산화칼슘이 들어간 물을 짓이긴 구약감자에 붓는다.

5 손으로 재빨리 이긴다. 처음에는 반죽이 풀어지는 느낌이 들지만 계속 이긴다.

6 반죽 전체가 풀처럼 달라붙고 광택이 나면 된다. 대체로 1~2분 정도면 이렇게 된다. 그 뒤의 과정은 잿물을 사용할 경우의 **5~9**번 작업과 동일하다.

차 만들기

향기로운 차를 직접 만들어 즐기자

만들 때의 주의사항

만드는 시기 찻잎은 4월 초순에서 8월 하순까지 여러 번에 걸쳐 딸 수 있다.

달인의 비결 홍차든 녹차든 손으로 잘 비비는 것이 중요하다.

같은 찻잎으로 녹차와 홍차를 모두 만들 수 있다!

차는 동백나무과 식물로, 동백꽃과 비슷한 꽃을 가을에 피운다. 녹차와 홍차 모두 같은 찻잎으로 만들 수 있는데, 발효 과정의 차이가 맛과 향의 차이를 만들어낸다. 차에는 여러 가지 품종이 있으니 취향에 맞는 품종을 심어서 직접 차를 만들어보자.(한국은 차 품종으로 보향, 명선, 참녹, 선향 등이 유명하다. – 편집자주)

찻잎은 5월에 따면 좋다고 알려져 있지만, 그 후에도 8월 하순까지 여러 번 딸 수 있다. 녹차는 5월의 새싹으로 만들면 맛있지만, 홍차는 여름에 딴 잎이 더 향기롭고 깊은 색을 낸다.

찻잎 따기

녹차에는 연한 새싹만을 쓰고, 홍차에는 조금 빳빳한 새잎까지 쓴다.

1

새싹의 연한 부분을 딴다.

2

일심이엽(싹 하나에 2장의 어린잎과 새잎)이 기준.

3

딴 찻잎. 녹색이 선명한 어린잎이면 된다.

4

더러움이 신경 쓰일 때는 씻은 다음 소쿠리에 담아 물기를 뺀다.

홍차 만들기

초보자도 간단히 만들 수 있으며, 직접 만든 홍차는 놀랄 만큼 향기롭다.

1. 말리기

소쿠리에 찻잎을 펼쳐놓고 응달에서 말린다. 날씨가 좋은 날이면 약 24시간, 구름이 꼈거나 비가 내리는 날이면 약 48시간이 기준. 실내에서는 선풍기를 이용한다.

2. 손으로 비비기

1

말린 찻잎을 충분히 비빈다. 손으로 비벼서 잎에 상처를 내는 것이 목적이다. 조금씩 손에 잡고 반복해서 비빈다. 손가락 끝에 찻잎을 끼우고 비틀듯이 비벼도 된다.

2

30분에서 1시간을 기준으로 충분히 비벼주면 찻잎의 세포가 파괴된다. 발효가 시작되어 색이 갈색으로 변하면 된다.

3. 발효시키기

1

비빈 찻잎을 소쿠리에 담고 35~40℃의 미지근한 물을 담은 냄비 위에 올려놓은 다음 젖은 행주를 위에 덮는다. 이대로 약 3~5시간을 방치한다.

2

전체 색깔이 적갈색이 되고 홍차향이 나면 된다.

4. 건조

통풍이 잘되는 장소에 찻잎을 펼쳐놓고 확실히 건조한다.

5. 부수기

1

완성된 홍차는 그대로 써도 되지만 국수방망이 등으로 부수면 소량씩 음용할 수 있어 오랫동안 즐길 수 있다.

2

왼쪽은 건조한 찻잎. 오른쪽이 잘게 부순 찻잎.

우롱차는?

우롱차는 반 발효차라고도 부르며, 홍차(완전 발효차)와 녹차(미발효차)의 중간에 해당한다. 찻잎을 햇볕에 말렸다가 그늘에서 말린 뒤에 가열하고, 비빈 다음 다시 가열하는 방법으로 만든다. 홍차를 만들 때 녹색 찻잎이 남은 상태에서 발효시키거나 온도, 습도, 시간의 영향을 받으면 우롱차처럼 만들어지는 경우도 있다.

녹차 만들기

덖아서 비비는 작업을 5~6회 끈기 있게 반복한다.

1. 찜
딴 찻잎은 시간이 지나면 발효해버리므로 즉시 찐다. 소쿠리 등에 행주를 깔고 찻잎을 담은 다음 수증기가 올라오는 냄비에 넣어 찐다.

2. 식히기
찐 찻잎을 소쿠리에 펼쳐놓고 부채로 부쳐서 단번에 식힌다.

3. 덖기
프라이팬에 찻잎을 넣고 덖는다. 변색되지 않도록 약한 불로 1~2분 동안 건조한다.

4. 비비기
충분히 비벼준다. 골고루 정성껏 비빈다. 2~3분 동안 한다.

5. 덖기→비비기를 반복
비벼서 수분이 나왔으면 덖아서 수분을 날려버린다. 비비고 덖는 작업을 수차례 반복한다.

6. 건조
수분이 더 나오지 않으면 소쿠리에 펼쳐놓고 건조한다.

7. 부수기
1
홍차와 마찬가지로 완성된 찻잎을 부숴서 음용해도 좋다.

2
왼쪽은 건조한 찻잎. 오른쪽이 잘게 부순 찻잎.

호지차
완성된 녹차를 다시 정성껏 덖으면 호지차가 된다.

마당에 있는 재료로 만드는 약초차

간편하게 만들 수 있는 약초차. 마실 때는 충분히 끓여서 맛을 우려내자. 식혀서 마셔도 맛있다!

삼백초차
특유의 강한 향을 내는 삼백초는 건조해서 차로 만들면 깔끔한 맛을 내기 때문에 많은 사람들이 재배한다. 5~6월경 꽃이 피기 시작한 시기에 따서 통풍이 잘되는 응달에서 건조한다. 삼백초차는 고혈압이나 변비 등에 효과가 있다.

감잎차
5월부터 9월경에 푸른 어린잎을 따서 재빨리 씻고 수증기가 올라오는 찜통에서 찐 다음 소쿠리 등에 펼쳐놓고 바짝 건조하면 완성된다. 녹차처럼 만드는 방법도 있다. 비타민 C가 풍부하며 고혈압에도 효과가 있다.

비파차
여름에 잎을 딴다.(초여름부터) 딴 잎을 물로 씻고, 잎 뒤쪽의 솜털은 수세미 등으로 제거한다. 소쿠리에 펼쳐놓고 바짝 말린 다음, 적당한 크기로 잘라서 보관한다. 원기 회복, 장 기능 회복, 피부 미용 등에 효과가 있다.

수제 된장

직접 키운 콩으로 된장을 만들어보자

만들 때의 주의사항

만드는 시기 1년 중 아무 때나 담글 수 있지만, 잡균이 잘 번식하지 못하는 12월부터 2월을 추천한다.

달인의 비결 도중에 바닥부터 뒤집어 주면 숙성이 빨라진다.

재료는 콩, 소금, 누룩뿐! 반년 이상 숙성시키자

단백질이 풍부한 콩은 텃밭에서 키우면 좋은 작물 중 하나다. 그대로 먹어도 좋고 된장이나 두부(136쪽), 간장(154쪽)으로 가공할 수도 있다. 농촌생활에 없어서는 안 될 귀중한 작물인 것이다.

된장은 담가놓으면 알아서 숙성되므로 손이 덜 가는 것도 장점이다. 쌀누룩은 생누룩과 건조 누룩을 구할 수 있는데, 생누룩은 향기가 풍부하고 건조 누룩은 보존성이 높은 특징이 있으므로 취향에 맞춰 사용하자. 쌀누룩을 직접 만드는 법은 178쪽을 참조하기 바란다.(여기서는 일본식 된장 만들기를 소개한다. 따로 메주를 만들지 않고 발효에 코지균을 이용하기 때문에 언제든 만들 수 있다. – 편집자주)

된장 만들기

준비물
- 된장을 담글 용기(잘 씻어서 건조한 다음 알코올을 묻힌 키친페이퍼 등으로 속을 닦아놓는다.)
- 커다란 솥
- 으깰 도구
- 사발이나 소쿠리
- 누름돌

재료
- 콩 1kg
- 쌀누룩 1kg
- 굵은 소금 500g

1. 콩을 물에 담그기

콩을 물(양은 콩의 3배)에 하룻밤 동안 담근다. 오른쪽이 하룻밤 담근 모습.

2. 콩을 가열하기

1 솥에 깨끗한 물을 가득 붓고 콩을 넣은 다음 2~3시간 삶는다.

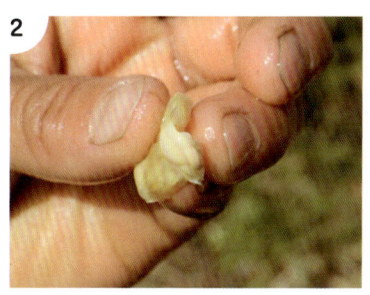

2 엄지손가락과 셋째손가락으로 콩을 눌렀을 때 쉽게 으깨지면 된다.

3 콩을 소쿠리에 담아 물기를 뺀다. 이때 삶은 물을 조금 보관해놓는다.

3. 콩을 으깨기

> **다른 방법은?**
> 매셔를 사용해도 되고, 커다란 비닐 주머니에 이중으로 담고 손으로 누르거나 발로 밟아 으깨도 좋다.

절구에 콩을 넣고 나무공이로 으깬다.

4. 누룩소금을 준비하기

누룩과 소금을 계량한다.

누룩과 소금을 함께 넣고 골고루 섞는다. 이것을 누룩소금이라고 한다.

5. 공 모양 만들기

으깬 콩과 누룩소금을 잘 섞는다.

으깬 콩이 딱딱하다면 콩 삶은 물을 부어서 딱딱한 정도를 조절한다. 귓불을 만졌을 때의 감촉이 느껴지면 적당하다.

콩을 공 모양으로 뭉친다.

6. 용기에 채우기

공 모양의 콩을 용기에 담는다. 던져 넣어서 공기를 빼면 좋다.

위까지 채웠으면 표면을 평평하게 다듬는다.

곰팡이를 방지하기 위해 표면에 소금(따로 준비한 분량)을 뿌린다.

7. 뚜껑 덮기

1 랩으로 빈틈없이 씌운다.

2 뚜껑을 덮고 누른다.

3 된장과 같은 무게의 누름돌로 누른다.

4 이물질이 들어가지 않도록 비닐 등으로 씌우고 발효 숙성시킨다.

곰팡이가 생겼다면?
된장을 담그면 곰팡이가 생기기 마련이다. 곰팡이를 발견하면 그 부분을 떼어내서 버리고 알코올을 적신 행주로 용기를 닦은 다음 표면에 랩을 씌운다.

8. 뒤집기

1 담그고 1~2개월 뒤에 된장 전체를 뒤집어서 잘 섞고 표면을 평평하게 다듬는다. 그다음 랩으로 싸고 누름돌을 절반으로 줄인다.

4 완성. 담그고 약 6개월이 지나면 먹을 수 있지만, 1년 정도 놔두면 맛이 더욱 깊어진다.

수제 간장

콩과 보리, 소금, 간장 누룩으로 담근다

준비물
- 압력솥(또는 큰 솥)
- 프라이팬
- 양념 분쇄기
- 종이 쌀봉투
- 간장을 담글 용기

재료
- 콩 2kg
- 보리(통보리) 2kg
- 굵은 소금 2kg
- 물 5L
- 간장 누룩 약 12g

간단한 재료로 만들고 1~2년 발효 숙성시키자

간장(왜간장)을 만드는 일은 된장에 비하면 조금 난도가 높다. 매일같이 간장(거르기 전의 간장)을 섞는 방법도 있지만, 이 책에서는 한 달에 두세 번 섞으면서 발효시키는 방법을 소개한다.

용기를 밀폐하지 않는 것이 중요하다. 공기를 자연스럽게 순환시키면서 발효를 촉진한다. 물론 자주 섞어줘도 좋다. 간장을 만들 때는 누룩을 발효시키는 작업이 중요하다. 온도 관리를 철저히 해서 누룩을 키우자.(왜간장은 메주 대신 콩과 보리를 발효에 이용하기 때문에 단맛이 나며 향이 좋다. - 편집자주)

만들 때의 주의사항

만드는 시기 여름을 제외하면 아무 때나 담글 수 있지만, 누룩의 온도 관리가 수월한 12월부터 2월이 좋다.

달인의 비결 누룩을 발효시킬 때 32~38℃를 유지할 것. 40℃가 넘어가면 낫토균이 번식하기 쉽다.

사전 준비

1
콩을 충분한 양의 물에 하룻밤 동안 담가서 불린다.

2
콩을 압력솥에 넣고 찐다. 압력솥의 추가 천천히 돌 정도의 화력으로 약 60분 동안 찐다. 도중에 물이 떨어지지 않도록 주의한다. 압력솥이 없다면 냄비에 3~4시간 동안 찐다. 찐 콩은 안쪽이 40℃ 이하가 될 때까지 식힌다.

성공 포인트
콩을 손가락으로 쥐었을 때 힘을 주지 않아도 으깨질 정도가 되어야 한다.

3

보리를 볶는다. 톡톡 튀면서 옅은 갈색으로 구워지면 된다.

성공 포인트
왼쪽이 볶기 전. 오른쪽이 볶은 후. 볼록하게 부풀었다.

4

보리를 양념 분쇄기로 간다. 완전히 가루로 만들지 말고 거칠게 간다. 양념 분쇄기가 없다면 절구와 나무공이를 사용한다.

간장 누룩 발효시키기

※ 낫토균이 증식하면 실패다. 당일에는 낫토를 먹지 않고, 조리 도구를 삶아놓는다. 낫토를 만든 적이 있는 도구를 사용하지 않는 것도 중요하다.

1

거칠게 간 보리에 간장 누룩을 넣고 골고루 섞는다.

2

콩이 40℃ 이하가 되었는지 확인한다. 40℃ 이상이면 누룩이 제대로 활동하지 못한다.

3

용기에 누룩을 섞은 보리와 콩을 넣고 골고루 섞는다.

4

종이 쌀봉투에 담는다. 봉투 속에서 평평하게 펴고 반으로 접는다.

5

전기장판 위에 올려놓고 타월이나 모포를 덮어서 온도를 높인다.

> **다른 방법은?**
> 40℃를 넘기지 않도록 주의한다. 발효 열에 누룩 덩어리가 고온이 될 때가 있으므로 확실히 확인하자!

6 32~38℃ 정도를 유지하도록 자주 온도를 확인한다. **5**번 작업을 한 뒤 6시간 정도 지나면 발효가 시작된다.

7 전기장판에 올려놓고 약 15~19시간이 지나면 1차 손질을 한다. 전체를 풀어서 섞어준 다음 공기를 집어넣어 열을 뺀다. 그리고 다시 평평하게 펴서 보온한다.

8 전기장판에 올려놓고 25~28시간 후에는 2차 손질을 한다. 전체를 풀어서 잘 섞어준 다음 열을 빼고 평평하게 펴서 보온한다.

9 전기장판에 올려놓고 43~45시간 뒤면 완성. 누룩의 상태를 봤을 때 녹색 꽃이 피어야 한다. 아직 피지 않았다면 발효 시간을 연장한다.

간장 담그기

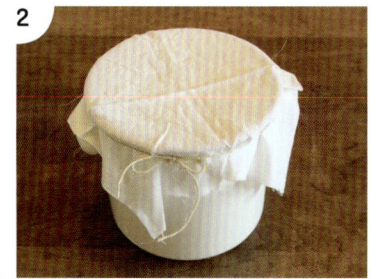

1 용기에 발효시킨 누룩과 소금물을 넣고 섞는다.

2 천으로 덮은 다음, 어둡고 서늘한 곳에 2주 정도 놓았다가 따뜻한 곳으로 옮긴다.

3 처음 1개월 동안은 일주일에 한 번 이상 섞어준다. 이후에는 월 2~3회 이상 섞으며 1~2년 동안 숙성시킨다. 시간이 지남에 따라 거품을 내며 발효한다.

간장 거르기

1

담근 지 1~2년 후에 짠다. 뚜껑이 천이기 때문에 증발로 수분이 줄어든다. 맛을 보면서 80~100℃의 뜨거운 물을 부어준다.

2

소쿠리에 천주머니를 올려놓고 간장을 담은 다음, 짜내서 거른다. 시간을 두고 천천히 거르는 것이 좋다.

3

짜내고 남은 찌꺼기.

4

짜낸 간장을 약 80℃까지 가열한다.

5

간장을 담을 병을 삶아서 말려 놓는다.

6

간장을 병에 담는다.

사탕수수 설탕

키우고, 즙을 짜서, 졸인다

사탕수수에서 짜낸 즙을 졸여 흑설탕을 만든다

사탕수수의 생육 온도는 20℃ 이상이다. 한국에서는 4~5월에 파종을 하고 5월에 정식을 하며 10월 하순에 수확한다. 여름 동안 얼마나 줄기를 크게 만들 수 있느냐가 관건이다. 가을에 수확해서 사탕수수즙을 짜내자.

사탕수수즙은 그대로 마셔도 되지만 졸여서 흑설탕을 만들 수도 있다. 다만 과자처럼 부서지는 흑설탕을 만들기 위해서는 소석회를 첨가해 pH를 조절하고(약산성에서 중성으로 만든다.) 당도와 온도, 타이밍을 맞추는 등 전문 기술과 감이 필요하기 때문에 초보자에게는 어려운 모양이다. 이 책에서는 흑설탕 진액과 흑설탕 엿을 소개한다. 수확한 사탕수수는 즉시 짜내거나 졸이도록 하자.

만들 때의 주의사항

만드는 시기 사탕수수는 봄에서 가을에 걸쳐 재배한다. 가을에 수확한 뒤 사탕수수에서 즙을 짜낸다.
달인의 비결 졸이는 작업은 느긋하게 하자. 마지막에는 순식간에 굳으니 주의한다.

사탕수수 키우기

1. 모종 심기

햇볕이 잘 들고 가급적 바람이 불지 않는 곳을 고른 다음, 모종을 심기 약 2주 전에 완숙 퇴비를 뿌리고 갈아놓는다. 5월에 따뜻해졌을 때쯤 구덩이를 약 30cm 깊이로 오목하게 파고 60cm 간격으로 모종을 심는다.

2. 덧거름 주기 · 북주기

생육기에는 퇴비가 많이 필요하다. 모종을 심은 뒤 사흘에 한 번 정도 덧거름을 주고, 이후 30cm씩 성장할 때마다 덧거름 주기와 북주기를 한다. 그사이에 수시로 잡초를 뽑아준다. 가을이 되어 성장이 멈추면 덧거름 주기를 멈춰서 줄기에 단맛을 축적시킨다.

햇볕을 받으며 성장한다.

3. 수확

기온이 12℃를 밑돌 무렵이 수확기다. 첫 서리 전에 수확하자. 한국에서는 10월 하순이 된다.

줄기의 밑동을 잘라서 수확한다.

위에서 1미터 정도는 사용하지 않으므로 비스듬하게 쳐낸다.

잎을 제거하고 줄기만을 가져간다.

4. 월동

사탕수수는 아열대 작물이라서 월동이 어렵지만, 줄기를 잘라낸 뒤에 짚이나 낙엽으로 보온해서 월동에 성공한다면 같은 장소에서 2~3년은 재배할 수 있다.

짚을 덮거나 소형 비닐하우스를 쳐서 월동을 준비한다.

사탕수수 세척

사탕수수를 작업하기 편한 길이로 자른다.

대야에 50℃ 정도의 더운 물을 붓고, 사탕수수를 담근 다음 철수세미로 표면의 하얀 왁스를 벗겨낸다.

세척 전(왼쪽)과 세척 후(오른쪽). 수건으로 물기를 닦는다.

사탕수수즙 짜내기

1 바깥쪽 껍질을 식칼로 깎는다.

2 흰 부분을 가로로 썬다.

3 푸드 프로세서나 믹서로 분쇄한다.

4 표백한 무명으로 주머니를 만들어 사탕수수를 넣고 짜낸다.

5 갓 짜낸 사탕수수즙. 체로 거르면 그대로 주스처럼 마실 수 있다.

기계로 짜낼 경우

1

끝을 비스듬하게 자른다.

2

압착기에 넣는다.

3

즙이 나온다.

4

짜낸 뒤의 찌꺼기.

사탕수수즙 졸이기

1
사탕수수즙을 냄비에 붓고 섞으면서 졸인다. 거품이 나오므로 부지런히 제거한다.

2
즙의 양이 줄어들었을 때, 작은 냄비로 옮기면 작업이 수월해진다.

3
몇 시간에 걸쳐 졸여서 끈끈해졌을 때 가열을 멈추면 흑설탕 진액이 된다. 열을 식히고 병에 넣어 보관한다.

4
더욱 졸인 다음, 굳기 직전에 랩을 깐 그릇에 부어 식히면 흑설탕 엿이 된다.

5
흑설탕 엿(왼쪽)과 흑설탕 진액(오른쪽).

> **과자처럼 부서지는 흑설탕을 만들고 싶을 때**
>
> 처음에 pH를 조절한 다음 가열한다. 그리고 진액 상태에서 120~125℃가 되어 걸쭉해지면 냄비에서 꺼내 단시간에 공기가 들어가도록 힘차게 휘젓는다. 굳기 시작하면 틀에 붓는다.

감식초

감을 껍질째 발효시킨다

재료
- 익은 감 적당량

만들 때의 주의사항
만드는 시기 감이 익는 가을에 담근다.
달인의 비결 벌레가 들어가지 못하도록 병 입구를 확실히 덮는다.

감만으로 만드는 감식초는 달콤한 향이 난다.

1
행주로 껍질을 깨끗이 닦는다.

2
꼭지와 지저분한 부분을 제거한다.

3
껍질째로 큼직하게 썰어서 깨끗한 병에 넣는다.

4
이물질이나 벌레가 들어가지 않도록 입구를 덮고 그대로 방치한다. 이따금 병을 흔들어준다. 뚜껑을 빈틈없이 덮었을 경우 가스가 차므로 때때로 뚜껑을 열어준다.

5
사진은 담근 지 반년 후.

6
담근 지 1년 후. 식초 냄새가 나면 짜내도 된다.

7
체에 담아 으깨면서 거른다.

8
다시 무명 주머니에 담아 거른다.

9
완성. 곧바로 사용할 수 있지만 더 숙성시켜도 좋다.

두반장

누에콩과 누룩으로 담근다

준비 재료
- 누에콩 150g(꼬투리째 500g)
- 붉은 고추 10~20개
- 쌀누룩 10g
- 굵은 소금 20g

만들 때의 주의사항

만드는 시기 누에콩의 제철인 봄에 담근다.

달인의 비결 발효가 잘되도록 된장을 조금 섞으면 좋다.

국산(한국산) 고추를 사용하면 매운 맛이 순해진다.

1 꼬투리를 벗겨 누에콩을 빼놓는다.

2 부드러워질 때까지 10분 정도 찐다.

3 매셔로 으깬다.

4 붉은 고추의 씨를 빼고 분쇄한다.

5 누룩을 소금과 섞은 다음 으깬 콩과 고추를 섞는다.

성공 포인트
발효를 촉진하기 위해 된장을 1큰술 넣는다.

6 삶아서 건조한 병에 담고 랩을 씌운 다음, 소금으로 가볍게 눌러서 1개월 이상 발효시킨다.

7 완성된 모습.

과일 야채 소스

채소와 과일에 향신료를 더한다

감칠맛이 응축된 수제 소스

수제 소스(중농 소스)는 시판되는 제품보다 풍부한 맛을 자랑한다. 채소나 과일, 허브류를 자급할 수 있다면 재료비도 그다지 들어가지 않는다. 한꺼번에 만들어서 보관할 것을 권한다.

만들 때의 주의사항

만드는 시기 토마토를 많이 구할 수 있는 시기에 만들어서 보관하면 좋다.
달인의 비결 무명 주머니에 거르면 우스터소스가 된다.

재료(소스 1.6L 분량)

채소
- 토마토 중간 크기 6개
- 양파 중간 크기 2개
- 셀러리 2개
- 당근 중간 크기 2개

과일
- 사과 2개
- 감귤류(여기에서는 여름밀감을 사용) 1개
- 말린 과일 적당량
※ 여기에서는 말린 무화과, 말린 살구를 각각 50g씩 사용

향미 채소
- 마늘 작은 것 1개
- 생강 작은 것 1/2개

스파이스 허브(취향에 맞춰 조합한다.)
- 계피 2개
- 월계수잎 4장
- 펜넬 1작은술
- 커민 1작은술
- 타임 1작은술
- 클로브 1작은술
- 육두구 1작은술
- 카더멈 4알
- 세이지(생) 1장
- 검은 후추 1작은술
- 붉은 후추 1작은술
- 흰 후추 1작은술
- 붉은 고추 2개

국물 재료
- 말린 멸치 큰 것 5~10마리
- 다시마 10×5cm
- 말린 표고버섯 중간 크기 4개

조미료
- 간장 200mL
- 적포도주 50mL
- 식초 200mL
- 설탕(사탕수수당을 사용) 200g
- 굵은 소금 100g
- 물 2L
- 샐러드유 1큰술

소스 만들기

1

양파를 얇게 썬다. 샐러드유 1큰술을 프라이팬에 넣고 가열한 다음, 양파를 적갈색이 될 때까지 20~30분에 걸쳐 천천히 중간 불에 볶는다. 토마토는 꼭지를 딴다. 사과는 껍질을 벗기고 심을 제거한다. 여름밀감은 껍질을 벗기고 속껍질도 벗긴다. 마늘과 생강은 껍질을 벗긴다. 토마토와 셀러리(잎도 사용), 당근, 마늘, 생강, 사과를 적당한 크기로 자른다.

냄비에 준비한 재료와 말린 과일을 넣고 물 2L를 붓는다. 말린 멸치는 대가리와 내장을 떼어서 넣고, 다시마와 말린 표고버섯도 넣고 중간 불로 가열한다. 때때로 거품을 떠내면서 약 절반으로 줄어들 때까지 1~2시간 동안 끓인다.

약 절반으로 졸았으면 스파이스 허브를 넣고 다시 20~30분을 끓인 다음 그대로 식힌다.

식었으면 소량씩 믹서에 간다. 뜨거우면 뿜어 나오므로 확실히 식혀둘 것.

거친 체를 사용해 거른다.

우스터소스 만들기
체로 거른 뒤에 무명 주머니로 한 번 더 거른다.

냄비에 다시 붓고 조미료를 추가한 다음 15~20분 정도 끓인다. 보존 용기는 미리 삶아서 말려놓는다.

완성. 걸쭉하고 농후한 소스가 되었다.

용기에 소스를 담아 보관한다.

짜낸 찌꺼기는?
찌꺼기에도 감칠맛이 듬뿍 들어 있으므로 카레에 사용하면 좋다.

매실청

청매실의 맛과 효능을 진액으로 즐기자

만들 때의 주의사항
만드는 시기 청매실이 출하되는 6월경에 담근다.
달인의 비결 설탕은 그래뉴당이나 얼음사탕을 써도 무방하다.

매실청 만들기

재료
- 청매실 500g
- 백설탕 500~700g

1

매실 꼭지를 따서 하룻밤 동안 물에 담가 떫은맛을 빼낸 다음 물기를 닦고, 설탕과 매실을 차곡차곡 병에 채운다.

2

진액이 나와 설탕이 녹으므로 때때로 흔들어서 설탕을 녹인다.

3

설탕이 남아 있을 때는 중탕을 해서 녹이면 된다.

4

발효되면 시럽을 거른다. 살짝 끓여서 냉장 보관한다. 매실은 잼을 만들면 된다.(177쪽 참고)

시럽을 즐긴다

냉수나 탄산수를 타서 마셔도 되고, 따뜻한 물을 타거나 빙수에 뿌려서 먹어도 좋다.

따뜻한 매실청 차

매실 시럽 빙수

붉은차조기 시럽

선명한 색과 신맛의 조화

만들 때의 주의사항

만드는 시기 붉은차조기가 출하되는 6~7월.
달인의 비결 레몬 대신 식초나 구연산을 써도 무방하다.

붉은차조기 시럽 만들기

재료
- 붉은차조기(잎만 사용) 150g
- 벌꿀 500g(또는 설탕 250g)
- 레몬즙 150mL
- 물 1.2L

1 붉은차조기 잎을 따서 물에 씻은 다음 말린다.

2 레몬즙을 짠다. 씨는 건져낸다.

3 레몬즙과 벌꿀을 계량한다.

4 냄비에 물을 붓고 끓인 다음 붉은차조기를 넣어 우리고, 체로 걸러내 잎을 제거한다.

5 붉은차조기를 우린 물에 벌꿀을 첨가한다.

6 레몬즙을 첨가하면 완성. 신맛을 첨가한 순간 색이 붉어진다.

붉은차조기를 재이용

1. 시럽을 만드는 데 사용한 붉은차조기를 소금으로 비빈다.

2. 소쿠리에 펼쳐놓고 말린다. 마르면 부숴서 밥에 뿌려 먹는다.

매실 절임

절임 음식을 직접 만들어보자

만들 때의 주의사항

만드는 시기 매실이 출하되는 6월경에 만든다.
달인의 비결 염분을 줄이고 싶을 때는 증류식 소주를 이용한다. 곰팡이를 억제한다.

매실 절임 만들기

재료
- 황매실 2kg
- 굵은 소금 240g(매실의 12%)
- 증류식 소주(35도) 100mL
- 붉은차조기를 소금으로 비빈 것 300g

1

황매실의 꼭지를 대나무 꼬챙이로 따고 3~6시간 동안 물에 담가 떫은맛을 빼낸다.

2

산성에 강한 용기를 준비해 증류식 소주(재료 외 분량)를 넣고 헹군 다음 바닥에 소금을 뿌린다.

3

매실의 물기를 닦아내고 한 개씩 증류식 소주에 담갔다 꺼내서 소금을 묻혀 용기에 담는다.

4

굵은 소금을 뿌리면서 매실을 채워 나가고, 마지막에는 남은 소금과 소주를 전부 뿌려 넣는다.

5

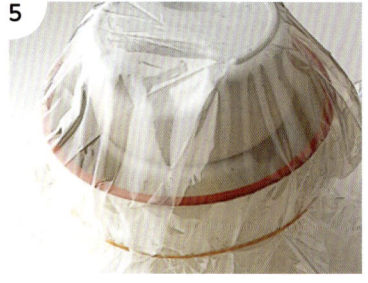

누름뚜껑을 덮고 매실 중량의 2배인 누름돌을 올려놓은 다음, 뚜껑을 덮어 서늘하고 어두운 곳으로 가져간다.

6

이따금 용기를 돌려준다. 대략 일주일이 지나면 매실초가 올라온다. 누름돌의 무게를 반으로 줄이고 약 1개월 동안 절인다.

7

매실 위에 붉은차조기를 깔고 매실초를 골고루 끼얹어준다. 가볍게 누름뚜껑을 덮고 장마가 걷힐 때까지 절인다.

8

장마가 걷힌 뒤 2~3일 동안 말리면 완성. 용기에 담아 보관한다.

염교 절임

아삭한 식감을 즐기자

만들 때의 주의사항
만드는 시기 염교가 출하되는 5~6월경에 만든다.
달인의 비결 소금 절임으로 만들어서 보관해도 좋다.

염교 절임 만들기

재료
- 염교 1kg
- 소금물(굵은 소금 120g을 물 1.5L에 녹인다.)
- 절임 소스(식초 500mL, 청주 120mL, 미림 100mL, 설탕 120g, 붉은 고추 1개)

1 염교를 물에 씻어 흙을 떼어낸다.

2 염교를 절반 분량의 소금물에 담그고 씻으면서 한 알씩 떼어낸다.

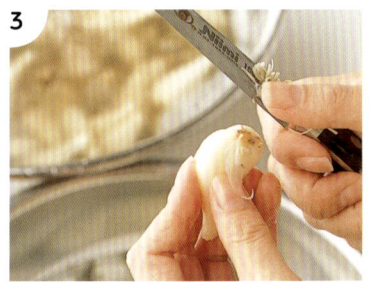

3 뿌리를 최소한으로 자르고 남은 소금물에 약 30분 동안 담근다.

4 불린 속껍질을 벗기고 한 알씩 물기를 닦아낸다.

5 염교의 끝 부분을 조금 자른다. 너무 많이 자르면 식감이 나빠지니 주의한다.

6 보존 용기를 증류식 소주(재료 외 분량)로 헹궈 놓는다.

7 염교를 용기에 담는다.

8 절임 소스의 재료를 냄비에 전부 넣고 가볍게 끓인다. 식으면 용기에 붓고 1개월 이상 절인다.

무 절임

겨울에 담그는 염장 채소

소금과 쌀겨의 양

	소금	쌀겨	보존 기간
단기	0.4kg	600~800g	1~3개월
중기	1.1kg	500~600g	4~5개월
장기	1.5kg	400~500g	6개월 이상

감이나 밀감 껍질을 함께 넣고 절인다

옛사람들은 겨울에도 채소를 먹기 위해 여러 궁리를 했다. 무 절임도 그중 하나다. 무 절임을 만들 때 용기를 여러 개 준비해 용기마다 무 말림의 정도와 염분의 농도를 다르게 하자. 그러면 바로 먹을 것과 장기 보관할 것을 나눠서 만들 수 있어 편리하다.

만들 때의 주의사항

만드는 시기 12~1월경, 무를 말려서 만든다.
달인의 비결 봄까지 먹을 분량은 염분 농도를 높인다. 용기마다 염분 농도를 다르게 하면 좋다.

무 절임 만들기

재료(말린 무 10kg 분량)
- 말린 무(잎을 제거한 것) 10kg
- 굵은 소금 0.4~1.5kg
- 쌀겨 400~800g
- 과일(유자, 곶감, 감 껍질, 사과 껍질, 감귤 껍질 등) 적당량
- 다시마, 말린 멸치, 붉은 고추 적당량

1

무를 씻어 2개씩 잎 부분을 묶고 통풍이 잘되는 곳에서 2주 동안 말린다. 추울 때는 얼지 않도록 거적 같은 것을 씌운다.

2

보존 기간에 따라 말리는 정도가 다르다. 손으로 휘었을 때 사진 같은 모양이 될 정도로 말린다. 왼쪽 사진은 단기, 오른쪽은 각각 중기와 장기 보존용이다.

3
잎을 떼어내고 도마 위에서 굴려 심을 연하게 만든다.

4
쌀겨와 소금을 계량하고 섞어서 소금겨를 만든다. 보존 기간에 따라 양을 조절한다.

5
과일 껍질과 다시마 등을 준비해 적당한 크기로 썰어놓는다.

6
용기의 바닥에 소금겨를 깔고 무를 채운다.

7
1단을 채웠으면 5번 재료를 넣는다.

8
6~7번 작업을 반복하고, 마지막에는 소금겨를 넉넉히 넣는다.

9
무 잎을 채워 넣고 누름뚜껑과 누름돌(무의 2배 중량)을 올려놓은 다음 비닐로 덮는다. 2~3일이 지나도 물이 올라오지 않을 때는 누름돌의 무게를 늘린다.

10
1개월 뒤부터 먹을 수 있다. 중장기 보존용은 어둡고 서늘한 장소(가능하면 5℃ 이하)에서 보관한다.

제3장 건강하고 소박한 자연 먹거리 **171**

배추절임

유자와 다시마를 넣어 풍미를 높인다

잎채소가 적은 시기의 귀중한 비타민 공급원!

배추의 제철은 겨울이다. 잎채소가 적은 계절이지만, 절임을 만들면 오랫동안 먹을 수 있다. 배추를 절이기 전에 햇볕을 쬐어 말리면 단맛이 크게 높아진다. 배추를 절일 때의 염분량은 보존하고 싶은 기간에 따라 달라진다. 바로 먹고 싶다면 3~4%로 절여서 빠른 시일 내에 먹어버리자. 한편 2~3개월을 보존하고 싶다면 10% 이상, 반년 이상 보존하고 싶다면 20% 이상으로 절인다. 먹을 때 소금기를 빼기 바란다.

만들 때의 주의사항
만드는 시기 12~1월경. 배추가 제철인 시기에 절인다.
달인의 비결 겉절이로 먹을 경우 염분 3~4%가 기준. 2~3개월 보존할 경우 염분을 10% 이상으로 맞춘다.

배추절임 만들기

재료
- 배추 2포기(약 6kg)
- 굵은 소금 240g(말린 배추의 4% 중량)
- 과일(유자, 곶감, 감귤 껍질, 감 껍질, 사과 껍질 등) 적당량
- 다시마, 붉은 고추, 마늘 적당량

1

배추를 6~8등분해서 반나절 정도 햇볕에 말린다.

2

소금과 과일, 다시마 등을 준비해 적당한 크기로 썰어놓는다.

3

용기의 바닥에 소금을 뿌리고 배추를 1단 채운다.

4
배추 위에 소금, 과일, 다시마를 골고루 올려놓는다.

5
같은 과정을 반복하며 채워나간다.

6
꾹꾹 눌러 채우면서 소금, 과일, 다시마를 뿌린다.

7
위쪽까지 채웠으면 남은 재료를 전부 뿌린다.

8
누름뚜껑을 덮고 누름돌(배추의 2~3배 중량)을 올려놓는다. 물이 올라오면 누름돌의 무게를 반으로 줄인다.

9
일주일 정도 지나면 먹을 수 있다.

과실주

제철 과일의 진액을 술로 만들자!

입구가 넓은 병이 사용하기 편하다.

35도 이상의 술과 당분으로 과일의 진액을 추출한다

과실주를 만들 때는 보존성과 진액의 추출 용이성을 고려해 알코올 도수가 35도 이상인 술을 선택한다. 일반적으로는 특유의 맛이 없는 무색투명한 소주를 사용하지만 진이나 럼주, 브랜디, 보드카 등을 사용해도 무방하다. 당분을 넣으면 진액이 잘 나오지만, 단 술을 싫어한다면 넣지 않아도 만들 수 있다.

만들 때의 주의사항
맛을 결정하는 요소 증류주 이외에 진이나 럼주, 브랜디 등도 사용할 수 있다.
달인의 비결 당분을 넣지 않고 만들 수도 있다.

모과주 만들기

재료
- 모과 3~4개(약 1kg)
- 증류주(35도) 1.2L
- 얼음사탕 200~400g(넣지 않아도 된다.)

1

모과는 향기가 날 때까지 실온에서 숙성시킨다. 숙성되면 물로 씻은 다음 물기를 닦고 얇게 썬다.

2

병에 모과(씨 포함)와 얼음사탕을 넣고 증류주를 붓는다. 2개월 뒤부터 마실 수 있다. 1년 뒤에 과실을 꺼내면 순해진다.

매실주 만들기

재료
- 청매실 1kg
- 증류주(35도) 1.2L
- 얼음사탕 200~400g(넣지 않아도 된다.)

1. 청매실을 하룻밤 동안 물에 담가 떫은맛을 빼고 물기를 닦는다.

2. 대나무 꼬챙이로 꼭지를 딴다.

3. 병에 청매실과 얼음사탕을 넣고 증류주를 붓는다.

4. 2개월 정도 지나면 마실 수 있지만 취향에 따라 숙성시킨다. 1년 뒤에 매실을 꺼내면 좋다. 어둡고 서늘한 곳에서 보관한다.

수제 잼

새콤달콤한 제철 과일의 맛을 통째로 담는다

병과 뚜껑은 삶아서 건조해놓자.

당분의 기본은 그래뉴당, 취향에 따라 선택한다

제철 과일을 사용해서 만드는 잼은 당분을 첨가해 졸이는 것이 기본이다. 당분은 과일의 수분을 끌어내 걸쭉하게 만들며 보존성을 높이는 효과가 있다.

일반적으로 그래뉴당이나 백설탕을 사용하지만, 사탕수수당이나 흑설탕, 벌꿀 등을 사용하면 감칠맛이 더해지므로 취향에 따라 선택하기 바란다.

만들 때의 주의사항

맛을 결정하는 요소 매실잼은 매실청에 사용한 매실을 사용하므로 벌꿀을 첨가해 맛을 높인다. 신맛이 적은 과일의 경우 레몬을 첨가하면 좋다.

달인의 비결 설탕의 종류와 양은 취향에 따라 선택한다.

오디잼 만들기

재료
- 오디 150g
- 설탕 40~60g
- 얇게 썬 레몬 1장

1. 오디를 씻어서 물기를 빼고(사진) 줄기를 하나하나 자른다.
2. 냄비에 오디를 넣고 설탕을 뿌린 다음 20분 정도 놔둔다.
3. 물기가 나왔으면 레몬을 넣고 가열해서 걸쭉해질 때까지 졸인 다음 레몬을 빼낸다.

매실잼과 명자잼 만들기

재료(매실잼)
- 매실청에 사용한 매실 250g
- 설탕 30~50g
- 벌꿀 1큰술

재료(명자잼)
- 명자나무 열매 150g
- 설탕 40~60g

매실잼(왼쪽), 명자잼(오른쪽)

1. 매실을 냄비에 넣고 10분 정도 삶은 다음 소쿠리에 담는다. 손으로 씨를 제거한다.(사진)
2. 매실을 고운체에 거르거나 믹서에 넣고 간다.
3. 다시 냄비에 설탕과 함께 넣고 걸쭉해질 때까지 졸이며, 마지막에 벌꿀을 첨가한다.

1. 명자나무(산당화) 열매를 씻어서 물기를 닦고(사진) 부드러워질 때까지 삶는다.
2. 소쿠리에 담아 물기를 빼고 으깨서 고운체에 거르거나 믹서에 넣고 간다.
3. 다시 냄비에 설탕과 함께 넣고 걸쭉해질 때까지 졸인다.

블루베리잼 만들기

재료
- 블루베리 200g
- 설탕 60~80g
- 얇게 썬 레몬 1장

1. 블루베리를 씻어서 물기를 닦는다.
2. 냄비에 블루베리를 넣고 포크 등으로 대충 으깨면서 설탕을 뿌려 섞은 다음(사진) 20분 정도 놔둔다.
3. 물기가 나왔으면 레몬을 넣고 가열해서 걸쭉해질 때까지 졸인 다음 레몬을 빼낸다.

쌀누룩 만들기에 도전하자!

쌀누룩은 감주나 누룩소금 등을 만들 때 없어서는 안 되는 재료다.
시판되는 쌀누룩을 사용해도 되지만, 직접 만들어 사용하면 자신이 만든 음식에 애정도 한층 생길 것이다.
여기에서는 종이 쌀봉투를 이용해 만드는 방법을 소개한다.

사용 도구
- 전기장판(겨울철)
- 종이 쌀봉투(10kg용)
- 소쿠리
- 찜통
- 체
- 표백한 무명
- 넓직한 깔개
- 주걱
- 보온용 모포

재료(만들기 수월한 양)
- 쌀(평범하게 정미한 쌀, 멥쌀) 1kg
- 누룩균(분말, 씨누룩) 5g

겨울에 만들면 실패율이 낮아진다
처음에는 기온이 그다지 높지 않은 시기에 만들 것을 권한다. 누룩균의 번식에 적합한 온도는 25~30℃로, 이 온도를 넘어서 40℃ 이상이 되면 다른 균(유산균이나 낫토균 등)의 번식이 활발해진다. 보온보다 식히기가 더 어렵기 때문에 겨울철에 만드는 편이 수월하다.

1. 쌀을 계량해 물에 담근다
쌀을 물에 씻고 하룻밤 이상 담근다. 겨울에는 24시간, 여름에는 12시간 동안 담근다.

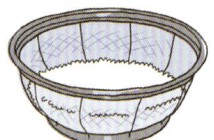

2. 물기를 확실히 뺀다
체에 담아 물기를 빼고 2시간 정도 놔둔다. 도중에 위아래를 뒤집어 섞어서 수분이 골고루 퍼지게 한다.

3. 찜통을 이용해 쌀을 찐다
물기를 뺀 쌀을 물에 적신 무명천으로 싸서 찜통에 넣고 찐다. 40~50분이 기준이다.

4. 찐 쌀에 누룩균을 섞는다
쌀을 넓적한 깔개에 펼쳐놓고 수분이 날아가도록 주걱으로 섞으면서 재빨리 식힌다. 쌀의 온도가 약 36℃가 되었으면 누룩균을 섞는다. 전체적으로 균등하게 섞이도록 여러 번에 걸쳐 체로 뿌리며 섞는다.

5. 쌀을 쌀봉투에 넣고 보온한다
누룩균을 섞었으면 따뜻할 때 종이 쌀봉투에 넣는다. 쌀봉투는 적절한 습도를 유지해줄 뿐만 아니라 다루기도 편하다. 쌀봉투 속의 공기를 빼서 밀폐하고 모포로 감싸 하루 동안 보온한다.(37℃ 정도) 겨울에는 전기장판을 사용하면 좋다.

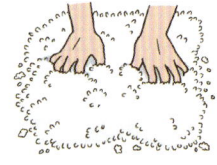

6. 20시간 정도 지나면 손질을 한다
쌀봉투에 넣고 18~22시간 정도 지나면 쌀봉투를 열어 쌀 덩어리를 한 알 한 알 풀어준다. 다시 모아서 봉투에 담은 다음 봉투를 막고 보온을 계속한다.

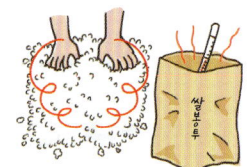

7. 다시 한번 손질을 한다
보온한 후 12시간이 지나면 다시 손질한다. 이번에는 온도가 지나치게 높아지지 않도록 주의한다. 겨울철에 전기장판을 사용하고 있을 경우 스위치를 꺼서 37℃ 정도를 유지한다.

8. 쌀의 표면이 새하얘지면 완성
후반부에 봉투를 만졌을 때 뜨겁게 느껴지면 온도가 너무 높아지지 않도록 봉투를 열어서 보슬보슬하게 만든다. 보온한 후 약 48시간 뒤에 쌀의 표면이 새하얘지고 흰 꽃이 피면 완성이다.

완성된 누룩은 냉장고에서 보관
완성된 뒤에는 색깔 있는 곰팡이가 피지 않도록 냉장고에서 보관한다.

제4장

계절에 딱 맞는 텃밭 가꾸기

농촌생활과 자급자족 농업
안전하고 맛있는 채소와 곡물을 키우자

채소나 곡물을 손수 키우는 '자급자족 농업'은 농촌생활의 진수다. 농약이나 화학 비료를 사용하지 않고 채소를 키우는 재미와 수확하는 기쁨을 느낄 수 있는 텃밭 가꾸기에 도전해보자.

논이나 밭의 넓이는?

자급자족 농업을 시작하려면 먼저 땅이 필요하다. 일반적으로 500m^2의 밭과 500m^2의 논이 있으면 4인 가족이 충분히 자급할 수 있다고 알려져 있다. 가족이 적으면 330m^2로도 충분하다. 간단하게 텃밭부터 시작하고 싶다면 먼저 33m^2나 66m^2인 밭을 염두에 둔다. 자택 부지에 밭이 있다면 더할 나위가 없지만, 충분한 넓이의 밭을 확보할 수 없다면 임차라는 선택지도 있다.(11쪽 참조)

제철 채소나 곡물을 키우는 일은 식생활을 풍요롭게 한다

"농촌생활을 시작했으면 채소 재배를 즐겨보십시오!"라고 말하는 사람이 많다. 제철 채소와 곡물을 키워 맛있게 먹는 경험은 식생활을 풍요롭게 한다. 특히 농약이나 화학 비료를 사용하지 않는 무농약·무화학비료 재배는 채소 본연의 맛을 느끼게 해줄 뿐만 아니라 식탁의 안전도 보장한다.

채소 재배에 성공하려면 먼저 좋은 흙을 만들어야 한다. 그리고 적절한 시기에 적절한 작물을 재배하는 것이 중요하다. 채소가 자랄 때마다 세심한 관리도 해줘야 한다. 여기에서는 채소와 곡물을 재배할 때 어떤 준비를 해야 하고, 구체적인 재배 방법에는 무엇이 있는지 초보자도 이해하기 쉽게 소개한다.

초보자가 자급자족에 성공하기 위한 비결

1 좋은 흙을 만든다
유기 재배를 하려면 흙 만들기가 무엇보다 중요하다. 퇴비를 만들어서 밭에 주면 서서히 작은 동물과 미생물이 풍부한 땅이 되어간다.

2 재배 품종을 선택한다
채소나 곡물에는 여러 품종이 있는데, 유기 재배에 적합한 것과 적합하지 않은 것이 있다. 또한 키우는 장소에 따라서도 적합한 품종이 달라진다.

3 튼튼한 모종을 키운다
잡초나 해충, 병에 지지 않는 모종이 있다면 작물 재배는 절반쯤 성공했다고 해도 과언이 아니다. 건강한 모종을 키우자.

4 여러 작물을 키운다
한 번에 여러 종류의 채소를 키우면 한두 가지는 실패하더라도 다른 채소는 재배에 성공한다. 다양한 채소를 자급하기 위해서라도 여러 가지 채소를 키운다.

5 윤작을 한다
같은 장소에서 똑같은 작물을 계속 키우면 병이나 해충이 생기기 쉽다. 다양한 종류의 채소를 여러 재배지에서 키우는 '윤작'을 하자.

6 해충과 잡초에 철저히 대비한다
농약을 사용하지 않는 유기 재배의 경우 병이나 해충, 잡초와 관련한 대책이 반드시 필요하다. 수고를 아끼지 말도록 하자.

재배 및 윤작 계획을 세운다

어떤 채소를 키울 것인가? 자급자족 농업의 경우 재배 계획을 세우는 것이 중요하다. 유기 재배로 작물을 키울 때는 '윤작'을 유념해서 계획을 세우자.

채소 종류를 고려해서 재배와 윤작 계획을 궁리하자

같은 밭에서 같은 종류, 같은 과의 채소를 계속 키우면 그 채소를 좋아하는 병이나 해충이 생길 위험성이 높아진다. 또 채소는 품종에 따라 필요로 하는 영양분이 다르기 때문에 같은 채소를 계속 키우면 밭에 필요한 영양분이 줄어들어 채소가 건강하게 자라지 못한다. 일반 농업의 경우 농약으로 병해충을 몰아내고 화학 비료로 영양분을 보충한다. 그러나 유기 재배의 경우 농약과 화학 비료를 사용할 수 없으니 '윤작'을 해야 한다.

가령 무와 순무처럼 같은 유채과 채소를 같은 밭에서 연속으로 키우지 않는 게 좋다. 또 열매채소 또는 잎채소만 키우지 말고, 무나 당근 등 뿌리채소를 함께 키우면 깊은 곳까지 흙이 섞여서 좋다.

재배 및 윤작 계획의 예시 (먼저 밭을 어떻게 나누고 어디에 무엇을 심을지 궁리하자.)

1년차(봄에서 여름까지 수확하는 채소)

- A구획 🐄 계획: 토마토, 가지, 피망, 양파, 감자
- B구획 🐓 계획: 순무, 옥수수
- C구획 🐖 계획: 오이, 호박
- D구획 🐱 계획: 강낭콩, 토란(가을 수확)

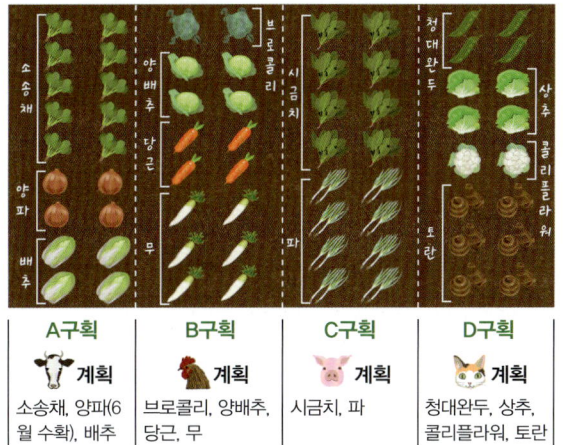

1년차(가을에서 겨울까지 수확하는 채소)

- A구획 🐄 계획: 소송채, 양파(6월 수확), 배추
- B구획 🐓 계획: 브로콜리, 양배추, 당근, 무
- C구획 🐖 계획: 시금치, 파
- D구획 🐱 계획: 청대완두, 상추, 콜리플라워, 토란

밭 윤작의 예시

위의 4가지 계획을 구획별로 윤작하는 계획

구획	1년차	2년차	3년차	4년차
A	🐄	🐓	🐖	🐱
B	🐓	🐖	🐱	🐄
C	🐖	🐱	🐄	🐓
D	🐱	🐄	🐓	🐖

얼마나 연작했는지 확인한다

연작 장해를 피하기 위해서는 '연작 연한'을 알아둬야 한다. 오이, 토마토, 가지, 양배추, 강낭콩, 피망, 배추, 우엉 등은 연작 장해가 발생하기 쉽다. 반대로 고구마, 호박, 양파, 공심채, 옥수수 등은 연작 장해가 잘 발생하지 않는다.

연작 연한은 채소에 따라 1년에서 4, 5년까지다. 1년이 아니라 약 4년 뒤의 계획까지 세워두자.

밭과 흙 만들기

유기 재배를 할 때는 흙이 매우 중요하다. 맛있는 채소나 곡물을 키우기 위해서는 미생물이나 작은 동물이 많이 사는 '살아 있는 흙'이 있어야 한다.

'좋은 흙'이야말로 재배 성공의 열쇠다

채소 재배에 적합한 흙은 푹신푹신하고 영양분이 풍부한 것이 특징이다. 푹신푹신한 흙은 배수가 잘되는 한편 물도 잘 머금는다.

흙이 좋은지 판단하는 방법이 있다. 흙이 떼알 조직인지 홑알 조직인지 살펴보는 것이다. 통기성과 배수성이 좋으면서 보수성도 있는 흙은 미생물의 분비물과 곰팡이의 균사 등이 흙의 입자를 묶어서 '떼알화'되어 있다. 흙의 알갱이가 크고 떼알과 떼알 사이에 틈이 있기 때문에 산소를 잘 받아들이고 물 빠짐이 좋다. 또 흙 속이 따뜻해 채소가 잘 자란다. 먼저 아래의 방법으로 밭의 흙을 조사해보자.

떼알 구조인지 조사하는 방법

1. 밭에서 흙을 채취한다.
2. 페트병에 물을 80% 정도 붓고 밭에서 채취한 흙을 한 숟가락 넣는다.
3. 페트병이 가득 차도록 물을 붓는다.
4. 뚜껑을 닫고 페트병을 뒤집었다가 흙이 가라앉으면 다시 뒤집는다. 이 과정을 5번 반복하고 테이블에 놓는다.

5. 물이 맑아질 때까지 걸리는 시간을 잰다. 5분 이내라면 이상적인 떼알 구조의 흙이다.
6. 왼쪽이 떼알 구조의 흙을 넣은 페트병. 오른쪽은 1시간이 넘게 지났는데도 혼탁하다.

채소 재배에 필요한 영양분

밭에 가장 필요한 영양소는 아래에 소개한 3가지다. 그 밖에 칼슘과 마그네슘, 황도 있으면 좋다. 퇴비를 사용해 흙을 만들면 이들 영양소를 문제없이 보충할 수 있다.

질소(N)
잎과 줄기를 살찌게 하는 요소.
너무 많이 주면
덩굴만 자라니 주의한다.
유채 깻묵, 쇠똥에 많이 들어 있다.

인(P)
열매를 살찌게 하는 요소.
꽃과 열매가 많이 달리며 뿌리도 자란다.
닭똥, 생선의 뼛가루 등에
많이 들어 있다.

칼륨(K)
뿌리를 살찌게 하는 요소.
뿌리를 성장시켜 식물을 강하게 만들며
질소의 부작용을 억제한다.
초목의 재에 많이 들어 있다.

유기 재배를 위한 밭 만들기

준비물
- 큰 괭이
- 삽
- 쇠스랑
- 두둑줄
- 퇴비
- 굴 껍데기 가루
- 왕겨 훈탄

농약과 화학 비료를 사용했던 밭이나 밭으로 사용한 적이 없었던 마당이라면 먼저 퇴비를 듬뿍 줘서 '살아 있는 흙'을 만드는 작업부터 한다.

1

밭 만들 곳을 결정하고 잡초와 돌을 제거한다
장소를 결정하고 네 귀퉁이에 말뚝을 박아 둘러친다. 쇠스랑이나 삽으로 흙을 뒤집어 잡초를 뿌리째 뽑아내고 돌을 제거한다.

2

밭 전체를 더욱 깊게 갈아엎는다
쇠스랑이나 삽으로 더욱 깊게 갈아엎고, 전부 갈아엎었으면 밭 표면을 고른다.

3

왕겨 훈탄을 뿌린다
밭 전체에 왕겨 훈탄을 얕게 뿌린다. 왕겨 훈탄은 이로운 미생물을 자라게 하는 효과를 기대할 수 있다.

4

밭 전체에 퇴비를 뿌린다
퇴비를 듬뿍 뿌리고 괭이나 쇠스랑으로 흙을 뒤집듯이 갈아엎어 골고루 스며들게 한다.

5

2~3주 내버려둔다
준비 완료. 퇴비장을 설치할 경우 밭의 가장자리에 만들면 좋다.(퇴비를 만드는 법은 239쪽을 참조)

산성흙에는 굴 껍데기를 뿌려준다
산성흙에서는 채소가 잘 자라지 않으므로 굴 껍데기 가루를 뿌려서 중성화한다. 산성흙에서는 쇠뜨기나 쑥, 강아지풀 등이 자라기 쉽다.

밭두둑의 종류와 밭두둑 만들기

채소에 적합한 형태와 크기로 밭두둑을 만들자

밭을 만들었으면 밭두둑을 만들어 씨를 뿌리거나 모종을 심을 준비를 한다. 흙을 올려서 밭두둑을 만들면 물 빠짐과 통기성이 좋아져 흙에 사는 미생물이 활성화된다. 밭두둑을 만들 때는 괭이를 잘 사용해야 한다. 익숙해지기까지 어려울지도 모르지만 열심히 연습하자.

밭을 준비했으면 씨를 뿌리거나 모종을 심기 위해 '밭두둑'을 만들자. 재배할 채소에 따라 형태와 크기를 결정한다.

밭두둑을 만들 때 필요한 도구

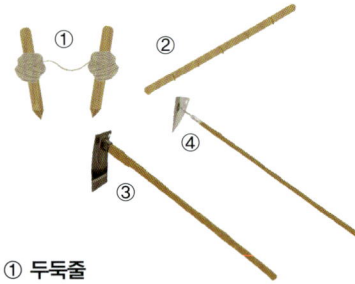

① 두둑줄
밭두둑의 위치를 결정한 다음 흙에 세운다.

② 자막대기
밭두둑의 크기와 간격을 잰다.

③ 괭이
흙을 파서 올린다.

④ 삼각 괭이
밭두둑의 형태를 다듬는다.

밭두둑의 종류

보통두둑
좌우에서 흙을 올린 자연스러운 산 모양의 두둑.

평상두둑
흙을 올리고 위를 평평하게 만든 두둑.

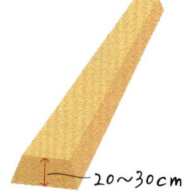

평두둑
높이 5~10cm 정도의 낮은 두둑. 잎채소나 뿌리채소 등의 재배에 이용한다.

높은두둑
높이 20~30cm 정도의 두둑. 물 빠짐이 좋아 토마토, 오이, 피망 등의 재배에 이용한다.

각 부위를 재는 법

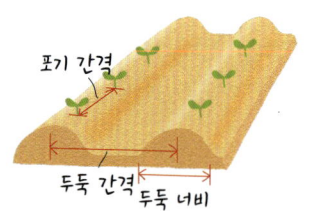
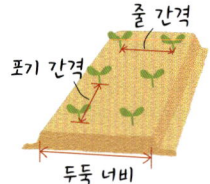

두둑의 가로 폭을 두둑 너비, 두둑의 중심부터 다음 두둑의 중심까지를 두둑 간격, 포기와 포기의 간격을 포기 간격이라고 한다.

두둑의 가로 폭을 두둑 너비, 포기와 포기의 간격을 포기 간격, 몇 줄로 심었을 때 줄과 줄의 간격을 줄 간격이라고 한다.

밭두둑을 만드는 법

보통두둑

1

밭두둑의 위치에 두둑줄을 세운다. 그곳을 중심으로 왼쪽부터 괭이로 흙을 쌓아올린다.

2

아래에서부터 가볍게 괭이를 끌어당기듯이 흙을 뜨는 것이 비결.

3

밭두둑의 위가 될 부분에 흙을 쌓아올린다.

4

괭이를 잡는 손의 위치를 바꿔서 반대쪽의 흙을 뜬다.

5

아래에서부터 괭이를 끌어당겨 흙을 쌓아올린다.

6

마지막으로 밭두둑의 어깨(가로 방향의 경사면이 된 부분)를 삼각 괭이로 다듬는다.

평상두둑

1

밭두둑의 위치에 두둑줄을 세우고 그곳을 중심으로 왼쪽부터 괭이로 흙을 쌓아올린다. 오른쪽에서도 같은 요령으로 쌓아올린다.

2

두둑의 윗부분을 삼각 괭이로 평평하게 다듬는다.

두둑줄을 사용하는 법
두둑의 높이와 장소를 결정하고 두둑의 양쪽 끝에 두둑줄을 세운다. 먼저 한쪽에 세운 다음, 줄을 잡아당겨 반대쪽도 세운다.

농기구 갖추기

채소를 키울 때 필요한 작업 도구는 농기구 판매점이나 인터넷 판매 사이트 등에서 구매할 수 있다. 밭일을 시작하기 전에 준비해두자.

작업 도구는 필요에 따라 서서히 갖춰 나가자

밭일에 필요한 도구에는 밭을 갈 때 사용하는 괭이, 모종을 만들 때 사용하는 육묘 상자와 포트(pot), 작물을 관리할 때 없어서는 안 될 지주와 그물, 멀치, 한랭사, 부직포 등이 있다. 키우는 채소와 밭의 규모에 따라 필요한 도구가 달라지므로 상황에 맞춰 준비하자.

여기에서 소개하는 농기구 외에 작업복도 필요하다. 벌레에 물리거나 햇볕에 피부가 타는 일을 방지하기 위해 여름철에도 긴팔 웃옷과 긴 바지로 피부를 드러내지 않을 것을 권한다. 작업용 장화와 차양이 넓은 모자(햇빛을 가려준다.), 정원용 장갑 등도 준비해놓자.

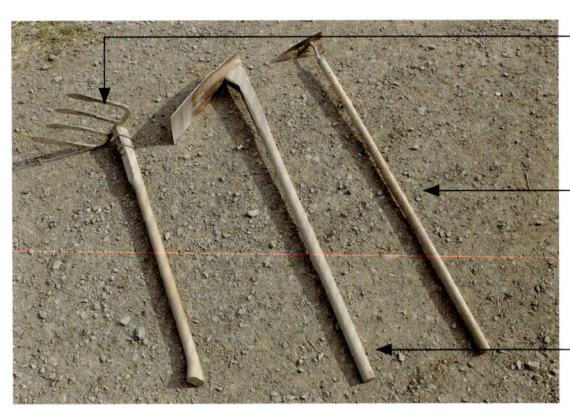

쇠스랑
끝이 포크처럼 생겨서 땅을 갈거나 퇴비를 뒤엎을 때 편리하다. 감자를 수확할 때도 사용한다.

레이크
갈퀴의 일종. 흙의 표면을 평평하게 만드는 데 사용한다.

삼각 괭이
잡초를 자르거나 사이갈이, 북주기 등을 할 때 사용한다. 좁은 장소에서도 사용하기 편하다.

괭이
흙을 갈아엎을 때, 밭두둑을 만들 때, 흙을 고르게 눌러줄 때 등 다양한 용도로 활용할 수 있다. 날의 길이와 각도 등에 따라 편의성이 달라진다.

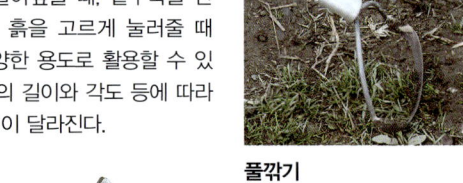

풀깎기
흙의 표면을 긁어내며 잡초를 깎는 데 사용한다.

삽
구덩이를 파거나 뿌리채소를 수확할 때, 흙을 갈 때 등에 사용한다.

포크
낙엽이나 잎 등 비교적 가벼운 것을 뒤엎을 때 사용한다.

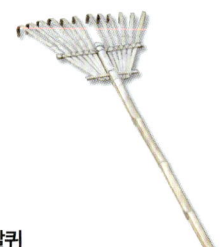

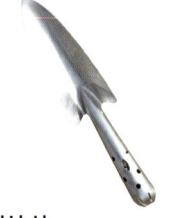

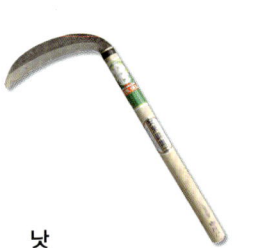

갈퀴
잘라낸 잡초나 낙엽 등을 모을 때 사용한다.

이식 삽
모종을 심기 위해 구멍을 파거나 이식할 때 사용한다.

낫
풀 또는 밀을 베거나 뿌리부터 잘라 수확할 때 사용한다. 크기에 몇 종류가 있다.

외발 수레
흙이나 퇴비, 채소 부스러기 등 무겁거나 부피가 큰 것을 운반할 때 편리하다.

두둑줄
막대 2개에 각각 줄을 말아놓은 것. 밭두둑을 만들 때 줄을 쳐서 기준으로 삼는다.

자막대기
대나무나 나무 막대에 눈금을 그려놓은 것. 포기 간격 등을 잴 때 사용한다.

양동이
포트 묘목을 물에 담그거나 덧거름을 줄 때 사용한다.

육묘 상자와 포트
육묘 상자는 씨뿌리기용 상자다. 밑으로 물이 빠진다. 벼 모종용이 편리하다. 비닐 포트는 씨뿌리기와 육묘에 사용하니 몇 가지 사이즈를 준비해놓자.

지주
재배할 채소에 맞춰 길이와 굵기를 선택한다.

그물
터널 지주에 씌워서 오이 등 덩굴성 채소가 타고 올라오게 한다.

물뿌리개
주둥이에 잔구멍이 뚫린 덮개가 덮여 있어 샤워기처럼 물을 줄 수 있다. 용도에 따라 덮개를 떼어내고 쓰기도 한다.

가위
수확이나 가지다듬기 등에 사용한다.

부직포
짜지 않고 압착해서 만든 눈이 고운 천. 바람과 물을 통과시키며 보습성이 있다. 터널 위에 씌우거나 작물 위에 그대로 씌울 때 사용한다.

삼끈
지주를 세울 때 줄기를 지주로 유인하기 위해 사용한다.

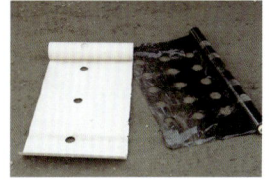
멀칭
흙의 표면을 덮는다. 종이나 비닐로 덮는데, 구멍이 뚫려 있는 유형과 뚫려 있지 않은 유형이 있다.

짚
포기 주변이나 두둑 사이에 깔아 멀칭을 하면 잡초나 건조로부터 채소를 보호한다.(192쪽 참조)

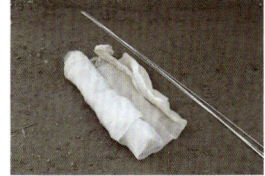
터널 프레임과 한랭사
지주는 터널 모양을 만들기 위해 반원형으로 자유롭게 구부릴 수 있는 유형. 한랭사는 방충이나 온도 관리를 위해 터널에 씌우는 용도다. 그물코의 크기는 다양한데, 작은 것이 해충을 막을 수 있어 좋다.

있으면 편리한 농기구
어느 정도 넓이가 있는 밭을 관리하는 경우, 다음 농기구가 있다면 작업이 수월해진다.

경운기
밭을 갈거나 밭두둑을 만들 때도 사용한다. 소규모 밭이라면 다루기 쉬운 소형 경운기가 편리하다.

예초기
잡초나 가는 나무를 베어내기 위한 기계. 여름철 풀베기에 없어서는 안 될 농기구다.

트랙터
넓은 밭을 갈 때나 밭을 만들 때 편리하다. 본격적으로 농업에 도전하고 싶은 사람에게 추천한다.

밭일의 기본

씨뿌리기부터 수확까지, 채소 재배에는 여러 가지 과정이 있다. 자신의 손으로 정성 들여 키운 채소의 맛은 무엇과도 비교할 수 없다. 맛있는 채소를 키우자.

씨뿌리기부터 수확까지의 과정

씨뿌리기 · 육묘
육묘 상자나 포트에서 모종을 키운다. 튼튼한 모종을 키우면 병충해나 잡초에 강해진다.

아주심기(밭에 심기)
모종이 충분히 자랐으면 밭에 심는다. 심기 전에 밭을 갈고 퇴비를 주자.

채소 관리
밭에 모종을 심은 뒤에는 수확할 때까지 여러 가지 관리가 필요하다. 적절한 때를 봐서 관리해주자.

수확
드디어 수확! 갓 따낸 채소를 만끽하자. 수확 시기에 주의한다.

---

1 씨뿌리기와 육묘

씨뿌리기에는 2가지 방법이 있다. 육묘 상자나 포트에서 모종을 키워 밭에 심는 방법과 직접 밭에 씨를 뿌려 키우는 방법이다. 대부분의 채소는 육묘를 한 다음 밭에 심으면 실패가 없다.

준비물
- 육묘 상자(또는 플랜터)
- 파종골을 내기 위한 판
- 진압용 판 또는 흙손
- 채소의 씨앗
- 부엽토
- 숯
- 초목의 재
- 체
- 신문지
- 물뿌리개

씨앗의 준비
토마토나 가지 등 발아 시기를 맞추기가 어려운 채소의 경우, 미리 씨앗에 물을 흡수시키면 발아가 쉬워진다.

1
씨앗의 이름을 적은 종이를 넣고 천으로 싸서 물에 하룻밤 담가놓는다.

2
뿌리기 전에 물에서 꺼내놓는다.

육묘 상자에 씨앗 뿌리기

1
숯과 거친 부엽토를 넣는다
① 숯을 부숴서 육묘 상자의 바닥에 넣는다. 숯은 미생물의 거처가 되며 미네랄과 인산을 공급한다.
② 물 빠짐이 좋은 거친 부엽토를 넣는다. 용기 높이의 3분의 2 정도가 기준.

2
고운 부엽토를 넣는다
① 부엽토를 체에 쳐서 고운 흙을 넣는다. 발아와 발근이 수월해진다.
② 부엽토의 표면을 평평하게 고른다.

3
파종골을 낸다
씨를 뿌리기 위한 고랑(파종골)을 낸다. 씨가 큰 채소는 5cm 간격, 다른 대부분의 채소는 3cm 간격이 기준이다.

4
파종골에 씨를 뿌린다
씨를 1열로 1, 2cm마다 하나씩 뿌린다. 이것을 '고랑 씨뿌리기'라고 한다.

5
초목의 재를 얇게 덮는다
초목의 재는 채소 성장에 없어서는 안 될 미네랄과 칼륨을 함유하고 있다. 씨 위로 얇게 덮어준다.

6
부엽토를 체로 쳐서 덮는다
부엽토를 체로 쳐서 골고루 덮는다.

7
흙과 씨를 진압한다
판이나 흙손을 이용해서 흙과 씨앗이 밀착되도록 눌러준다.

8
물을 뿌린다
바닥 전체에서 물이 밖으로 흘러나올 때까지 2~3분 간격으로 3~4회에 걸쳐 물을 듬뿍 준다.

9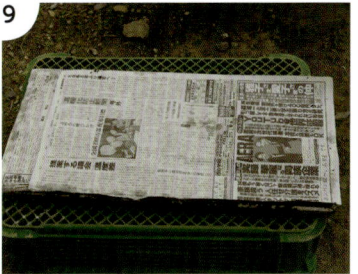
신문지로 덮는다
봄에는 따뜻한 장소, 여름에는 서늘한 장소에 둔다. 발아하면 신문지를 치우고(저녁이 최적) 물을 줘서 키운다.

모종을 포트에 심기

본잎이 나오기 시작하면 좋은 모종을 선택해 포트에 옮겨 심는다. 뿌리나 잎이 손상되지 않도록 조심스럽게 작업한다.

1 뿌리가 손상되지 않도록 손가락으로 주변 흙과 함께 파내면서 조심스럽게 모종을 뽑는다.

2 부엽토를 담은 비닐 포트의 중앙을 손가락으로 우묵하게 파고 모종을 하나씩 심는다.

3 모종 주변의 흙을 가볍게 눌러서 안정시킨다.

4 물을 듬뿍 준다. 표면이 말랐으면 오전 중에 물을 준다. 추운 시기에는 따뜻한 장소에 둔다.

포트에 씨뿌리기

씨앗이 큰 채소는 발아 후의 떡잎도 크므로 처음부터 포트에 씨를 뿌려도 된다. 텃밭이고 뿌릴 씨앗의 수가 적을 경우에도 육묘 상자를 거칠 필요 없이 처음부터 포트에 씨를 뿌리면 된다.

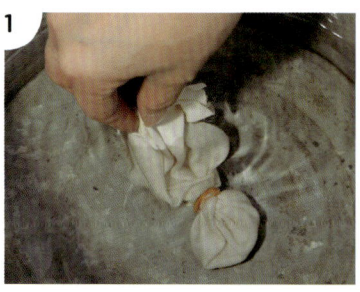

1 잘 발아하지 않는 씨앗은 천으로 감싸서 물속에 하룻밤 담가둔다.

2 부엽토를 담은 포트에 씨를 1~3알씩 뿌린다.

3 손가락의 첫째 마디 깊이까지 씨앗을 밀어 넣는다.

4 손으로 눌러서 진압한다.

5 포트의 바닥에서 물이 배어나올 때까지 물을 듬뿍 준다.

육묘의 온도 관리

채소 씨앗이 발아하기 위한 적정 온도는 15~25℃ 정도다. 아직 추위가 남아 있는 이른 봄에 씨를 뿌릴 경우, 따뜻함을 유지하기 위한 궁리가 필요하다. 낙엽 등이 분해될 때 생기는 발효열을 이용한 '양열 온상'을 만들고(248쪽 참조) 온상 위에서 육묘하자. 여름에 씨를 뿌릴 경우, 통풍이 잘되도록 고상식(高床式)을 추천한다.

여름에는 통풍이 잘되는 장소에서 육묘 상자를 높은 선반 위에 올려놓고 키우자.

밭에 직접 뿌리기

채소 중에는 옮겨심기를 싫어하는 품종도 있다. 당근과 무, 순무, 소송채 등은 밭에 직접 씨를 뿌리는 것이 좋다. 일직선으로 줄을 만들 듯이 뿌리는 '줄뿌리기'와 간격을 두면서 한 곳에 여러 개를 뿌리는 '점뿌리기' 등이 있다.

줄뿌리기
밭두둑에 파종골을 내고, 작은 씨앗이라면 한 줄에 1, 2cm 간격으로 뿌린다. 괭이로 흙을 얇게 덮은 다음 진압한다.

흩어뿌리기
보리처럼 싹이 조밀하게 나도 상관없는 품종은 밭 전체에 씨를 흩뿌리는 '흩어뿌리기'가 적합하다.

> **솎아내기**
> 직접 뿌리기의 경우, 씨를 많이 뿌리게 되므로 발아 후에 솎아내면서 키운다. 떡잎이 온전한 것, 잘 성장하고 있는 것만을 남기는 것이 중요하다. 수확 전까지 2~3회 솎아내기를 해서 최종적으로 포기 사이에 공간을 만들어주자.

점뿌리기
① 괭이로 파종골을 내고 한 곳에 1~5알씩 씨를 뿌린다. 무는 5알씩 뿌린다.
② 괭이로 좌우에서 흙을 덮어주고 진압한다.

2 아주심기

'아주심기'는 키운 모종을 밭에 옮겨 심는 것이다. 대개 포트에서 키운 모종의 본잎이 4~5장 나왔을 때 한다. 하지만 채소에 따라 적절한 시기가 다르다.

> **주의사항**
> 아주심기를 한 뒤에 물을 줄 필요는 없다. 다만 극단적으로 비가 적게 왔을 경우, 상태를 살피고 물을 준다.

1

모종을 물에 담근다
모종을 비닐 포트째로 물에 담근다. 거품이 나오지 않을 때까지 물을 먹인다. 그 후 물기를 털어낸다.

2

옮겨 심을 위치를 결정한다
밭두둑을 만든 밭에 자막대기로 포기 간격을 재면서 옮겨 심을 위치를 결정한다. 구덩이를 모종삽으로 판다.

3

모종을 포트에서 꺼낸다
① 주변 흙을 손으로 떠받치면서 뒤집어 모종을 포트에서 꺼낸다.
② 뿌리가 바닥을 감싸고 있다. 유기 재배한 모종은 뿌리털이라고 해서 뿌리에 수많은 솜털이 있다.

4

한 포기씩 옮겨 심는다
포트에 한 포기씩 심었을 경우는 그대로, 두 포기씩 심었을 경우는 흙째로 나눈다. 그런 다음 한 포기씩 구덩이에 옮겨 심고, 모종을 안정시키기 위해 주변의 흙을 가볍게 눌러준다.

멀칭

'멀칭'은 밭의 흙을 비닐이나 종이로 덮는 것이다. 채소 주위에 잡초가 나는 것을 억제하고 흙의 건조를 방지하며 보습에도 도움이 된다. 유기 재배에는 종이나 짚을 추천하지만, 입수가 용이한 비닐 멀치를 사용해도 무방하다.

1  **2**  **3**

1. 시트 형태의 멀치를 밭두둑에 맞춰 덮는다.
2. 멀치를 조금씩 펼치면서 괭이로 양쪽 가장자리에 흙을 덮어 고정한다.
3. 사방을 흙으로 덮어서 확실히 고정한다. 구멍이 뚫려 있지 않은 경우 구멍을 뚫은 다음에 아주심기나 씨뿌리기를 한다.

3 지주 세우기

키가 큰 과일채소나 덩굴채소의 경우, 커진 줄기를 지탱하거나 덩굴이 뻗을 수 있는 지주가 필요하다.

지주와 줄기를 연결하는 법
줄기에 상처가 생기지 않도록 조심하면서 끈으로 줄기와 지주 사이를 8자로 묶어 연결하면 된다.

1. 일각형 지주
줄기가 그다지 크게 자라지 않는 피망이나 고추 등에 사용한다. 한 포기당 지주를 하나 세우고 본줄기와 8자로 묶는다.

2. 삼각형 지주
첫 번째 지주는 본줄기 옆에 곧게 세우고 곁가지용인 나머지 두 지주는 비스듬하게 교차한다. 각각 줄기와 하나씩 묶는다.

3. 합장형 지주
키가 크게 자라는 토마토나 강낭콩 등에 사용한다. 위에 가로봉을 가로지르면 비바람에 강해진다.

4. 터널형 지주
줄기가 크게 자라는 오이, 여주, 호박 등에 사용한다. 파이프로 터널 모양의 아치를 세우고 그물을 친다.

5. 지주 + 줄형 지주
덩굴이 있는 완두콩류나 아스파라거스 등에 사용한다. 밭두둑을 따라 굵은 지주를 세우고 가로로 줄을 친다. 지주를 가로지르면 바람에도 강해진다.

터널 덮기

병충해를 방지할 때는 터널 형태로 프레임을 만들고 한랭사나 부직포 등으로 덮는 '터널 덮기'가 효과적이다. 보습 효과도 있고 직사광선을 어느 정도 막아줄 뿐만 아니라 추위나 서리, 강풍, 강한 비 등의 피해를 막는 데도 효과가 있다.

1. 밭두둑의 한쪽 옆에 터널용 프레임을 1.5m 간격으로 박아 넣는다.
2. 프레임을 터널 모양으로 구부려서 반대쪽에 박아 넣는다.
3. 프레임 위에 한랭사를 덮어 터널을 만든다.
4. 괭이로 한랭사 주위에 흙을 올린다. 한랭사가 젖히지 않도록 빈틈없이 고정한다. 팽팽하게 펴지면 완성.

4 덧거름 주기 · 사이갈이 · 북주기

유기 재배를 할 때는 채소를 옮겨서 심기 전에 퇴비를 밑거름으로 사용하고, 옮겨서 심은 뒤에는 닭똥이나 발효 퇴비 등을 덧거름으로 사용한다. 또 성장함에 따라 사이갈이나 북주기도 해줘야 한다.

물거름 덧거름 주기

높은두둑일 경우 포기 주변에 뿌린다.

네 줄로 심었을 때는 첫째 줄과 둘째 줄 사이, 셋째 줄과 넷째 줄 사이에 뿌린다.

발효 퇴비 · 닭똥 덧거름 주기

발효 퇴비나 닭똥은 흡수가 느리므로 2주에 한 번 정도면 충분하다. 물거름은 흡수가 빠르기 때문에 비가 적게 올 때 사용하면 효과적이다. 다만 거름을 너무 많이 주면 진딧물 등의 해충이 발생하기 쉬우니 주의한다.

채소를 옮겨 심고 약 2주 후에 첫 번째 덧거름을 준다. 열매채소의 경우 포기 사이에 한 움큼씩 뿌린다.

잎채소를 2열 이상 심었을 경우 1m마다 한 움큼씩 두둑 사이에 뿌린다.

멀치를 덮었을 때는 바깥쪽에 뿌린다. 1m마다 한 움큼이 기준.

사이갈이

채소의 포기 사이나 두둑 사이를 갈아주는 사이갈이를 하면 잡초를 억제하고 통기성이 높아진다. 덧거름을 준 뒤에 사이갈이를 하면 비료가 잘 흡수된다.

북주기

북주기는 사이갈이를 하는 김에 같이 할 때가 많다. 사이갈이를 한 두둑 사이의 흙을 괭이로 채소 주변에 모아 올린다. 참고로 파는 분얼 부분이 자랐을 때 북주기를 해서 밭두둑을 높이면 뿌리의 흰 부분을 길게 만들 수 있다.(오른쪽 사진)

5 가지치기

필요 이상으로 자란 지엽은 꽃이나 열매의 생육을 방해하는 요인이 된다. '곁순 따기'와 '순지르기'가 필요하다.

순지르기

본줄기의 끝에 있는 생장점을 잘라내는 것을 '순지르기'라고 한다. 꽃이나 열매를 알차게 만들거나 곁순을 자라게 해 수확량을 늘리는 효과가 있다.

공심채나 멜로키아 등은 순지르기를 하면 곁순이 속속 나온다.

곁순 따기

곁순 따기를 맑은 날 오전에 하면 잘라낸 자리가 단시간에 말라 악영향이 적다.

토마토의 경우, 본줄기와 잎 사이에 난 곁순을 손으로 딴다.

오이나 호박의 경우 5~6마디까지의 곁순을 따고 너무 무성하게 자란 잎을 쳐서 바람과 햇빛이 잘 들게 한다.

6 수확

수확은 시기가 중요하다. 최적의 시기를 놓치면 맛이 떨어진다. 여름에는 아침 8시경까지 수확하고, 겨울에는 아침 서리가 사라진 오후 2시에서 4시경까지 수확한다.

박과 채소
오이, 여주는 계속 커지므로 적당한 크기일 때 수확한다.

감자류
고구마나 호박은 수확 후 1~2개월이 지났을 때 단맛이 더 강해진다.

잎채소
소송채나 시금치는 크기를 보고 질겨지기 전에 수확한다.

토마토
빨갛게 숙성되어 위쪽이 붉어지기 조금 전에 수확한다. 상처가 생기지 않도록 조심하면서 꼭지를 최대한 짧게 자른다.

뿌리채소
무나 순무는 수확 적기를 놓치면 바람이 들거나 쪼개지기도 하니 주의한다.

열매채소

강낭콩 kidney bean

주요 품종
황협 1호, 녹협 1호, 강낭콩 1호

윤작 연한 2~3년

밭의 준비
두둑 높이 10~20cm
두둑 간격 2m 10cm · 합장형은 90cm
포기 간격 30cm
퇴비 : 3.3m² 당 약 5kg

재배 달력						■ 씨뿌리기		■ 옮겨심기		■ 수확	⌒ 하우스·터널	
1	2	3	4	5	6	7	8	9	10	11	12
			(육묘)								
			(봄 파종)								
					(여름 파종)						

재배 주의사항
- 비료가 너무 많으면 진딧물이 생기기 쉬우니 덧거름을 너무 많이 주지 않도록 주의한다.
- 덩굴이 길게 자라는 덩굴성은 지주를 합장형으로 세워서 덩굴을 유인한다. 그러면 통풍을 좋게 하고 진딧물의 발생을 방지한다.

1. 씨뿌리기
포트에 2~3알씩 약 1cm 깊이로 눌러 넣고 물을 듬뿍 준다. 떡잎이 나오고 본잎이 3~4장 나올 때까지 포트에서 키운다.

 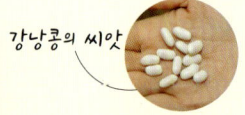

강낭콩의 씨앗

포트에서 떡잎이 3~4장 난 모종으로 키우면 아주심기를 한 뒤에도 잡초에 강하다.

2. 옮겨심기 · 지주 세우기
세 포기가 올라왔을 때는 건강한 모종을 둘 남겨서 포기 간격 30cm로 심는다. 덩굴성은 길게 자라므로 합장형 지주를 세운다. 지주에 그물을 치거나 가로로 줄을 쳐서 덩굴을 유인한다. 성장하면서 덩굴이 자연스럽게 휘감기며 위로 퍼진다.

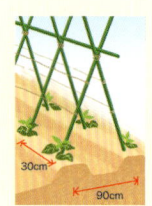

지주가 위에서 교차하도록 비스듬하게 꽂는다. 위에 지주를 가로지르는 합장형이 튼튼하다.

3. 옮겨 심은 후의 관리
아래쪽 잎이 무성할 때는 곁순을 따서 통풍을 좋게 한다. 꽃이 맺히면 포기 사이에 발효 퇴비나 닭똥을 한 움큼씩 뿌린다. 다만 진딧물이 생겼다면 영양 과다라는 뜻이므로 덧거름을 삼간다.

작은 꽃이 생기고, 그 뒤에 꼬투리가 나온다.

4. 수확
열매가 맺혀 10~13cm가 되면 수확한다. 너무 크기 전에 일찍 수확하는 편이 장기간 열매가 맺혀 수확량이 늘어난다.

꼬투리의 윗부분을 가위로 잘라 수확한다.

풋콩(대두) soybean

주요 품종
두루올, 미소, 대찬, 대풍 2호

밭의 준비
포기 간격 풋콩 20cm, 대두 30cm
줄 간격 풋콩 20cm, 대두 70cm
퇴비 없음

윤작 연한 3~4년

재배 달력						■ 씨뿌리기		■ 옮겨심기	■ 수확	⌒ 하우스·터널	
1	2	3	4	5	6	7	8	9	10	11	12
			(육묘)				(풋콩)				
				(직접 뿌리기)					(풋콩)		
											(대두)

재배 주의사항
- 각 지역에서 재배되고 있는 품종을 선택하면 기후와 잘 맞아 쉽게 재배할 수 있다.
- 꽃이 피는 시기에 비가 적게 오면 열매가 잘 맺히지 않으므로 이 시기에 맑은 날이 계속되면 물을 주는 편이 좋다.

1. 씨뿌리기
여름에 풋콩으로 수확하는 조생종은 육묘할 것을 권한다. 육묘 상자에 가로 5cm, 세로 2~3cm 간격으로 씨를 뿌린다. 떡잎이 3~4장 나올 때까지 육묘 상자를 따뜻한 장소에 두고 키운다.

흙을 체로 쳐서 덮고, 바닥에서 물이 배어나올 때까지 듬뿍 물을 준다.

2. 옮겨심기
모종을 밭에 하나씩 아주심기한다. 풋콩은 포기 간격 20cm, 대두는 포기 간격 30cm로 심는다.

본잎이 3~4장 나온 모종을 한 곳에 한 포기씩 아주심기한다.

3. 사이갈이·북주기·물주기
키가 10cm가 되었을 때 두둑 사이를 가볍게 갈아엎어 사이갈이를 하고, 그 흙으로 포기 주변을 북돋운다. 20~30cm가 되었을 때 두 번째 사이갈이와 북돋우기를 한다. 개화기에 비가 오지 않으면 매일 아침 또는 저녁에 물을 듬뿍 준다.

두둑 사이를 사이갈이하면 잡초를 억제하고 모종의 뿌리에 산소를 보내 성장을 촉진한다.

4. 수확
꼬투리가 커지거나 열매가 부풀면 풋콩을 수확한다. 대두의 경우 전체가 갈색으로 시들 때까지 밭에 내버려뒀다가 뽑는다. 다발로 묶어 밭에서 말리고 며칠 뒤에 수확한다.

풋콩은 열매가 커졌을 때 수확하고, 대두는 완전히 건조한다.

열매채소

오크라 okra

주요 품종
크림손 스파인리스, 퍼킨스 메머드 롱 포드, 화이트 벨베트

밭의 준비
두둑 높이 5~10cm
두둑 간격 60cm
포기 간격 50cm
퇴비 : 3.3m²당 약 10kg

윤작 연한 2~3년

재배 달력						■ 씨뿌리기		■ 옮겨심기	■ 수확	⌒ 하우스·터널	
1	2	3	4	5	6	7	8	9	10	11	12
		(육묘)									
		(직접 뿌리기)									

재배 주의사항
- 추위에 약해 10℃ 이하일 때 밭에 심으면 냉해를 입을 수 있으니 기온을 보고 파종 시기를 결정한다.
- 밭에 완숙 퇴비나 발효 퇴비를 많이 뿌리고 갈아둔다. 한 곳에 3~4포기씩 모아심기로 키우는 것이 장기간에 걸쳐 연한 열매를 수확하는 비결이다.

1. 씨뿌리기
씨뿌리기를 하기 전에 하룻밤 물에 담가놓는다. 왕겨 훈탄을 넣은 부엽토에 씨앗을 손가락으로 1cm 깊이까지 눌러 넣는다. 발아하면 성장이 좋은 쪽을 골라서 하나만 키운다.

포트에 3~4알씩 심고 물을 듬뿍 준다.

2. 옮겨심기
본잎이 3~4장 나왔을 무렵에 한 곳에 3~4포기씩 그대로 아주심기를 한다. 흙째로 포트에서 꺼내 뿌리가 손상되지 않도록 주의하며 그대로 심는다.

모종을 포트째 물에 담가서 물을 먹인 다음, 흙째 꺼내서 옮겨 심는다. 키가 커지므로 포기 간격을 50cm로 잡는다.

3. 지주 세우기·가지치기
옮겨심기를 한 뒤 2주에 한 번씩 덧거름으로 발효 퇴비 또는 닭똥을 포기 사이에 뿌린다. 덧거름을 주는 동시에 오크라가 자라면서 쓰러지지 않도록 포기 주변에 북주기를 해주면 좋다. 열매가 생기면 바로 밑에 난 잎 1장만 남기고 그보다 밑에 난 잎은 전부 떼어내 통풍을 좋게 한다.

①② 덧거름은 두둑의 어깨 부분이나 포기 사이에 한 움큼씩 뿌린다. 동시에 괭이로 두둑 사이의 흙을 포기 주변에 쌓아 두둑을 높인다.
③ 열매 바로 밑에 난 잎만 남기고 아래쪽 잎은 전부 떼어낸다.

4. 수확
꽃이 피고 약 일주일 사이, 너무 자라서 질겨지기 전에 수확한다.

각진 오크라는 6~7cm, 둥근 오크라는 10cm 정도일 때 수확한다.

호박 pumpkin/squash

주요 품종
미소, 광명, 원생청수, 만수

밭의 준비
두둑 높이 15~20cm
두둑 간격 2m 10cm
포기 간격 60cm
퇴비 : 3.3m²당 약 10kg

윤작 연한
없음

재배 달력

재배 달력													■ 씨뿌리기 ■ 옮겨심기 ■ 수확 ⌒ 하우스·터널
1	2	3	4	5	6	7	8	9	10	11	12		

(육묘) 3~4월 씨뿌리기, 4~5월 옮겨심기, 7~8월 수확

재배 주의사항
- 지주 없이도 재배할 수 있지만 지주를 세워서 재배하는 편이 통풍이 잘되고 병충해에 강하다.
- 외잎벌레가 생겼으면 움직임이 둔한 이른 아침이나 저녁에 부지런히 잡도록 한다.

1. 씨뿌리기
씨앗을 물에 하룻밤 담가놓는다. 포트에 한 알씩 1cm 깊이에 눌러 넣고 흙을 덮은 다음 물을 듬뿍 준다. 밤에도 15℃ 이하로 내려가지 않는 곳에서 육묘한다.

지름 12cm의 포트에 한 알씩 1cm 깊이로 심는다.

2. 옮겨심기
본잎이 4~5장일 때 밭에 아주심기를 한다. 포트째 물에 담가 물을 흡수시킨 다음 포기 간격 60cm로 옮겨 심는다. 호박은 크게 자라므로 포기 간격과 두둑 간격을 충분히 확보하면서 심는다.

① 모종을 포트째 물에 담갔다가 포트에서 꺼내 흙째로 옮겨 심는다.
② 방한을 위해 잠시 동안 터널을 씌우면 좋다.

3. 지주 세우기·가지치기
덩굴을 위로 뻗게 해서 재배하면 가지치기도 수월해진다. 잎이 무성해지면 터널을 철거하고 지주를 세운다. 지주에 그물을 치고 줄기에 끈을 묶어 유인한다.

5~6마디까지 나오는 곁가지는 쳐내고 줄기를 유인한다.

4. 수확
꽃이 피고 45~50일 사이에 수확한다. 꼭지가 딱딱하게 코르크처럼 변하고 세로로 흰 선이 생기면 수확 적기다. 그대로 통풍이 잘되는 장소에 1~2개월 놔두면 추숙(追熟)이 되어 단맛이 더해진다.

꼭지가 코르크처럼 변하면 수확한다.

열매채소

오이 cucumber

주요 품종
입추반백, 춘풍청장, 참솔

밭의 준비
두둑 높이 30cm
두둑 간격 2m 10cm · 합장형은 90cm
포기 간격 60cm
퇴비 : 3.3m^{2}당 약 7~8kg

윤작 연한 2~3년

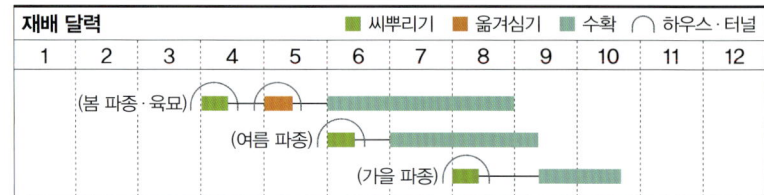

재배 주의사항
- 오이의 뿌리는 얕고 넓게 퍼지므로 옮겨서 심기 전에 퇴비를 줄 때 15~20cm 깊이로 갈아놓는다.
- 지주와 그물로 덩굴을 유인해 밑동의 통풍을 좋게 하면 병충해를 예방할 수 있다.

1. 씨뿌리기
육묘 상자에 3cm 간격의 줄을 내고 2cm 간격으로 한 알씩 심는다. 밤에도 15℃ 이하로 내려가지 않는 따뜻한 곳에 두고 육묘한다.

① 2cm 간격으로, 발아 후에 떡잎이 겹치지 않도록 일정한 방향으로 씨앗을 심는다.
② 떡잎이 나고 본잎이 나기 시작하면 한 포기씩 포트에 옮겨 심는다.

2. 옮겨심기
본잎이 5~6장이 되었으면 밭에 아주심기를 한다. 포트째 물에 담근 뒤에 포트에서 꺼내 흙째 옮겨 심는다. 두둑 간격은 합장형 지주를 세울 경우 90cm, 터널 지주일 경우 2m 10cm로 잡는다.

높은두둑에 모종을 옮겨 심고 주위에 퇴비 또는 부엽토를 덮는다.

3. 지주 세우기 · 가지치기
넓이에 따라 합장형 또는 터널형 지주를 세우고 그물을 쳐서 덩굴을 유인한다. 밑에서부터 5마디까지의 곁가지는 쳐내서 통풍을 좋게 한다. 아들덩굴, 손자덩굴은 본잎 2장을 남기고 순지르기한다.

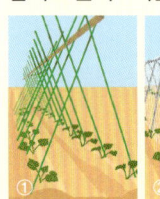 

① 합장형 : 지주 2개를 교차하고 상부에 지주를 가로지른 다음 끈으로 묶어서 고정한다.
② 터널형 : 넓은 밭에 적합하다. 아치형 지주를 세우고 그물을 친다.

4. 덧거름 주기
열매가 맺히기 시작하면 발효 퇴비 또는 닭똥을 포기 사이에 뿌려 첫 번째 덧거름을 준다. 그 후에는 2주에 한 번꼴로 덧거름을 준다.

5. 수확
길이가 20cm 정도일 때 수확한다.

아침에 수확하는 편이 싱싱하고 맛있다.

여주 bitter melon

주요 품종
원예 3301호, 원예 3302호

밭의 준비
두둑 높이 15~20cm
두둑 간격 2m 10cm
포기 간격 1m
퇴비 : 3.3m²당 약 10kg

윤작 연한 2~3년

재배 달력								■ 씨뿌리기	■ 옮겨심기	■ 수확	⌒ 하우스·터널
1	2	3	4	5	6	7	8	9	10	11	12
			(육묘)								

재배 주의사항
- 모종을 키울 때는 온도 관리에 주의하고, 기온이 높아졌으면 밭에 아주심기를 한다.
- 바람이 불어도 쓰러지지 않도록 높이가 있고 안정적인 지주를 세운다.

1. 씨뿌리기
씨앗을 천에 싸서 하룻밤 물을 먹인다. 포트에 한 알씩 깊게 심고 하우스 같은 따뜻한 장소에서 육묘한다.

부엽토를 담은 포트에 손가락 첫 마디 깊이로 심는다.

2. 옮겨심기
본잎이 5~6장일 무렵에 포기 간격 1m로 밭에 아주심기를 한다. 포트째 물에 담갔다가 물기를 털어내고 뿌리가 손상되지 않도록 주의하면서 그대로 심는다.

본잎 5~6장이 아주심기를 할 시기. 포트에서 꺼내 심는다.

3. 지주 세우기
덩굴이 자라면 지주를 세우고 그물을 친다. 덩굴이 길게 자라므로 높은 지주가 필요하다. 사진에서는 모종을 두 줄로 심고 터널형 지주를 세웠다.

덩굴손이 나오므로 그물로 유인하면 알아서 휘감기며 그물을 덮듯이 자란다.

4. 수확
수꽃이 핀 뒤 조금씩 열매가 커지며, 15~20일 뒤에는 수확할 수 있다. 열매가 잘 열리지 않을 때는 인공 수분을 하면 좋다. 열매가 무르익어 노랗게 되면 씨앗을 얻을 수 있다.

적당한 크기가 되었으면 수확한다.

열매채소

참깨 sesame

주요 품종
강안, 진율, 건백

윤작 연한 2년

밭의 준비
두둑 높이 5~10cm
줄 간격 60cm
두둑 너비 90cm
포기 간격 30cm
퇴비 : 3.3m² 당 약 7kg

재배 달력						■ 씨뿌리기		■ 옮겨심기	■ 수확	⌒ 하우스·터널	
1	2	3	4	5	6	7	8	9	10	11	12
				(직접 뿌리기)							

재배 주의사항
- 재배 시기에 여름 잡초가 많다. 멀칭을 해서 잡초를 억제하면 좋다.
- 꼬투리가 시든 뒤에 수확하지만, 수확 시기가 늦어지면 열매가 떨어져버리므로 주의한다.

1. 씨뿌리기
기온이 20℃ 이상이 되었을 때 밭에 멀치를 깔고 씨를 직접 뿌린다. 씨앗 위에 흙을 얇게 덮고 손으로 눌러 진압한다.

2. 솎아내기·순지르기
씨뿌리기를 한 뒤 약 2주 사이에 본잎이 나온다. 성장 상태를 보면서 좋은 모종을 남기고 솎아낸다. 여름이 되면 잎이 무성해지고 키도 자라므로 꽃이 폈을 무렵에 순지르기를 한다.

좋은 모종을 남기고 솎아내서 최종적으로는 한 곳에 한 포기만 자라게 한다.

3. 수확
꽃이 핀 뒤에 꼬투리가 점점 부풀면서 시든다. 꼬투리가 노랗게 되고 밑줄기의 잎이 시들면 수확 적기다. 밑동부터 베어서 여러 포기씩 묶고 2~3주 동안 건조한다. 열매를 꺼냈으면 물로 씻어 다시 건조한 다음 병에 보관한다.

제일 아래에 달린 꼬투리에서 18~20번째 마디 위에 핀 꽃을 순지르기해 열매를 알차게 만든다.

① 열매가 떨어지지 않도록 주의하며 베고, 묶은 다음 비가 들이치지 않는 곳에서 말린다.
② 막대기로 두들겨서 씨를 꺼내고 체로 찌꺼기를 선별해 제거한다.

고추 pepper

주요 품종
불립초, 자영초, 하누리

윤작 연한 3～4년

밭의 준비
두둑 높이 20～30cm
두둑 간격 60cm
포기 간격 30cm
퇴비 : 3.3m^2 당 약 10kg

재배 달력						■ 씨뿌리기		■ 옮겨심기		■ 수확	⌒ 하우스·터널
1	2	3	4	5	6	7	8	9	10	11	12
(육묘)											

재배 주의사항
- 연작 장해가 있으므로 가지과 채소와의 연작은 피하고 3～4년은 간격을 두도록 한다.
- 겨울에 씨뿌리기를 하지만 저온에 약하므로 따뜻한 장소에서 보온을 하며 육묘한다.

1. 씨뿌리기 · 육묘
하룻밤 물에 담가놓은 씨앗을 육묘 상자에 줄뿌림한다. 3cm 간격으로 파종골을 내고 1～2cm 간격으로 뿌린다. 적정 발아 온도가 25～30℃이므로 육묘 상자를 하우스의 온상에서 보온하며 키운다.

육묘 상자에서 발아시키고, 본잎이 나오면 두 포기씩 포트에 옮겨 심는다.

2. 옮겨심기
키가 15cm 정도가 될 때까지 포트에서 키운 다음 햇볕이 잘 드는 장소의 높은두둑에 아주심기를 한다.

높은두둑에 포기 간격 30cm로 아주심기를 한다. 포트의 흙이 보일 만큼 얕게 심는다.

3. 덧거름 · 곁순 따기
초여름에 꽃이 맺힐 무렵부터 2주에 한 번 발효 퇴비 또는 닭똥을 1m당 한 줌씩 뿌려서 덧거름을 준다. 키가 30～40cm가 되었으면 주가지와 기세가 좋은 곁순 2개만 남기고 다른 곁가지는 따서 통풍을 좋게 한다.

4. 수확
꽃이 핀 뒤에 녹색 열매가 맺히고, 익으면 빨개진다. 빨개졌을 때 가지째 잘라서 수확한다. 몇 개씩 묶고 거꾸로 매달아 건조한다.

① 열매가 빨개졌으면 밑동부터 베어서 몇 포기씩 묶어 매단다.
② 풋고추일 때 수확해도 좋다.

열매채소

옥수수 maize/corn

주요 품종
황금찰옥, 다안옥, 신광옥

밭의 준비
두둑 높이 5~10cm
줄 간격 70cm
포기 간격 30cm
두둑 간격 80cm
퇴비 : 3.3m^2당 약 10kg

윤작 연한 연작 장해는 거의 없다

재배 달력							■ 씨뿌리기		■ 옮겨심기	■ 수확	⌒ 하우스·터널	
1	2	3	4	5	6	7	8	9	10	11	12
		(육묘)									
			(직접 뿌리기)								

재배 주의사항
- 수분율을 높이기 위해 한 줄로 길게 심기보다 여러 줄로 심는 편이 좋다.
- 조명나방이라는 나방이 알을 낳으면 유충이 열매를 파먹으므로 수분 직후에 암꽃을 신문지로 감싸주는 것이 좋다.

1. 씨뿌리기
포트에 세 알씩 씨를 뿌리고 물을 듬뿍 준다. 밭에 직접 뿌릴 경우 한 곳에 세 알씩 심고, 키가 15cm일 때 솎아내서 한두 포기만 남긴다.

종자 소독한 씨

포트에 세 알씩, 깊이 1cm로 심는다.

2. 옮겨심기
씨뿌리기를 하고 약 3주 뒤에 키가 15cm 정도가 되었으면 아주심기를 한다. 포트에서 꺼낸 한 포기씩 나눠서 포기 간격 30cm로 옮겨 심는다.

포트째 물에 담가놓았던 모종을 포트에서 꺼낸 다음 포기를 나눠서 한 곳에 한 포기씩 심는다.

3. 덧거름·북주기
키가 20~30cm일 때 첫 번째 덧거름을 준다. 발효 퇴비 또는 닭똥을 포기 사이에 한 움큼씩 뿌리고 포기 주변에 북주기를 한다. 50~60cm가 되었을 때 똑같은 요령으로 두 번째 덧거름 주기와 북주기를 한다. 가지 끝에 수이삭, 줄기 중간에 열매가 되는 암이삭이 나왔을 때 세 번째 덧거름을 준다.

4. 수분과 열매솎기
재배 수량이 적을 때 인공 수분을 해주면 결실이 좋아진다.

줄기 위쪽에 커다란 암이삭을 하나 남기고 다른 것을 솎아내면 결실이 좋아진다. 수이삭을 떼어서 암이삭의 수염에 꽃가루를 묻혀 인공수분을 해주면 좋다.

5. 수확
이삭의 수염이 갈색이 되어 시들면 열매가 달려 있는 부분을 잘라서 수확한다.

수염이 갈색이 되면 수확한다.

토마토 tomato

주요 품종
대과 : 티와이썬
중과 : 티와이스트롱
방울 토마토 : 원홍 4호

윤작 연한 3~4년

밭의 준비
두둑 높이 30cm
두둑 간격 1m 20cm
포기 간격 50cm
퇴비 없음

재배 달력

	1	2	3	4	5	6	7	8	9	10	11	12
			■ 씨뿌리기		■ 옮겨심기		■ 수확			⌒ 하우스·터널		
(육묘)			━		■							

재배 주의사항

- 남아메리카 안데스 고원이 원산지라서 고온 다습한 기후에 약하다. 물 빠짐이 좋은 높은두둑을 만들어 키운다.
- 가지과 작물은 연작하지 않는다.
- 해충을 불러 모으지 않도록 감자 근처에 심지 않는다.

1. 씨뿌리기·육묘

육묘 상자에 3cm 간격으로 파종골을 내고 1~2cm 간격으로 씨를 뿌린다. 떡잎이 전부 나왔으면 발육이 좋은 것을 골라서 한 포기씩 포트에 옮겨 심는다.

토마토의 씨

포트에 옮겨 심을 때는 뿌리가 손상되지 않도록 파내서 부엽토를 담은 포트에 심고 물을 준다.

2. 옮겨심기·지주 세우기

본잎이 8~9장 나오고 첫 꽃이 피면 아주심기를 할 시기다. 모종을 포트에서 꺼내 포기 간격 50cm로 옮겨 심는다. 바람의 방향에 맞춰서 비스듬하게 심는다. 두 줄로 심었을 경우, 두 밭두둑을 걸치듯이 합장형 지주를 세우면 좋다.

지주 2개를 위쪽에서 교차하고 그 위에 자주를 가로질러 묶으면 강풍에도 쓰러지지 않는다.

3. 옮겨 심은 후의 관리

토마토는 주가지 하나만을 키우기 때문에 그림처럼 곁순을 딴다. 열매가 커지면 첫 번째 덧거름을 주고, 그 후에도 2주에 한 번꼴로 덧거름을 준다. 6월 말경에 짚이나 베어낸 풀로 멀칭을 해서 건조를 막고, 잡초와 진흙으로부터 지켜주면 좋다.

주가지 하나만을 키우기 때문에 곁순은 그림처럼 전부 딴다. 꽃이 5~6송이 피면 주가지를 순지르기한다.

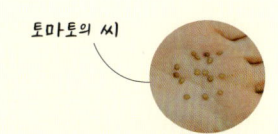

순지르기
곁순을 딴다

4. 수확

열매가 빨갛게 익으면 색깔이 진한 것부터 순서대로 수확한다. 수확을 했으면 줄기가 열매를 손상시키지 않도록 꼭지를 최대한 짧게 자른다.

열매채소

가지 eggplant

주요 품종
쇠뿔가지, 흑산호, 가락장가지

윤작 연한 3년

밭의 준비
두둑 높이 20cm
두둑 간격 2m
포기 간격 60cm
퇴비 : 3.3m²당 10kg 이상

재배 달력 ■ 씨뿌리기 ■ 옮겨심기 ■ 수확 ⌒ 하우스·터널

1	2	3	4	5	6	7	8	9	10	11	12
(육묘)	■			■		■	■	■	■		

재배 주의사항
- 겨울에 씨뿌리기를 해서 아주심기를 할 때까지 따뜻한 장소에 두고 육묘한다.
- 비료를 좋아하므로 수량을 늘리고 싶다면 비료를 끊임없이 준다.
- 여름철에는 물주기를 겸해서 물거름을 덧거름으로 사용하는 것도 좋다.

1. 씨뿌리기
육묘 상자에 3cm 간격으로 파종홈을 내고 1~2cm 간격으로 줄뿌리기를 한다. 본잎이 1~2장 났을 때 한 포기씩 포트에 옮겨 심는다.

포트에 옮겨 심은 뒤에도 봄에 옮겨 심을 때까지 하우스 같은 따뜻한 환경에서 키운다.

2. 옮겨심기
본잎이 8~9장까지 자란 모종을 높은두둑에 포기 간격 60cm로 옮겨 심는다.

충분히 물을 먹인 다음 옮겨 심고, 포기 주변에 퇴비를 뿌린 뒤에 멀칭을 하면 좋다.

3. 지주 세우기·가지치기·덧거름
줄기 옆에 지주를 하나 세우고 8자로 끈을 묶어 연결한다. 첫 번째 꽃이 생기면 줄기를 알차게 하기 위해 지주 2개를 V자로 꽂아 삼각형을 만든다. 덧거름은 아주심기를 한 지 20~25일 후부터 2주에 한 번 발효 퇴비나 닭똥을 뿌려준다.

곁가지 2개를 고르고 그 밖에 첫 번째 꽃보다 아래쪽에 있는 곁가지는 쳐낸다.

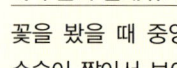

4. 수분과 열매솎기
꽃을 봤을 때 중앙의 수술이 짧아서 보이지 않으면 비료의 양을 늘린다. 열매가 맺히면 크기를 보고 수확한다.

5. 갱신 가지치기
8월 초순에 갱신 가지치기를 하면 가을까지 오랫동안 수확할 수 있다.

잎을 1~2장만 남긴 채 가지를 자르고, 포기 주변에 삽을 박아 뿌리를 자른다. 그런 다음 덧거름과 물을 충분히 준다.

피망 bell pepper

주요 품종
월계관, 에이스, 골든서머

윤작 연한 3~4년

밭의 준비
두둑 높이 20~30cm
두둑 간격 80cm~1m
포기 간격 60cm
퇴비 : 3.3m²당 약 10kg

재배 달력						■ 씨뿌리기 ■ 옮겨심기 ■ 수확 ⌒ 하우스·터널					
1	2	3	4	5	6	7	8	9	10	11	12

(육묘)

재배 주의사항
- 피망은 온도 관리에 주의하면서 육묘한다.
- 습기와 건조에 약하기 때문에 물이 잘 빠지는 높은두둑에서 키운다.
- 정기적으로 덧거름을 준다.

1. 씨뿌리기
씨앗을 하룻밤 물에 담가놓았다가 육묘 상자에 3cm 폭, 1~2cm 간격으로 줄뿌림한다. 따뜻한 장소에서 육묘한다.

육묘 상자에 씨앗을 줄뿌리기 하고, 본잎이 2장일 때 포트에 옮겨 심는다.

2. 옮겨심기
본잎이 6~7장일 때 아주심기를 한다. 포트째 물에 담가 물을 먹인 다음 물기를 털어내고 옮겨 심는다.

포트에서 꺼내 흙이 무너지지 않도록 조심하며 얕게 심는다. 포기 주변에 퇴비를 듬뿍 뿌린다.

3. 지주 세우기·가지치기
줄기가 약하므로 바람에 쓰러지지 않도록 아주심기를 했을 때 지주를 세워놓는다. 포기 주변에 짚이나 풀로 멀칭을 해서 건조를 막는다. 덧거름은 장마철부터 2주에 한 번씩 포기 주변에 뿌린다.

지주 높이는 90cm로 한다. 지주를 가로질러 보강하면 좋다.

4. 가지치기
성장 상태를 봐서 주가지 하나와 곁가지 3개를 선택하고 다른 곁가지는 제거한다. 그 후에도 무성한 부분은 가는 곁가지를 쳐낸다.

주가지와 곁가지 2~3개를 남기고 쳐낸다.

5. 수확
꽃이 피고 15~20일 후가 수확 적기다. 처음에는 작을 때 따는 편이 오랫동안 수확할 수 있다.

적당한 크기일 때 수확한다.(사진은 단고추)

잎채소

양배추 cabbage

주요 품종
대박나, 조선팔도, 윈스톰

밭의 준비
두둑 높이 5~10cm
두둑 간격 80cm
포기 간격 30~45cm
퇴비 : 3.3m^2당 약 10kg

윤작 연한 2~3년

재배 달력												■ 씨뿌리기　■ 옮겨심기　■ 수확　◠ 하우스·터널
1	2	3	4	5	6	7	8	9	10	11	12	

(봄 파종)
(여름 파종)

재배 주의사항
- 계절마다 재배할 수 있지만, 봄 파종의 경우 플라스틱 상자로 보온을 하고 여름 파종의 경우는 통풍이 잘되는 높은 선반에 두는 등 육묘 관리가 중요하다.
- 배추벌레가 생기므로 한랭사로 터널을 씌워 방지하고, 해충을 발견하면 제거한다.

1. 씨뿌리기
육묘 상자에 씨를 줄뿌리기하고, 본잎이 나오면 포트에 옮겨 심는다. 적정 발아 온도는 15~30℃이므로 봄 파종을 하는 모종은 하우스나 온상 등에서 보온한다.

육묘 상자에 씨를 뿌리고, 본잎이 나왔을 때 한두 포기씩 포트에 옮겨 심는다.

2. 옮겨심기·터널 만들기
본잎이 5~6장 나온 모종을 포트에서 꺼내 한 포기씩 나눈다. 퇴비를 많이 뿌린 밭에 아주심기를 한다. 계절에 따라 터널을 만들고 한랭사를 씌우거나 멀칭을 한다.

① 조생종 30~40cm, 중만생종 40~45cm의 포기 간격으로 옮겨 심는다.
② 옮겨 심은 뒤에는 터널을 씌운다. 퇴비나 부엽토로 포기 주변에 멀칭을 하면 해충이나 추위를 막는다.

3. 사이갈이·덧거름
아주심기를 한 지 2주 후에 두둑 사이를 사이갈이하고, 발효 퇴비 또는 닭똥을 덧거름으로 준다. 상태를 보고 성장이 느린 것 같으면 두 번째 덧거름을 줘도 좋다.

4. 수확
커졌으면 손으로 만져서 잎의 말림 정도를 확인한다. 단단하게 말렸으면 밑동을 식칼로 잘라 수확한다. 수확 적기를 놓치면 양배추가 안쪽에서부터 쪼개져 썩기 쉬우므로 일찌감치 수확한다.

지저분한 겉잎을 누르고 밑동에 식칼을 넣어 자른다. 겉잎이 벌레를 먹었더라도 중앙이 단단히 말려 있으면 상관없다.

공심채 water spinach

주요 품종
품종 분화 없음, 나팔꽃나물이라고 불림

밭의 준비
두둑 높이 5~10cm
두둑 너비 60cm
포기 간격 60cm
퇴비 : 3.3m^{2}당 약 10kg

| 윤작 연한 | 없음 |

| 재배 달력 | ■ 씨뿌리기 ■ 옮겨심기 ■ 수확 ⌒ 하우스·터널 |

1	2	3	4	5	6	7	8	9	10	11	12
			(육묘)								
			(직접 뿌리기)								

재배 주의사항

- 잎채소가 적은 여름부터 수확할 수 있다. 연작 장해가 별로 없어 윤작에 도입하기 좋아서 유기 재배에도 추천한다.
- 줄기와 가지가 자라 포기가 커지므로 포기 간격을 60cm로 잡는다.

1. 씨뿌리기

씨앗은 천으로 감싸서 하룻밤 물을 먹여 놓는다. 포트에 씨를 뿌려 본잎이 4~5장 나올 때까지 키운다. 밭에 직접 씨를 뿌릴 경우 포기 간격 60cm로 한 곳에 세 알씩 심고 도중에 솎아내 한 포기만 남긴다.

① 포트에 세 알씩 손가락 첫째 마디 깊이까지 눌러서 심는다.
② 본잎 1~2장일 때 좋은 모종을 골라 남기고 나머지는 솎아낸다.

2. 옮겨심기

잡초가 많은 시기이므로 멀칭을 권한다. 모종을 물에 담갔다가 포기 간격 60cm로 아주심기한다.

본잎이 4~5장인 모종을 한 포기씩 아주심기한다. 포기 주변에 흙을 덮고 눌러준다.

3. 덧거름

키가 15cm일 때 첫 번째 덧거름을 준다. 발효 퇴비나 닭똥을 멀치 바깥쪽의 두둑 사이에 1m당 한 줌씩 뿌린다.

4. 수확

키가 30cm일 때 순지르기를 겸해 수확한다. 주가지를 아래쪽의 잎 2~3장을 남기고 자른다. 순지르기를 하면 곁순이 잘 생긴다. 2주에 한 번 덧거름을 주면서 곁순을 잘라 수확한다.

① 곁순이 잇달아 나온 부분을 15~20cm 길이일 때 잘라 수확한다.
② 아래쪽 잎을 남기고 주가지를 잘라 수확한다.

잎채소

소송채 komatsuna/japanese mustard spinach

주요 품종
미코마나, 송송이 2호

윤작 연한 1~2년

밭의 준비
두둑 높이 5~10cm
두둑 너비 60~80cm
줄 간격 20cm
퇴비 : 3.3m^2당 약 10kg

재배 달력													씨뿌리기	옮겨심기	수확	하우스·터널
1	2	3	4	5	6	7	8	9	10	11	12

(봄 파종) / (가을 파종)

재배 주의사항
- 가을 또는 9월 하순부터 시작해 열흘에서 2주 간격으로 3~4회 씨뿌리기를 해서 재배하면 오랫동안 수확할 수 있다.
- 곧은뿌리여서 옮겨심기에 약하니 육묘를 하지 않고 밭에 직접 뿌린다.

1. 씨뿌리기
평상두둑을 만들고 씨를 줄뿌림한다. 2cm 간격으로 줄뿌리기를 하면 나중에 속아내기를 하지 않고 그대로 키울 수 있다. 적정 발아 온도는 15~30℃이므로 추워진 뒤에 씨를 뿌릴 경우 위에 한랭사를 덮는다.

① 폭 60cm의 두둑에 20cm의 파종골을 내고 2cm 간격으로 씨앗을 줄뿌림한다.
② 씨를 뿌리고 그 위에 가볍게 닭똥을 뿌린다.
③ 가볍게 흙을 덮고 괭이로 진압한다.

2. 덧거름 주기
키가 5cm일 무렵에 덧거름을 준다. 한 줄씩 건너뛰며 줄 사이에 발효 퇴비 또는 닭똥을 한 움큼 뿌린다.

첫 줄과 둘째 둘, 셋째 줄과 넷째 줄 사이에 덧거름을 준다.

3. 추위 대책
겨울 서리를 맞으면 추위를 견디기 위해 당을 비축하기 때문에 맛이 좋아진다. 봄까지 수확하고 싶을 경우, 서리가 내릴 무렵에 터널을 만들고 한랭사를 덮어준다.

4. 수확
품종에 따라 다르지만 키가 20~30cm 정도일 때가 수확 적기다. 밑동을 뽑아서 수확한다.

포기의 아랫부분을 잡고 그대로 뽑아 수확한다.

양파 onion

주요 품종
화이트원, 스윗트그린, 영풍황

윤작 연한 없음

밭의 준비
두둑 높이 5~10cm
두둑 너비 1m 20cm
줄 간격 20cm
포기 간격 20cm
퇴비 : 3.3m^{2}당 약 5~10kg

재배 달력								■ 씨뿌리기		■ 옮겨심기	■ 수확	⌒ 하우스·터널
1	2	3	4	5	6	7	8	9	10	11	12
							(직접 뿌리기)				

재배 주의사항
- 수확까지 걸리는 시간이 길다. 잡초 대책으로 멀치를 이용하면 좋다.
- 종이 멀치일 경우 위에, 비닐 멀치일 경우 두둑의 바깥쪽에 덧거름을 준다. 덧거름은 2월까지만 준다.

1. 씨뿌리기
밭에 파종골을 내고 씨앗을 직접 뿌려서 모종을 키운다. 비료로 닭똥과 왕겨를 사용하면 좋은데, 모종이 건조해지는 것도 방지해준다.

① 20cm 간격의 파종골에 1cm 간격으로 씨를 뿌리고 위에 닭똥을 가볍게 덮어준다.
② 여기에 왕겨를 뿌리고 괭이로 진압한다.

2. 옮겨심기
씨뿌리기를 하고 약 2주 후면 발아한다. 모종이 굵기 6mm, 키 23~25cm 정도일 때가 옮겨심기의 적기다. 모종을 파내서 한 포기씩 나눈다. 밭에 종이 멀치를 깔고 포기 간격 20cm로 모종을 심는다.

뿌리가 파묻힐 정도의 깊이로 한 포기씩 옮겨 심는다.

3. 덧거름·추위 대책
12월이 되면 종이 멀치 위로 포기 주변에 퇴비를 뿌려준다. 멀치가 날아가는 것을 방지하는 동시에 덧거름이 되며 방한 대책도 된다. 지력(땅심)이 약해졌으면 2월 말까지 한 번 더 덧거름을 준다.

4. 수확
5월이 되면 알이 커져 윗부분이 보이기 시작한다. 하순 이후에 수확해 밭에서 말리고, 매달아서 저장한다.

① 잎이 꺾이면 수확 적기다. 밭에서 3일을 말린다.
② 줄기를 묶고 매달아서 말린다.

잎채소

파 welsh onion/leek

주요 품종
여명, 원예27005, 흑성외대파, 금장외대파, 가하군

윤작 연한 1~2년

밭의 준비
옮겨심기의 깊이 10~15cm
두둑 너비 80cm~1m
포기 간격 7~8cm
퇴비 : 3.3m²당 약 10kg

재배 달력								씨뿌리기	옮겨심기	수확	하우스·터널	
1	2	3	4	5	6	7	8	9	10	11	12
		(봄 파종)					(가을 파종)				
		포기 나누기(분얼파)									

재배 주의사항
- 밭에서 육묘한 다음 옮겨 심고, 반숙 퇴비나 짚을 덮어주면 병충해를 예방할 수 있다.
- 북주기를 충분히 해서 연백 부분을 길게 늘린다.
- 외대파와 분얼파(잎파)가 있으며, 분얼파는 포기 간격을 넓게 잡는다.

1. 씨뿌리기
밭에 20cm 간격으로 파종골을 내고 1, 2cm 간격으로 줄뿌리기를 한다. 발아하면 밀집되어 있는 부분을 솎아내고 키가 20cm가 될 때까지 모종을 키운다.

씨를 줄뿌리기하고 그 위에 왕겨나 왕겨 훈탄을 뿌린 다음, 괭이로 진압해 발아를 촉진한다.

2. 옮겨심기
퇴비를 주고 간 밭에 깊이 10~15cm의 파종골을 파고 모종을 한 포기씩 심는다. 두둑에 모종을 심었으면 포기 주변을 반숙 퇴비 또는 짚으로 덮는다. 포기 주변의 통기성을 좋게 하면 병충해를 예방하고 모종이 쓰러지는 것을 방지할 수 있다.

파낸 골에 모종을 기대어 세우듯이 포기 간격 7~8cm로 심는다.

3. 덧거름·북주기
아주심기를 한 지 1개월 뒤에 포기 주변에 덧거름을 주고, 그 뒤에 얇게 흙을 덮듯이 북주기를 한다. 북주기를 하면 흙 속의 연백 부분이 길어진다. 1개월 뒤, 줄 사이에 발효 퇴비를 1m당 한 움큼씩 뿌린 다음 두 번째 북주기를 한다.

① 덧거름과 북주기는 동시에 한다. 성장에 맞춰서 세 번째, 네 번째도 한다.
② 파의 분얼 부분은 성장점이기도 하므로 분얼점이 파묻히지 않도록 북주기를 한다.

4. 수확
녹색 잎의 성장이 멈추고 약 40일 뒤가 수확 적기다. 포기 주변의 흙을 조금 파내고 잡아당겨서 뿌리째 뽑는다.

배추 chinese cabbage/napa cabbage

주요 품종
원교 20047호, 원교 20046호

윤작 연한
2~3년

밭의 준비
두둑 높이 5~10cm
두둑 간격 80cm
포기 간격 50cm
퇴비 : 3.3m² 당 약 12kg

재배 달력

재배 달력													씨뿌리기	옮겨심기	수확	하우스·터널
1	2	3	4	5	6	7	8	9	10	11	12					

(육묘〈가을 파종〉)

(직접 뿌리기〈가을 파종〉)

재배 주의사항
- 가을 파종은 시기가 너무 이르면 병충해에 약하고, 너무 늦으면 잎이 결구되지 않기 때문에 씨뿌리기를 하는 시기가 중요하다.
- 밑거름을 많이 주고 덧거름도 3번 준다.
- 모종이 크는 동안에는 터널을 만들고 한랭사를 덮어서 해충을 막는다.

1. 씨뿌리기
육묘 상자에 3cm 폭의 파종골을 내고 씨를 줄뿌림한다. 떡잎이 나면 한 포기씩 포트에 옮겨 심고 본잎이 4~5장 날 때까지 키운다.

배추의 씨앗

육묘 상자에서 모종이 발아하면 조심스럽게 파내 한 포기씩 포트에 심는다.

2. 옮겨심기
연작 장해가 발생하기 쉬우므로 아주심기를 할 때는 전해에 유채과 채소를 재배하지 않은 밭을 고른다. 퇴비를 주고 갈아놓는다. 물에 담가놓은 모종을 포기 간격 50cm로 아주심기한다.

직접 뿌리기를 할 경우 9월 초순 정도에 밭에 줄뿌리기를 한다. 씨뿌리기를 한 뒤에는 좁은가슴잎벌레 등의 벌레를 막기 위해 터널을 만들고 한랭사를 덮어놓는다. 발아 후에는 조금씩 솎아내며 키운다.

3. 덧거름 주기
아주심기를 한 뒤 2주 후에 첫 번째 덧거름을 준다. 두둑의 어깨 부분에 닭똥을 뿌리고 사이갈이를 한다. 사이갈이는 두둑의 제초 효과도 있다. 그로부터 20일 뒤에 반대쪽 두둑의 어깨에도 역시 덧거름을 주고 북주기를 하며, 세 번째에는 덧거름만 준다.

아주심기를 하고 2주 뒤부터 총 3번의 덧거름 주기와 사이갈이를 한다.

4. 수확
10월경부터 조금씩 잎이 말리기 시작하며, 11월경에는 더욱 커지면서 잎이 확실히 말린다. 만져봤을 때 잎이 단단히 말린 것부터 수확한다.

12월 이후에는 결구 부분을 감싸듯이 짚으로 묶어주면 서리 피해를 받지 않고 밭에서 보존할 수 있다.

잎채소

브로콜리 broccoli

주요 품종
녹제, 녹령, 코멧트, 보나자

밭의 준비
두둑 높이 5~10cm
두둑 간격 75cm
포기 간격 40~50cm
퇴비 : 3.3m²당 약 10kg

윤작 연한 2~3년

재배 달력						■ 씨뿌리기 ■ 옮겨심기 ■ 수확 ⌒ 하우스·터널					
1	2	3	4	5	6	7	8	9	10	11	12
	(육묘〈봄 파종〉)										
						(육묘〈여름 파종〉)					

재배 주의사항
- 봄 파종은 모종을 크게 키우며, 밭에 아주심기를 한 뒤에는 터널을 만들고 한랭사를 씌워서 해충을 막는다.
- 동반 작물로 상추와 함께 심으면 도둑나방이나 배추흰나비가 기피하는 효과가 있다.

1. 씨뿌리기
육묘 상자에 3cm 폭으로 줄뿌리기를 한다. 본잎이 나왔으면 한두 포기씩 포트에 옮겨 심는다. 봄 파종일 경우 밤에도 15℃ 이하가 되지 않도록 따뜻한 장소에서 육묘한다. 여름 파종이라면 통풍이 잘되도록 높은 선반에 놓고 한랭사를 씌워서 해충이 달라붙지 못하게 한다.

모종을 포트에 옮겨 심은 뒤에도 온도 관리에 주의한다.

2. 옮겨심기
여름 파종이라면 본잎 5~6장, 봄 파종이라면 6~7장까지 키운다. 모종을 포트째 물에 담가 물을 먹인 다음 물기를 털어낸다. 포트에서 꺼내 한 포기씩 아주심기를 한다. 모종을 깊지 않게 심는 것이 비결이다.

흙이 무너지지 않도록 주의하며 한 포기씩 나눠서 포기 간격 40~50cm로 아주심기를 한다.

3. 덧거름 주기
아주심기를 하고 열흘 후에 첫 번째 덧거름을 준다. 발효 퇴비 또는 닭똥, 물거름 등을 두둑의 어깨 쪽에 뿌리고 사이갈이를 한다. 본잎이 15장일 무렵에 두 번째 덧거름을 준다.

잎이 우거졌을 무렵에 두 번째 덧거름을 준다.

4. 수확
주가지 위로 꽃봉오리가 나온다. 꽃봉오리가 지름 10cm 이상이 되었을 때 잘라내 수확한다.

커진 꽃봉오리를 잘라서 수확한다. 끝꽃봉오리를 따낸 뒤에 나오는 곁꽃봉오리도 수확할 수 있다.

시금치 spinach

주요 품종
우성, 풍성, 그랑프리, 블랙홀스

밭의 준비
두둑 높이 5~10cm
두둑 너비 1m
줄 간격 20cm
퇴비 : 3.3m²당 약 10kg

윤작 연한	1년

재배 달력	■ 씨뿌리기 ■ 옮겨심기 ■ 수확 ◠ 하우스·터널
1 2 3 4 5 6 7 8 9 10 11 12	

(육묘〈가을 파종〉)
(육묘〈늦가을 파종〉)

재배 주의사항

- 산성 토양과는 궁합이 맞지 않으므로 완숙 비료를 뿌려서 pH 6~6.8 정도의 중성 흙으로 만든다.
- 9월부터 11월까지 시차를 두고 씨뿌리기를 하면 오랫동안 수확이 가능하다. 늦가을 파종의 경우, 씨뿌리기를 한 뒤에 한랭사를 그대로 덮어주면 좋다.

1. 씨뿌리기

중성 흙을 만들기 위해 밭에 퇴비를 듬뿍 뿌리고 갈아놓는다. 줄 간격 20cm로 파종골을 내고 골 10cm당 5~6알 정도가 되도록 씨앗을 줄뿌림한다. 씨앗 위에 퇴비 또는 부엽토를 얇게 뿌리고 괭이로 가볍게 눌러 진압한다.

줄 간격 20cm로 줄뿌리기한 모습. 약 일주일 후에 발아한다.

2. 솎아내기

본잎이 1장 나왔을 무렵, 첫 번째 솎아내기를 해서 모종 사이의 간격이 손가락 2개 정도가 되게 한다. 모종의 키가 7~8cm일 때, 두 번째 솎아내기를 한다. 이때 모종 사이의 간격은 손가락 3개 정도다.

본잎이 1~2장 나왔을 무렵. 이때 첫 번째 솎아내기를 한다.

3. 덧거름 주기

두 번째 솎아내기를 한 뒤에 덧거름을 준다. 발효 퇴비나 닭똥을 1m당 한 움큼씩 첫 번째 줄과 두 번째 줄, 세 번째 줄과 네 번째 줄 사이에 뿌린다.

두 번째 솎아내기를 한 시기. 한 줄씩 건너뛰며 덧거름을 준다.

4. 수확

가을 파종은 11월 하순경, 늦가을 파종은 1월 이후에 수확기를 맞이한다. 키 20~25cm가 수확의 기준인데, 땅심이 좋은 밭이라면 35cm 정도가 되어도 연하고 맛있다. 밑동을 조금 파고 뽑아서 수확한다.

밑동을 파서 수확한다.

잎채소

경수채 potherb mustard

주요 품종
레드굿, 센트럴레드, 케이엔9001

윤작 연한 1~2년

밭의 준비
두둑 높이 5~10cm
두둑 간격 60cm
포기 간격 30cm
퇴비 : 3.3m^{2}당 약 10kg

재배 달력 ■ 씨뿌리기 ■ 옮겨심기 ■ 수확 ⌒ 하우스·터널

1	2	3	4	5	6	7	8	9	10	11	12

(육묘〈직접 뿌리기〉)

재배 주의사항
- 땅심이 약하면 성장이 나빠진다. 완숙 퇴비를 듬뿍 주고 갈아놓자. 덧거름도 주면 좋다.
- 병충해가 잘 생기지 않으므로 모종을 키우지 않고 밭에 직접 뿌려도 된다.

1. 씨뿌리기
이 작물은 일본의 특산종으로, 줄기가 가는 조생종도 있다. 육묘 상자에 용토를 담고 3cm 폭의 파종골을 낸 다음 1~2cm 간격으로 줄뿌림한다. 본잎이 나왔으면 뿌리가 손상되지 않도록 한 포기씩 파내서 포트에 옮겨 심는다.

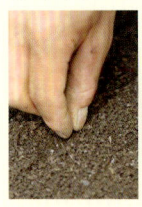 

육묘 상자에 줄뿌리기를 한다. 본잎이 나왔으면 파내서 포트에 한두 포기씩 심는다.

2. 옮겨심기
모종을 본잎이 4~5장 나올 때까지 키운다. 모종은 포트째 물에 담가 물을 먹인 다음 물기를 털어낸다. 퇴비를 줘서 준비한 밭에 한 포기씩 아주심기를 한다. 한 포기가 넓게 퍼지므로 포기 간격은 30cm로 잡는다.

본잎이 4~5장이 되었을 무렵에 아주심기를 한다. 한 포기씩 나눠서 옮겨 심는다.

3. 덧거름·사이갈이
키가 20cm 정도로 자라면 덧거름을 준다. 두둑 사이에 발효 퇴비 또는 닭똥을 뿌리고, 동시에 제초를 겸해 두둑 사이를 사이갈이한다.

4. 수확
11월 하순 이후 키가 30cm 정도인 것부터 수확한다. 밑동을 찾아서 통째로 뽑아 수확한다. 추위에 강하기 때문에 대개 3월 하순까지 수확할 수 있다.

상추 lettuce

주요 품종
미선, 썬레드버터, 고흥, 장수

밭의 준비
두둑 높이 5~10cm
두둑 간격 60cm
포기 간격 30cm
퇴비 : 3.3m² 당 약 10kg

윤작 연한 2~3년

재배 달력						씨뿌리기	옮겨심기	수확	하우스·터널		
1	2	3	4	5	6	7	8	9	10	11	12

(육묘〈봄 파종 ①〉)
(육묘〈봄 파종 ②〉)
(육묘〈여름 파종〉)

재배 주의사항

- 봄 파종, 여름 파종이 가능하다. 여름 파종의 경우, 고온에서는 씨앗이 휴면하므로 씨앗을 차갑게 해서 휴면에서 씨앗을 깨운 후 뿌린다.
- 비료가 부족하면 잎이 잘 말리지 않을 수가 있다. 밑거름을 많이 주고 갈아놓는다.

1. 씨뿌리기

상추의 씨앗은 25℃ 이상이 되면 휴면해 잘 발아하지 않는다. 봄 파종의 경우 그대로 뿌리면 되지만 여름 파종이라면 씨뿌리기를 하기 전에 씨앗을 일단 차갑게 해두면 좋다. 물에 적셔서 냉장고에 넣어둔다.

육묘 상자에 3cm 폭의 파종골을 내고 씨앗을 1~2cm 간격으로 줄뿌림한다. 일주일 정도가 지나면 발아한다. 본잎이 나오면 한두 포기씩 포트에 옮겨 심는다. 본잎이 5~6장이 될 때까지 포트에서 키운다.

씨를 천으로 싸서 물에 담가 하룻밤 동안 물을 먹인 다음 냉장고의 채소칸에서 40시간 동안 식힌다.

본잎이 나온 모종을 포트에 옮겨 심는다.

2. 옮겨심기

상추는 비료를 좋아하므로 아주심기를 하기 약 2주 전에 밭에 퇴비를 듬뿍 줘서 준비한다. 또 상추는 고온에 약하므로 여름 파종의 경우 서늘한 저녁 시간대에 아주심기를 하면 좋다.

본잎이 5~6장인 모종을 포트째 물을 먹인 다음, 30cm 간격으로 아주심기한다.

3. 덧거름

아주심기를 하고 2주 뒤에 덧거름으로 발효 퇴비 또는 닭똥을 두둑 사이에 뿌린다.

덧거름을 줄 시기. 안쪽부터 잎이 말리기 시작한다.

4. 수확

밭에 옮겨 심은 지 50~60일이 지나면 수확한다. 위에서 눌러봤을 때 단단해진 것을 먼저 수확한다.

잎채소

허브류 herb

허브를 씨앗부터 재배할 경우 3~4월경의 봄 파종 또는 6~7월경의 여름 파종으로 재배한다. 모종부터 키우면 성공률이 높다.

고수 coriander

- 빈대풀, 샹차이(향채)라고도 부르며, 다양한 나라의 요리에 사용된다. 개화 후에 수확한 종자는 향신료가 된다.

1. 씨뿌리기・옮겨심기

씨앗을 육묘 상자에 줄뿌림하고, 떡잎이 나오면 한 포기씩 파내서 포트에 옮겨 심는다. 본잎이 4~5장이 될 때까지 포트에서 키웠으면 밭에 포기 간격 30cm로 아주심기한다.

2. 덧거름・수확

아주심기를 하고 2주 후에 소량의 닭똥 또는 유채 깻묵을 덧거름으로 준다. 키가 20cm 정도일 때 어린잎을 따서 수확한다. 초여름에 핀 꽃이 시든 뒤에 맺힌 열매를 건조하면 향신료로 사용할 수 있다.

차조기 perilla

- 약간 응달에 습기가 있는 장소에서도 재배가 가능하다. 꽃봉오리나 그 후에 맺히는 열매는 양념으로 쓰거나 간장에 절여 먹으면 좋다.

1. 씨뿌리기・옮겨심기・덧거름

4월 이후 기온이 20℃ 이상이 된 뒤에 육묘 상자에 줄뿌리기를 한다. 본잎이 나오면 포트에 옮겨 심고, 본잎이 4~5장이 될 때까지 키운다. 키가 15cm가 되었을 때 발효 퇴비와 닭똥, 유채 깻묵 중 하나를 두둑 사이에 뿌린다.

2. 수확

본줄기의 잎이 10장 이상 우거졌으면 큰 것부터 가위로 1장씩 잘라서 수확한다. 향을 유지하기 위해서는 잎을 손으로 만지지 말고 줄기를 잡는 것이 좋다.

바질 basil

- 생잎이 토마토와 잘 어울리는 허브다. 장 기능 회복, 식욕 증진 효과도 있다. 더위에 강하기 때문에 5월 이후 기온이 올라간 뒤에 밭에 아주심기를 한다.

1. 씨뿌리기 · 옮겨심기
씨는 줄뿌리기를 하고, 본잎이 나오면 포트에 옮겨 심는다. 본잎이 4~5장이 되고 5월 이후 기온이 높아지면 밭에 아주심기를 한다. 아주심기를 하고 열흘 후부터 2주에 한 번씩 발효 퇴비나 닭똥을 덧거름으로 주면 좋다.

2. 덧거름 · 수확
키가 15~20cm 정도로 자라면 수확을 겸해 끝부분을 따낸다. 꽃이 피면 잎이 질겨지므로 봉오리가 생기면 따내서 잎의 성장을 유지하는 것이 좋다.

파슬리 parsley

- 약간 응달인 곳에서도 쉽게 재배할 수 있다. 밭에 아주심기를 하면 키가 30cm 이상 자라며, 11월경까지 잎을 수확할 수 있다.

1. 씨뿌리기 · 옮겨심기
씨앗을 포트에 뿌리고 본잎이 4~5장이 될 때까지 키운 다음, 밭에 포기 간격 30cm로 한 포기씩 아주심기한다. 마르거나 진흙이 튀는 것을 방지하기 위해 멀칭을 한 후에 아주심기를 하면 좋다. 열흘 후부터 2주에 한 번씩 발효 퇴비나 닭똥을 덧거름으로 준다. 봄과 가을에는 호랑나비 유충이 생기기 쉬우니 주의한다.

2. 덧거름 · 수확
본잎이 12장 이상이 되어 잎이 오그라들면 끝부분을 꺾어서 수확한다.

로즈메리 rosemary

- 꿀풀과의 다년생 관목으로, 뿌리를 내린 뒤에는 1년 내내 수확할 수 있다. 고기 요리의 냄새를 없앨 때 사용한다.

1. 씨뿌리기 · 옮겨심기
씨앗을 줄뿌림해서 육묘한다. 본잎이 나면 포트에 옮겨 심는다. 커다란 줄기에서 가지를 잘라 꺾꽂이로 모종을 만들 수도 있다. 포기 간격 30cm 이상으로 한 포기씩 아주심기를 한다.

2. 덧거름 · 수확
아주심기를 하고 2~3주 뒤에 발효 퇴비나 유채 깻묵을 가볍게 뿌리고 사이갈이를 한다. 9월경부터 끝부분 10~15cm를 잘라 수확한다. 다년초로 키울 수 있지만 습기에 약해 시들기 쉽다. 따라서 여름철에는 수확을 겸해 순지르기를 해주면 좋다.

뿌리채소

순무 turnip

주요 품종
강화 순무, 개량 강화 순무

밭의 준비
두둑 높이 5~10cm
두둑 너비 60cm
줄 간격 20cm
퇴비 : 3.3m² 당 약 10kg

윤작 연한 1년

재배 주의사항
- 봄과 가을에 여러 번 씨뿌리기를 할 수 있으므로 적기일 때 수차례 씨를 뿌리면 오랫동안 수확할 수 있다.
- 추위가 심한 초봄이나 늦가을에 파종할 경우, 터널을 만들어서 보온하며 재배한다.

1. 씨뿌리기

밭에 줄 간격 20cm의 파종골을 내고 직접 뿌린다. 10cm당 5~6알이 되도록 줄뿌리기를 하고, 그 위에 닭똥 또는 왕겨 훈탄을 얇게 뿌린 다음 괭이로 눌러서 진압한다. 봄 파종의 경우 씨뿌리기를 한 뒤에 한랭사를 그대로 덮어주면 진딧물을 막을 수 있어 좋다.

2. 솎아내기

본잎이 나오면 포기 간격이 손가락 2개 정도가 되도록 첫 번째 솎아내기를 한다. 본잎이 3장일 때 두 번째, 5장일 때 세 번째 솎아내기를 해서 포기 사이를 7~8cm로 만든다. 세 번째 솎아내기를 할 무렵에는 작은 순무가 생긴다. 솎아낸 것도 먹을 수 있다.

본잎이 나왔을 시점에 첫 번째 솎아내기를 한다. 성장에 맞춰 세 번 솎아내기를 한다.

3. 덧거름 · 북주기

두 번째 솎아내기를 한 뒤에 닭똥이나 발효 퇴비를 덧거름으로 준다. 이와 함께 포기 주변에 가볍게 북주기를 한다. 세 번째 솎아내기를 한 뒤에는 반대쪽 포기 사이에 덧거름을 주고 북주기를 한다.

두둑 사이에 닭똥이나 발효 퇴비를 덧거름으로 주고 북주기를 한다.

4. 수확

씨뿌리기를 하고 46~60일이 지나면 순무가 커져 수확 적기가 된다. 순무가 밀집되어 있는 곳을 골라서 잡아 뽑아 수확한다. 크기는 품종에 따라 다르지만, 작은 순무라면 탁구공보다 조금 큰 정도가 기준이다.

순무의 크기를 보고 밀집되어 있는 곳에서 수확한다.

생강 ginger

주요 품종
봉동재래, 서산재래

윤작 연한 2년

밭의 준비
두둑 높이 5~10cm
두둑 간격 60cm
포기 간격 30cm
퇴비 : 3.3m²당 약 10kg

재배 달력												|■ 씨뿌리기 ■ 옮겨심기 ■ 수확 ◠ 하우스·터널
1	2	3	4	5	6	7	8	9	10	11	12

(붓생강) 4월 씨뿌리기 → 7~8월 수확
(근생강) 4월 씨뿌리기 → 10~11월 수확

재배 주의사항
- 저온에서는 자라지 않으므로 땅 온도가 15℃ 이상이 된 뒤에 밭에 아주심기한다.
- 햇볕은 필요하지만 강한 빛을 싫어하므로 적당히 그늘이 생기는 장소에 심으면 좋다. 다습과 건조에 약하다.

1. 옮겨심기

땅 온도가 15℃ 이상이 되면 옮겨심기의 적기다. 밭은 퇴비를 많이 주고 갈아놓는다. 씨생강은 약 50g 크기로 나눈다. 괭이로 깊이 10cm의 파종골을 파고, 씨생강을 옮겨 심는다. 괭이로 두둑 높이가 5cm 정도가 될 때까지 흙을 덮는다.

　육묘를 할 경우나 기온이 낮을 때는 포트에 부엽토를 넣고 싹이 위로 올라오도록 해서 씨생강을 심는다. 때때로 물을 주면서 따뜻한 장소에서 키운다. 키가 5~10cm가 되었을 때 아주심기를 한다.

① 씨생강은 빛깔이 좋고 좋은 싹을 가진 것을 고른다.
② 씨생강을 싹이 위로 올라오도록 심는다.

2. 덧거름·북주기

키가 10cm일 때 첫 번째 덧거름을 준다. 발효 퇴비나 닭똥, 유채 깻묵을 1m당 한 움큼씩 두둑 사이에 뿌린다. 키가 30cm 정도일 때 두 번째 덧거름을 주며, 덧거름을 주는 동시에 두둑 사이를 사이갈이하고 북주기를 한다.

3. 멀칭

생강은 적당히 그늘진 곳에서 잘 자라므로 키가 큰 사탕수수나 오크라 사이에 심는 것도 좋다. 다른 채소가 한여름의 직사광선으로부터 생강을 지켜주며, 땅의 건조도 막을 수 있다. 짚으로 멀칭해도 건조 예방에 효과가 있다.

여름에는 포기 주변에 짚이나 풀 등으로 멀칭을 해 건조를 막는다.

4. 수확

여름에 수확하면 붓생강(연필 생강)으로 먹을 수 있다. 가을 이후에는 뿌리가 더욱 자라 새 생강이 되므로 포기째 캐서 수확한다.

뿌리채소

무 radish

주요 품종
강추, 강자무적, 만사형통

윤작 연한	2~3년

밭의 준비
두둑 높이 15cm
두둑 너비 70cm
포기 간격 30cm
퇴비 : 지력이 약할 경우는 3.3m²당 약 7kg

재배 달력 ■ 씨뿌리기 ■ 옮겨심기 ■ 수확 ⌒ 하우스·터널

1	2	3	4	5	6	7	8	9	10	11	12
			(봄 수확)								
				(초여름 수확)							
							(가을 수확)				

재배 주의사항
- 흙에 돌이나 거친 퇴비 등이 있으면 뿌리가 갈라져버린다. 밭을 깊이 갈아놓는다.
- 옮겨심기는 불가능하므로 밭에 씨를 직접 뿌리고 솎아내며 키운다.

1. 씨뿌리기
밭의 땅심이 약할 경우 퇴비를 주고 돌이나 흙덩어리가 없도록 잘 갈아놓는다. 두둑 너비 70cm에 괭이로 파종골을 파고, 한 곳당 5알씩 포기 간격 30cm로 씨를 바로뿌리기한다. 그런 다음 씨앗의 3배 정도 두께로 흙을 덮고 괭이로 진압해 씨와 흙을 밀착한다. 건조할 때는 강하게 밀착한다.

2. 솎아내기
본잎이 2장일 때 잎의 모양이 좋은 것을 두세 포기 남기고 솎아낸다. 6장일 때 두 번째 솎아내기를 해서 한 포기만 남긴다.

첫 번째 솎아내기를 할 때는 잎의 모양이 좋은 것을 남긴다. 두 번째 솎아내기를 할 때는 잎이 벌어지려 하고, 기세가 강하며 색이 진한 것을 골라서 솎아내는 것이 포인트다. 무는 잎이 위쪽으로 비스듬히 서 있는 것이 좋으며, 잎이 벌어지려 하고 기세가 강하며 색이 진한 것은 뿌리가 곧게 뻗어 있지 않을 때가 많다.

3. 덧거름·사이갈이
두 번째 솎아내기를 하는 시기에 닭똥을 두둑 어깨에 뿌려준다. 동시에 두둑을 사이갈이해 북주기한다. 그 뒤에도 제초를 겸해 2번 더 북주기를 한다.

4. 수확
심은 지 약 1개월이 지나면 흙에서 무의 위쪽이 모습을 드러낸다. 표면에 나와 있는 부분의 굵기를 보고 좋은 것부터 수확한다. 수확 적기를 놓치면 뿌리에 바람이 들 수 있다. 실제로 1, 2개를 뽑아서 크기를 보고 수확기를 판단하면 된다.

줄기의 뿌리 부분과 목을 잡고 수직으로 잡아당겨서 뽑는다.

당근 carrot

주요 품종
시그마당근, 진부오촌, 선홍봄오촌

윤작 연한 1~2년

밭의 준비
두둑 높이 5~10cm
두둑 너비 1m 20cm
줄 간격 20cm
발효 퇴비 : 3.3m^2당 약 200g

재배 달력								■ 씨뿌리기 ■ 옮겨심기 ■ 수확 ⌒ 하우스·터널				
1	2	3	4	5	6	7	8	9	10	11	12

(봄 파종) / (여름 파종) / (겨울 파종)

재배 주의사항
- 씨뿌리기부터 발아하기까지 수분이 중요하다. 물을 주거나 한랭사를 덮어서 지표면이 마르지 않게 한다.
- 밭을 비옥하게 만들려면 미리 발효 퇴비를 주고, 깊게 갈아놓는다.

1. 씨뿌리기
발아에 수분이 필요하기 때문에 비가 내린 다음날 뿌리는 것이 좋다. 건조할 때는 물을 준다. 줄 간격 20cm로 파종골을 내고, 씨가 균등한 간격이 되도록 줄뿌림한다. 그 위에 닭똥 혹은 왕겨 훈탄을 얇게 덮고 괭이로 강하게 진압한다.

일주일에서 10일 후에 발아하는데, 이 시기에 비가 내리지 않으면 물을 준다. 발아할 때까지 일주일 정도 한랭사를 덮거나 짚 또는 풀 등을 덮어두면 건조 방지 효과가 있다.

발아골에 씨앗을 줄뿌림하고 그 위에 닭똥 혹은 왕겨 훈탄을 얇게 덮은 다음, 괭이로 강하게 진압한다.

2. 솎아내기
수확하기 전까지 2~3회 솎아내기를 한다. 본잎이 2장, 키가 5~6cm일 때 손가락 2개 정도의 간격이 되도록 솎아낸다. 그 후 한두 포기를 뽑아봐서 뿌리가 10cm 정도 되었으면 두 번째 솎아내기를 한다. 수확할 크기로 키우기 위해 간격을 주먹 너비로 벌린다. 솎아낸 잎도 먹을 수 있다.

두 번째 솎아내기를 할 때는 포기 간격이 주먹 너비가 되게 한다.

3. 덧거름
두 번째 솎아내기를 할 때 두둑 사이에 발효 퇴비나 닭똥을 뿌린다. 동시에 두둑 사이를 사이갈이, 북주기한다.

4. 수확
밀집되어 있는 곳부터 솎아내기를 겸해 뽑아본다. 크기가 괜찮으면 수확한다.

줄기 아래쪽을 잡고 뽑아서 수확한다. 잎도 영양이 풍부하다.

감자류

돼지감자 jerusalem artichoke

주요 품종
품종 분화는 없지만 백색 계열과 적색 계열이 있다.

밭의 준비
두둑 높이 5cm
두둑 간격 1m
포기 간격 60cm
퇴비 : 3.3m² 당 약 7kg

윤작 연한 1~2년

재배 달력								■ 씨뿌리기 ■ 옮겨심기 ■ 수확 ⌒ 하우스·터널			
1	2	3	4	5	6	7	8	9	10	11	12
			(씨감자 옮겨심기)								

재배 주의사항
- 키가 2m 이상이라 그늘이 생긴다. 다른 작물도 고려한 장소에 심는 것이 좋다.
- 생명력이 강하고 뿌리를 잘 내리므로 수확할 때 감자를 남기지 않도록 한다.

1. 옮겨심기
햇볕이 잘 들고 물 빠짐이 좋은 장소를 골라 퇴비를 주고 갈아놓는다. 깊이 10~20cm의 파종골을 파고, 포기 간격 60cm로 씨감자를 심는다. 흙을 덮고 진압한다.

씨감자를 깊은 파종골에 옮겨 심는다. 포기와 두둑 사이의 간격을 넉넉히 잡는다.

2. 순따주기
씨감자에서 복수의 싹이 나오므로 한 포기에서 4~5개가 나왔을 때는 순따주기를 하는 것이 좋다. 2~3개를 남기고 나머지 싹은 따서 없앤다.

3. 북주기
키가 계속 커지므로 때때로 북주기를 해서 밑동을 지탱한다. 옮겨심기를 한 지 약 2개월이 지나면 1m 이상 성장하고 그 뒤로도 계속 자라 태풍 등에 쓰러지기 쉽다. 따라서 지주를 세울 필요가 있다. 돼지감자 주위에 지주를 세우고 줄로 둘러싸듯이 고정하면 좋다.

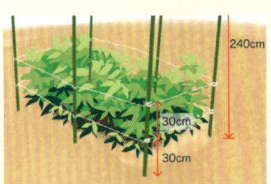

돼지감자 전체를 둘러싸듯이 2m 이상의 지주를 세운다.

4. 수확
가을에 국화처럼 생긴 노란 꽃이 핀다. 꽃이 지고 지상부가 시드는 10월 하순 이후가 수확기다. 가장자리부터 조금씩 파서 감자의 상태를 확인한다. 지상부를 밑동부터 자르고, 30cm 정도 떨어진 곳에서부터 캔다.

① 위를 베어낸 다음 포기째 캔다.
② 지상부가 시든 모습.

고구마 sweet potato

주요 품종
건황미, 예스미, 다호미, 건풍미

윤작 연한
없음

밭의 준비
두둑 높이 30cm
두둑 간격 80cm
포기 간격 30cm
퇴비 : 3.3m² 당 약 5kg

재배 달력 ■ 씨뿌리기 ■ 옮겨심기 ■ 수확 ⌒ 하우스·터널

1	2	3	4	5	6	7	8	9	10	11	12

(씨고구마 싹 틔우기)

재배 주의사항
- 씨고구마를 온상(또는 보온을 할 수 있는 상자)에 깔아서 싹을 내 모종을 만든다.
- 질소분이 너무 많은 밭에서는 덩굴만 자라기 때문에 두둑에 왕겨나 짚을 넣는다.

1. 씨고구마 싹 틔우기
씨고구마의 양쪽을 10원짜리 동전 크기만큼 잘라낸다. 온상에 밭 흙을 10~15cm 두께로 담은 다음, 20cm 간격으로 홈을 파고 씨고구마를 깐다. 온상이 없을 때는 옷상자나 발포 스티롤 상자를 대용한다. 온상에 여러 재료(248쪽)와 씨고구마를 넣은 다음 왕겨 훈탄을 덮고 따뜻한 장소에서 관리한다.

씨고구마가 조금 보일 정도로 흙을 덮는다. 위에 왕겨 훈탄을 깔고, 짚을 덮는다. 그다음 비닐을 씌운다.

2. 모종 만들기
발아했으면 짚을 제거하고 온상 위에 터널을 만든 후 비닐을 덮는다. 밤에는 비닐을 덮어서 보온하고, 낮에는 비닐을 열어 환기한다. 약 30℃를 유지한다. 잎이 8~9장 나오면 아래쪽에 1~2마디를 남기고 잘라낸다. 비닐 주머니를 깐 바구니에 잘라낸 모종을 세워 넣고, 어둡고 서늘한 곳에 일주일 동안 놔둔다. 처음 이틀은 물을 주지 않고 사흘째부터 2~3일에 한 번 물을 줘서 발근을 촉진한다.

3. 옮겨심기
모종에서 뿌리가 나오면 밭을 준비한다. 두둑의 중앙에 짚을 깔고 쌀겨를 뿌린 다음, 위에 흙을 올려 높은두둑으로 만든다. 비스듬하게 구멍을 뚫고 모종을 옮겨 심는다. 멀칭이 없을 경우 두둑 사이로 자란 부분의 뿌리를 흙에서 떼어내 뒤집는 '덩굴 뒤집기'를 한다.

잡초를 방지하기 위해 멀칭을 한 두둑에 모종을 깊이 6~7cm로 비스듬하게 꽂고 주위의 흙을 눌러준다.

4. 수확
고구마를 말리기 위해 맑은 날 오전 중에 수확하는 것이 가장 좋다. 덩굴을 낫으로 자르면서 고구마를 캔다.

삽으로 주변부터 파면서 수확한다.

감자류

토란 eddoe

주요 품종
토수, 석천조생, 오파

윤작 연한 3~4년

밭의 준비
두둑 높이 10~15cm
두둑 간격 1m
포기 간격 30cm
퇴비 : 3.3m²당 약 10kg

재배 달력									■ 씨뿌리기 ■ 옮겨심기 ■ 수확 ◠ 하우스·터널			
1	2	3	4	5	6	7	8	9	10	11	12

(직접 뿌리기)
(싹틔우기)

재배 주의사항
- 건조에 약하고 고온 다습한 환경을 좋아한다. 여름 생육기에 비가 적게 오면 물을 준다.
- 5월 중순부터 장마가 걷힐 때까지 정기적으로 북주기를 해서 두둑을 높이면 토란이 커져 수확량이 늘어난다.

1. 싹틔우기
완숙 퇴비와 부엽토를 같은 양으로 섞고 왕겨 훈탄을 추가한 다음, 잘 섞어서 용토로 사용한다. 포트에 흙을 담고 싹이 나는 뾰족한 쪽이 위를 향하도록 씨토란을 심는다. 씨토란은 40~60g이 좋다.

포트를 따뜻한 장소에서 보온해 싹을 틔운다.

2. 옮겨심기
높은두둑을 만들고 키가 15cm 정도로 자란 모종을 아주심기한다. 더운 시기에 장기간 밭에 두므로 멀칭을 하면 좋다. 6월 하순부터 해충이 생기기 쉬우니 확인해서 조기에 잡도록 한다.

10~15cm의 높은두둑을 만들고 멀칭을 한 다음 모종을 아주 심기한다.

3. 북주기
5월 중순부터 장마가 걷힐 때까지 20일 간격으로 북주기를 한다. 두세 번째 북주기를 할 때 아들토란의 싹이 지표면으로 나올 때가 있으니 숨기듯이 북주기를 한다. 건조에 약하므로 비가 적을 경우 물을 주는 것이 좋다. 포기 주위에 짚을 덮어 멀칭을 하면 건조 방지에도 효과적이다.

4. 수확
조생종은 9월 중순, 그 밖에는 10월 말부터 11월에 수확한다. 줄기가 시들 무렵에 수확을 시작한다. 이듬해에 씨토란으로 쓸 분량은 지상부가 전부 시든 뒤에 캔다. 저장용 토란은 아들토란이 달려 있는 채로 뒤집어서 구멍에 넣고 짚과 왕겨, 흙을 덮으면 봄까지 저장할 수 있다.

밭에 구멍을 파고 저장용 토란을 묻는다. 비가 들어오지 않도록 함석판을 씌워서 저장한다.

감자 potato

주요 품종
다미, 금선, 하백, 여미

윤작 연한 2~3년

밭의 준비
두둑 높이 5cm
두둑 간격 70~90cm
포기 간격 30cm
퇴비 : 3.3m^2당 약 5kg

재배 달력 ■ 씨뿌리기 ■ 옮겨심기 ■ 수확 ⌒ 하우스·터널

1	2	3	4	5	6	7	8	9	10	11	12
		(봄심기) ■───────■■■■■									
				■──(가을심기)──── ■■■■							

재배 주의사항
- 가지, 토마토, 피망 등 가지과 채소와 연작하거나 근처에 심는 것은 삼간다.
- 감자가 흙 밖으로 나오지 않도록 옮겨심기를 한 뒤에 몇 차례 북주기를 해서 두둑을 높인다.

1. 씨감자 준비
씨감자는 싹이 조금 나온 것이 좋다. 옮겨심기 일주일 전에 약한 햇볕을 쪼이면 싹틔우기가 잘된다. 싹의 수가 균등해지도록 큰 감자는 자르고 절단면을 말려놓는다.

2. 옮겨심기
두둑을 만들고 중앙에 씨감자를 심기 위한 깊이 5cm의 골을 낸다. 씨감자는 포기 간격 30cm, 즉 발 너비 정도의 간격을 두고 골에 심는다. 감자를 심고 밑거름을 줬으면 두둑의 높이가 5cm가 되도록 흙을 덮는다.

씨감자 사이에 닭똥이나 유채 깻묵을 두 움큼씩 뿌린다. 흙이 척박할 경우 퇴비를 한 움큼씩 더 뿌린다.

3. 순따기
씨감자 하나에서 여러 개의 줄기가 나오므로 키 10cm 부근에서 순따기를 한다. 굵고 튼튼해 보이는 줄기를 2개 골라서 남긴다.

남길 줄기를 밑동에서 누르면서 다른 줄기를 뽑는다. 줄기를 2개 남긴다.

4. 북주기
감자가 많이 맺히도록 생육 기간 중에 두세 번 북주기를 하면 좋다. 최종적으로 두둑 높이가 30cm가 되게 한다.

씨감자보다 위쪽에 새 감자가 맺히기 때문에 북주기를 해서 흙을 높게 쌓아야 감자가 흙 밖으로 나와 녹화되는 것을 막을 수 있다.

5. 수확
꽃이 지고 지상부가 시들기 시작한 뒤에 수확한다. 처음에는 손으로 얕게 파내서 큰 감자만을 수확해도 된다. 캐낸 감자는 야외에 늘어놓고 반나절 정도 햇볕에 말린다. 상처가 있는 것은 썩으니 골라내고, 종이 주머니에 담아 어둡고 서늘한 곳에 보관한다.

곡물류

벼 rice

농촌에 살면 유기농 벼 재배도 가능하다. 육묘와 제초 등에 정성을 쏟아 맛있는 쌀을 재배해보자.

재배 달력

1	2	3	4	5	6	7	8	9	10	11	12
	·소금물 가리기 ·건조	경운 중순 ·온탕 소독	하순 ·볍씨 뿌리기	초순 ·써레질 첫 번째 2주 후 ·써레질 두 번째	모내기 이틀 전 ·써레질 세 번째 초순 ·모내기 ·제초	·제초			·수확 ·벼 말리기 ·탈곡	·밑거름 살포 ·경운	

1. 준비

벼농사는 볍씨와 논을 준비하는 데서 시작된다. 볍씨를 준비하는 일은 먼저 종자 소독이다. '소금물가리기' 작업은 비중 1.15의 소금물에 볍씨를 넣어 물에 뜨는 것은 버리고, 사용할 볍씨는 골라 건조한다. 다음에는 볍씨를 60℃의 물에 7분 정도 넣어서 표면의 병원균을 살균하는 '온탕 소독'을 한다. 이 작업을 하면 약제를 사용하지 않고도 소독을 할 수 있으며 싹도 일정한 시기에 나온다.

논 옆에 있는 용수로에 쌓인 시든 잎이나 쓰레기도 깨끗하게 청소한다. 주위의 논둑도 확인해서 무너진 부분을 보수하고 물이 새지 않도록 '논둑 바르기'를 한다.

용수로 청소
삽 등으로 용수로의 진흙을 치우고 풀을 뽑는다.

논둑 바르기
논의 물이 새지 않도록 논둑의 측면에 진흙을 바르고 다듬는다.

2. 모종 만들기

육묘 상자에 볍씨를 뿌려서 발아시킨다. 이를 '볍씨 뿌리기'라 한다. 육묘 상자에 용토를 담고 2알씩 뿌린 다음 흙을 덮고 진압한다. 사진에 보이는 육묘 상자가 작업하기에 편해서 추천하지만, 통상적인 벼농사용 육묘 상자를 써도 무방하다. 육묘용 선반은 퇴비를 주고 흙을 뒤집으며, 며칠 전에 물을 담고 흙을 곱게 부숴놓는다.

1. 부엽토와 왕겨 훈탄을 반반씩 섞은 용토를 넣고, 솔로 여분의 흙을 털어낸다.

2. 볍씨를 손으로 한 곳에 2알씩 뿌린다.

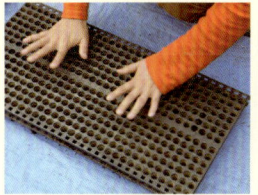

3. 빈 육묘 상자를 올려놓고 위에서 진압한다.

4. 위에서 흙을 덮고, 여분의 흙은 털어낸다.

5. 이틀 뒤에 선반으로 옮겨 신문지를 덮고 소형 터널을 설치한다.

6. 발아하면 신문지를 치우고 터널만으로 관리한다.

3. 써레질과 모내기

모내기를 하기 1개월 전에 논에 물을 넣고, 바닥의 흙을 경운해 평평하게 다지는 '써레질'을 한다. 물을 찰랑찰랑하게 채우고 수온이 올라가면, 잡초가 자라고 실지렁이가 나와 끈적끈적한 흙을 만들어준다. 이 흙은 층을 이룬다. 층을 이룬 흙은 이후에 잡초가 잘 자라지 못하게 하는 효과를 낸다. 써레질은 모내기를 하기 전까지 3번 실시한다. 퇴비를 준 논은 수온이 15℃ 이상이고 질소가 증가해 벼가 튼튼하게 자란다.

1. 4~5잎 이상이 되어 옮겨심기의 적기를 맞이한 성묘.

2. 한 곳에 성묘 한두 포기를 심는 것이 포인트다.

3. 포기와 두둑 사이 간격도 모두 30cm로 유지해 심는다.

4. 논바닥이 보이지 않도록 물 관리를 해서 잡초를 억제한다.

오리를 논에 투입한다

모내기 직후부터 새끼 오리를 투입하면 벌레와 잡초를 먹고 물을 휘저어서 혼탁하게 만든다. 잡초를 억제하는 효과가 있다. 먹이로는 싸라기와 쌀겨를 주며, 오리의 똥은 비료가 된다. 주위에 전기 울타리를 쳐서 유해한 동물이 다가오는 것을 막는 것도 좋다.

4. 풀 뽑기

모내기 직후에 쌀겨와 콩 찌꺼기를 뿌리면 표면에 유막과 유기산이 형성되어 물달개비를 예방할 수 있다. 제초는 모내기 후에 이른 시기부터 한다. 수동 제초기나 덱 브러시, 체인 제초 등을 사용한다.

논의 잡초

물달개비
유기 재배로 물 깊이 대기를 할 때 발생하기 쉽다. 물달개비는 질소분을 빨아들이기 때문에 쌀의 수확량이 저하된다.

피
쌀과 비슷하게 생겨서 구분하기가 어렵다. 모내기 후 5~20cm의 깊이로 물을 대서 논바닥이 보이지 않도록 관리해 예방한다.

물개구리밥
수면에 뜨는 수초. 수면을 뒤덮어 물달개비를 억제하는 효과도 있지만 수온을 떨어뜨리기 때문에 수확량이 저하된다.

벗풀
여름에 흰 꽃이 피며, 덩이줄기와 종자로 증식한다. 논에서 증식하므로 벼→밀(콩)로 연작해 예방한다.

제초 방법

덱 브러시
두둑 사이를 솔질해서 작은 잡초를 제거한다. 모내기 후 열을 이내에 물을 빼고 하면 효과적이다.

수동 제초기
두둑 사이를 이동하며 흙을 뒤섞는다. 모내기 후 열을 이내에 해주면 좋다.

체인 제초
가로폭 150~200cm에 4~5cm 간격으로 체인을 매달고 끌고 다닌다. 모내기 3일 후에 첫 번째, 그로부터 6일 후에 두 번째 제초를 해주면 효과적이다.

밭벼를 키운다

논에서 벼를 재배할 경우 논을 준비하고 논둑 바르기 등 다양한 작업을 해야 하기 때문에 전부 수작업으로 처리하려면 엄청난 노동력이 든다. 게다가 동네에서 관리하는 물을 논에 대기 위해서는 평소 인간관계도 잘 맺어두어야 한다.

그런 점을 생각할 때 밭에서 키울 수 있는 밭벼는 채소를 재배하듯 농사를 지을 수 있기 때문에 수월하다. 밭벼용 볍씨로 육묘해 멀칭을 하고 재배하는 방법을 추천한다.

1. 밭벼용 볍씨에서 모종을 키워 비닐 멀치를 깐 밭에 아주심기한다. 직접 뿌리기도 가능하다.

2. 멀칭으로 잡초를 방지하므로 손이 덜 간다.

3. 이삭이 나오고 약 35일 후에 수확한다.

4. 매달아서 건조한 뒤에 탈곡한다.

5. 수확·벼 말리기

가을에 이삭이 나오고 약 35일이 지나면 벼를 벤다. 벼 베기를 너무 일찍 하면 나락이 덜 익고, 너무 늦게 하면 쌀이 갈라지므로 시기를 파악하는 것이 중요하다. 벼이삭을 손으로 따봤을 때 90%가 황금색이 되었다면 적기다. 손으로 벨 경우 몇 포기를 한꺼번에 낫으로 베고 짚으로 묶어서 다발을 만든다. 벼를 거꾸로 매달아 햇볕에 말리면 줄기째 건조가 되면서 맛이 더욱 좋아진다.

바인더는 벼를 베는 동시에 묶어준다.

벼 베기와 벼 말리기

1. 엄지손가락을 위로 향한 채 벼를 잡고, 그 아래를 낫으로 벤다. 잡는 방법이 반대이면 보이지 않는 부분이 생겨 위험하다.

2. 짚을 감고 꼰 다음, 꼰 짚을 감은 부분에 집어넣어 묶는다.

3. 나무를 비스듬하게 세워서 묶고, 봉을 가로지른 다음 묶은 벼를 건다.

4. 이 상태에서 일주일 동안 말린다.

6. 탈곡

건조한 벼는 탈곡한다. 이때 동력 탈곡기나 수동 탈곡기를 사용한다. 선별은 풍구를 이용한다. 풍구를 이용하면 짚 부스러기와 가벼운 쌀은 날아가고 좋은 쌀만 선별할 수 있다.

쌀은 겉겨가 붙은 채로 수분 14% 이하에서 곡물 저장통에 보관하면 벌레도 생기지 않고 오랫동안 보관할 수 있다. 그리고 필요할 때마다 매갈이와 정미를 해서 먹는다.

수동 탈곡기와 풍구

1. 탈곡한 쌀을 받기 위해 비닐 시트를 펼친 다음 벼의 밑동을 잡고 탈곡한다.

2. 페달을 밟아 돌기가 붙은 드럼을 돌리면서 벼를 탈곡한다.

3. 탈곡기에서 떨어진 벼를 걸러내는 풍구.

4. 위에서 벼를 넣고 돌리면 바람이 찌꺼기를 날려 보내 잘 여문 벼를 선별할 수 있다.

논에 사는 생물들

자연과 공생하는 유기 재배 논에서는 잡초뿐만 아니라 다양한 생물도 살아간다. 모내기 전에 써레질을 한 뒤에는 실지렁이나 해캄이 보인다. 이들 생물은 잡초를 억제하는 효과도 있다. 잠자리 유충, 물방개, 청개구리 등 다양한 생물이 늘어날수록 해충이 줄어든다고 하며, 그 결과 농약 사용을 줄일 수 있다. 논에 백로 같은 새가 찾아오면, 이는 곤충과 수생 동물, 녹조 등 풍부한 생태계가 형성되어 있다는 증거다.

청개구리 / 올챙이 / 게아재비 / 잠자리 유충

우렁이 / 투구새우 / 백로 / 왜가리 / 물방개

곡물류

밀 wheat

밀은 밭에서 과도한 인산이나 칼륨을 흡수해 균형을 맞춰준다. 연작 장해를 방지하는 작물로도 추천한다.

주요 품종
새금강, 백강, 백찰

윤작 연한 1년

밭의 준비
줄 간격 60cm
퇴비 : 3.3m² 당 약 7kg

재배 달력						■ 씨뿌리기		■ 옮겨심기		■ 수확	⌒ 하우스·터널
1	2	3	4	5	6	7	8	9	10	11	12
					■■				(직접 뿌리기) ■		

1. 씨뿌리기

면이나 빵을 만들 때 사용하는 밀은 쌀에 버금가는 소중한 주식이다. 재배가 간단할 뿐만 아니라 다른 채소 사이에 밀을 재배하면 다른 작물과의 연작 장해를 방지할 수 있다.

씨앗은 밭에 직접 뿌린다. 미리 밭에 퇴비를 줘서 갈아놓고, 10~15cm 너비의 얕은 파종골을 60cm 간격으로 여러 줄 낸다.

파종골에 닭똥 혹은 유채 깻묵을 뿌린 다음 밀의 씨앗을 1~2cm 간격이 되도록 흩어 뿌리면 된다. 가볍게 북주기를 하고, 씨앗의 3배 정도 두께로 흙을 덮어준다.

밀의 씨앗, 면이나 빵 등 용도에 따라 품종을 선택한다

1. 파종골에 닭똥 또는 유채 깻묵, 밀의 순서대로 뿌린다.

2. 발을 이용해 파종홈의 양옆에서 가볍게 흙을 모아 씨앗을 덮는다. 진압은 불필요하다.

2. 밀밟기

밀밟기를 하면 분얼이 늘어나므로 이삭이 증가해 수확량이 늘어나는 효과가 있다. 전체적으로 발아가 되어 5cm 정도가 되면 첫 번째 밀밟기를 한다. 그 후 2주에 한 번꼴로 2월까지 밀밟기를 한다. 습할 때 밀밟기를 하면 흙이 올라와 역효과가 나므로 맑고 흙이 건조한 날에 한다. 겨울에 하는 밀밟기는 흙과 뿌리를 밀착시켜서 서리에 강한 밀을 만든다.

1. 약 일주일 후면 발아한다.

2. 키가 5cm가 되었을 무렵에 첫 번째 밀밟기를 한다.

3. 흙이 말랐을 때 두둑을 따라 가로로 이동하면서 밟아나간다.

3. 덧거름

밀은 씨뿌리기를 하기 전에 비료를 많이 주는 것이 좋다. 덧거름은 겨울에 한 번, 발효 퇴비나 닭똥을 1m당 한 움큼씩 뿌린다.

덧거름과 밀밟기 관리를 한 뒤에는 특별히 신경 쓸 것이 없다. 잡초도 자라기 어려운 계절이기 때문이다. 밀은 그다지 신경을 많이 쓸 수 없는 상황에서 키울 작물로도 안성맞춤이다. 봄을 맞이하면 단번에 키가 자라며, 5월에는 이삭이 나온다.

1. 발효 퇴비나 닭똥을 1m당 한 움큼씩 두둑 사이에 뿌린다. **2.** 5월이 되면 밀 이삭이 나온다.

4. 수확

수확 시기는 이삭이 황금색으로 물든 6월 중순경이다. 이삭까지 바짝 말랐는지 확인하고 수확한다. 낫으로 밑동에서 10cm 정도 높이를 벤다. 남은 뿌리 부분은 다음에 경작할 때 그대로 흙과 섞으면 비료가 되므로 밭에 남겨둬도 좋다. 맑은 날 수확하고, 쌀과 마찬가지로 거꾸로 걸어서 말리거나 비닐 시트 등에 펼쳐서 건조한다.

1. 황금색으로 바짝 말랐을 때가 수확 적기다. **2.** 줄기 위쪽을 잡고 뿌리로부터 10cm 정도 높이를 낫으로 벤다.

5. 탈곡·제분

쌀과 마찬가지로 탈곡을 하는데, 밀을 수작업으로 탈곡할 때는 건조한 뒤에 비닐 시트 위에서 두들기면 된다. 맥주병으로 두들기거나 발로 밟는 등 여러 방법으로 밀알을 줄기에서 털어낸다. 줄기 부분은 밀짚으로 사용할 수 있으므로 건조한 뒤 묶어서 보관하면 된다.

체로 치고, 찌꺼기를 분리한 다음 풍구를 이용해 밀을 선별한다. 그리고 햇볕에 말려 수분 13% 이하를 기준으로 보관한다.

밀을 제분하는 일은 업자나 농가 사람에게 부탁해서 기계로 가는 것이 좋다. 소량이라면 커피 원두 분쇄기로 갈 수도 있다.

1. 병으로 두들겨서 밀을 털어낸다. **2.** 발로 밟아도 좋다.

3. 체로 쳐서 밀과 찌꺼기를 분리한다.

밀을 간다

많이 갈아야 할 때는 제분기를 보유한 사람에게 부탁하는 것이 좋다.

소량이라면 커피 원두 분쇄기로 갈 수도 있다. 눈이 고운 소쿠리를 이용해 거르면 된다.

4. 풍구를 이용해 쭉정이를 날려서 선별한다. **5.** 탈곡한 상태에서 햇볕에 말리고 병에 보관한다.

메밀·잡곡을 키운다

메밀이나 잡곡은 비교적 신경을 덜 쓰고 재배할 수 있는 작물이다. 벼 이외의 벼과 작물인 수수, 조, 피 등을 재배하면 자급에 도움이 될 것이다. 탈곡이나 제분만 할 수 있으면 다양한 곡류를 즐길 수 있다.

특히 메밀은 척박한 땅에서도 잘 자라며 성장이 빨라서 잡초에도 강한 작물이다. 봄 파종, 가을 파종을 할 수 있다는 것도 장점이다. 봄 파종은 4~6월, 가을 파종은 7~8월에 두둑 간격 60cm로 줄뿌리기를 한다. 발아 후에는 포기 간격이 20cm 정도가 되도록 솎아낸다. 꽃이 피고 열매가 맺히면 열매가 떨어지지 않도록 일찌감치 수확하고 묶어서 건조한다.

1. 멀칭을 하지 않아도 잡초에 지지 않고 자란다.
2. 흰 메밀꽃이 핀다.
3. 꽃이 지면 메밀 열매가 맺힌다.
4. 수확해 건조한 다음 두들겨서 열매를 털어내고, 체와 풍구를 이용해 선별한다. 제분해서 사용한다.

씨앗 채취

채소를 계속 키우려면 씨앗을 채종하는 일에도 꼭 도전하기 바란다. 고정종 채소라면 다음 해에 씨앗으로 사용할 수 있으니 채종한 씨앗은 유리병에 담아서 냉장고나 어둡고 서늘한 장소에 보관하자.

씨앗을 받으면 재배가 수월해진다

씨앗을 채취할 경우, 고정종이나 재래종의 씨앗으로 키운 채소에서 채집한다. 사실 시판되는 채소의 씨앗은 'F1'이라고 불리는 것이 주류다. 이것은 '1대 교배종'이라는 의미로, 채소의 크기나 형태가 일정하고 수확 기간이 짧다. 즉, 대량 생산에 알맞게 개발된 종자라서 씨앗을 채집하는 데는 적합하지 않다.

한편 고정종이나 재래종이라고 불리는 종은 몇 대에 걸쳐 고정된, 유전적으로 안정된 품종이다. 씨앗을 채취하는 것은 재래종을 지키는 길로도 이어진다.

자신의 밭에서 씨앗을 채취하면 기후나 토지 등 각각의 장소에 잘 적응한 종을 키울 수 있다는 이점도 있다. 채종을 해서 맛있는 채소를 키우자.

교잡을 방지하기 위한 궁리

씨앗을 채취할 때는 다른 품종과의 교잡에 주의한다. 교잡되기 쉬운 품종은 격년으로 재배하면 좋다.

주로 자가 수분하는 채소
토마토나 가지, 오크라, 피망, 청대콩, 참깨 등은 같은 꽃이나 가지의 수술과 암술로 수분한다. 꽃째 봉투로 덮어놓으면 교잡의 우려가 사라진다.

주로 타가 수분하는 채소
오이 같은 박과 채소나 배추, 무 등의 유채과 채소, 양파와 시금치 등은 다른 가지의 암술과 수술로 수분할 때가 많다. 복수의 가지를 한랭사 등으로 덮고 붓을 사용해 인공 수분하면 좋다.

콩류의 씨앗을 채취하는 법

대두

1

시들면 뽑아서 밭에 기대놓고 일주일 정도 건조한다.

2

유리병으로 두들겨서 탈곡한다.

3

선별해서 보존한다.

뿌리채소의 씨앗을 채취하는 법

무·순무

1. 일단 무를 뽑아서 좋은 품종을 선발해 채종용으로 삼는다.

선발한 것을 아주심기하고 봄까지 기다린다.

개화 후에 씨앗이 맺힌다. 시들면 밑동을 잘라서 건조하고 씨앗을 채취한다.

당근

품종이 좋은 당근을 선별해서 20포기 정도를 아주심기한다. 봄에 꽃대가 서면 지주로 유인한다. 개화하면 지주와 제1차 곁가지 3~6개를 남기고 다른 것은 가위로 자른다. 꽃이 갈색이 되었으면 따서 옥내에서 건조하고 씨앗을 채취한다.

열매채소의 씨앗을 채취하는 법

오크라

채종용 열매를 남겨둔다.

시들면 베어서 씨를 꺼내 보존한다.

토마토

1

완숙한 열매에서 씨앗을 짜낸다.

2

비닐봉지에 담고 상온에서 2~3일을 놔둔다.

3

사발에 넣고 물로 씻는다.

4

가라앉은 씨앗을 햇볕에 말려 건조한 다음 보존한다.

오이

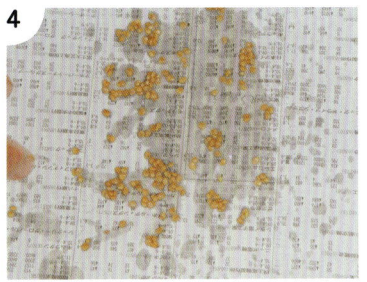

1

채종용 열매를 남겼다가 노랗게 완숙되면 수확한다.

2

세로로 반을 잘라 씨앗을 긁어낸다.

3

비닐봉지에 넣고 상온에서 하루 놔둔다.

4

물로 씻어서 씨앗을 골라낸 다음 건조하고 보존한다.

가지

1

밭에서 완숙한 가지를 수확해 세로로 자른다.

2

씨를 꺼낸다.

3

잘 씻어서 소쿠리에 담는다.

4

씨를 펼쳐서 건조하고 습기를 피해 보존한다.

채소 저장

채소를 많이 수확하면 잘 보존해서 버리는 것 없이 전부 먹고 싶기 마련이다. 흙에 묻거나 말리는 등 다양한 저장 방법을 이용하면 장기간 보존이 가능하다.

말리기, 파묻기, 매달기 등 채소에 맞는 방법으로 저장한다

무나 고구마 같은 뿌리채소는 땅에 파묻고, 양파는 수확 후에 매달아서 보존한다. 또 가지나 오이 등은 절임을 만들고, 토마토는 소스로 만드는 방법도 있다. 약간의 수고가 들지만 이런 보존 방법도 추천한다.

채소를 저장하는 다양한 방법

묶어서 방한

배추는 바깥쪽 잎을 묶어놓으면 서리가 내려도 시들지 않고 초봄까지 보존할 수 있다.

말린 다음 사용한다

무는 말려서 절임을 만들거나 썰어서 말랭이를 만드는 등의 방법으로 보존하면 좋다.

땅에 파묻는다

무는 일단 캐낸 뒤에 구멍을 파서 어깨까지 비스듬하게 넣고 흙을 덮는다. 봄까지 보존할 수 있다.

고구마와 토란 등은 구멍을 깊게 파서 넣고 짚이나 흙, 왕겨 등을 덮어주면 봄까지 보존이 가능하다. 토란은 줄기째 거꾸로 뒤집어서 묻으면 좋다.

매달아서 저장

양파, 마늘, 고추 등은 다발로 묶어서 매달아 저장한다.

퇴비 만들기

유기 재배는 흙 만들기가 매우 중요하다. 좋은 흙을 만들려면 자연에 있는 재료로 퇴비를 만들어 흙에 양분으로 준다.

낙엽으로 영양이 풍부한 퇴비를!

퇴비의 주된 재료인 낙엽은 늦가을부터 겨울에 구하기 좋다. 따라서 이 시기에 퇴비를 만드는 것이 일반적이지만, 재료만 갖춰지면 언제라도 만들 수가 있다.

아래에 비료 만들기에 필요한 재료를 소개했는데, 전부 갖추지 못해도 상관없다. 구할 수 있는 것을 이용해 만들어보자. 탄소가 많은 재료와 질소가 많은 재료를 균형 있게 사용하는 것이 중요하다.

발효열로 병원균과 해충, 잡초의 씨앗을 사멸시키며, 완성된 퇴비를 '완숙 퇴비'라고 한다. 발효가 미숙하면 채소의 성장에 영향을 주므로 도중에 온도를 점검하면서 발효 과정을 확인하기 바란다.

퇴비 만드는 법

재료

A. 탄소가 많은 재료
낙엽, 왕겨, 짚, 지엽의 칩, 나무 부스러기 등.
※ 지엽이나 짚 등은 잘게 자르거나 부숴두면 좋다.

B. 질소가 많은 재료
쌀겨, 비지, 닭똥, 음식물 쓰레기, 채소 부스러기, 잡초 등.

A 재료 10~20에 B 재료 1의 비율로 사용한다. 없는 재료가 있어도 상관없다.

1

퇴비장을 설치
합판이나 폐자재로 바닥이 없는 틀을 짠다. 흙 위에 설치한다.

2

A를 넣는다
A 재료를 20~30cm 높이로 넣는다. 낙엽 같은 재료부터 넣으면 좋다.

3

B를 넣는다
B 재료를 2~3cm 높이로 넣는다. 사진은 쌀겨.

4

채소 부스러기를 넣는다
B 재료로 채소 부스러기나 음식물 쓰레기를 넣어도 좋다.

5

발로 밟는다
재료를 섞고 발로 밟는다. A 재료 10~20에 B 재료 1의 비율로 번갈아 넣는다.

6 지엽과 칩을 넣는다
짚이나 나뭇조각을 부순 것(칩)을 넣어도 좋다. 넣은 다음에는 삼각 괭이로 평평하게 정리한다.

7 닭똥을 넣는다
닭똥을 얇게 뿌려 넣는다.

8 잡초를 넣는다
B 재료로 밭에서 뽑은 잡초를 사용해도 좋다.

9 재료를 더 넣는다
지엽과 칩 또는 쌀겨를 넣는다.

10 위에서 밟는다
특히 가장자리 쪽을 충분히 밟는다.

11 낙엽 등을 넣는다

12 비지 등을 넣는다

> **주의**
> 발효열이 나온다. 하루 밤낮이 지나면 30~40℃, 이틀 밤낮이 지나면 70℃ 전후가 된다.

13 물을 붓고 밟는다
높이가 50cm 이상이 되었으면 물 또는 물거름을 붓는다. 틀의 높이가 90cm라면 양동이 하나 분량의 물을 틀 아래에서 물이 새어 나올 정도로 붓고 잘 밟는다.

14 테두리 근처까지 넣는다
여기까지의 작업을 여러 번 반복하고, 재료가 가득 차면 작업을 완료한다. 비닐 시트나 돗자리, 낡은 모포나 카펫 등으로 덮는다.

15 첫 번째 뒤집기
열흘에서 2주 후에 첫 번째 뒤집기를 한다. 퇴비장의 틀을 떼어내 옆으로 옮긴다.

16 흰 곰팡이의 발생
외견상의 변화는 적지만, 흰 곰팡이가 생겼다면 발효가 시작되었다는 표시다.

17 틀 안에 다시 쌓는다
위아래, 안쪽, 바깥쪽을 바꾸듯이 틀 안에 다시 쌓는다. 덩어리는 풀고, 마른 부분은 물을 부어서 틀에 넣는다.

18 밟아서 다진다
다시 쌓는 도중에 때때로 위에 올라가 가볍게 밟아서 다진다. 모든 재료를 넣었으면 다시 밟아주고 낡은 모포로 덮는다.

19 두 번째, 세 번째 뒤집기
열흘에서 2주 간격으로 두 번째, 세 번째 뒤집기를 한다. 두 번째 이후에는 밟지 않고 산소를 잔뜩 머금게 한다.

> **주의**
> 완숙 퇴비는 발효열도 내려가서 온도가 약 30℃ 이하가 된다.

20 2주 동안 숙성시키면 완성
세 번째 뒤집기를 하고 2주를 더 숙성시키면 완숙 퇴비가 완성된다.

완숙 퇴비에서는 숲의 향기가 난다

지렁이와 집게벌레 같은 작은 동물이 살며, 표면에는 버섯류가 자란다.

거무스름한 색이 되며, 숲에서 맡을 수 있는 냄새가 난다.

부엽토 만들기

부엽토는 씨뿌리기나 육묘, 밭의 용토 등에 폭넓게 사용되는 흙으로 영양이 풍부하다. 시판 제품도 있지만 직접 만들 수도 있으니 꼭 도전해보자!

영양이 풍부한 퇴비의 왕

씨뿌리기나 육묘의 용토로 사용되는 부엽토는 '퇴비의 왕'이라고 불릴 정도로 영양이 풍부하다. 밭에서 채소를 재배할 때 부엽토를 사용하면 맛이 좋아지고 병해를 덜 입는다. 또 옮겨심기를 할 때도 부엽토를 구덩이에 한 움큼 넣어줄 것을 추천한다. 뿌리 주변에 사는 미생물의 균형이 좋아져 채소가 쑥쑥 성장한다.

삼림에서는 100년에 걸쳐 1cm 두께의 부엽토가 만들어진다고 하는데, 직접 만들 경우 1~2년은 지긋이 숙성시키는 것이 좋다. 재료가 되는 낙엽은 활엽수의 잎이 좋다. 숲속에 있는 흙처럼 폭신폭신한 부엽토를 만들어 채소 재배에 활용하자.

부엽토를 만드는 법

재료
낙엽 8에 흙 1, 왕겨 0.5, 쌀겨 0.5의 비율로 배합한다.

낙엽(상수리나무, 졸참나무, 느티나무, 너도밤나무 등)

왕겨

1 여러 종류의 낙엽을 사용하는 것이 좋다. 낙엽을 펼쳐놓고 물을 뿌려 수분 60% 정도로 적신다.

쌀겨

흙(평범한 붉은 흙)

2 낙엽 위에 왕겨를 뿌린다. 왕겨가 있으면 잎이 겹치지 않기 때문에 통기성이 좋아져 분해가 용이해진다.

3

위에 다시 흙을 덮는다.

4

흙 위에 쌀겨를 뿌린다.

5

재료를 갈퀴나 쇠스랑으로 잘 섞은 다음 한구석에 모아서 흙 위에 쌓아놓는다.

6

그 위에 비닐 시트나 카펫 등을 덮으면 완료.

7

열흘에서 2주가 지나면 첫 번째 뒤집기를 한다. 갈퀴나 쇠스랑으로 위아래를 뒤집듯이 섞는다.

8

다시 2주 뒤에 두 번째, 그로부터 1개월 뒤에 세 번째 뒤집기를 한다. 발효로 온도가 40℃가 되면 방치해서 숙성시킨다.

9

손으로 비볐을 때 보슬보슬하게 부서지면 완성이다. 완성된 부엽토 속에는 지렁이나 투구벌레의 유충 같은 작은 동물이 산다.

발효 퇴비 만들기

유기 재배의 덧거름으로는 발효 퇴비나 물거름, 유채 깻묵, 닭똥 등을 사용한다. 여기에서는 발효 퇴비를 손쉽게 만드는 법을 소개한다. 채소의 성장에 맞춰서 주자.

텃밭에서 덧거름이나 밑거름으로 사용한다

쌀겨와 비지 등으로 만드는 발효 퇴비는 퇴비보다 단시간에 손쉽게 만들 수 있다. 발효 퇴비는 비료 농도가 높아 즉각 효과가 있다는 점이 특징이다. 덧거름은 물론이고 퇴비 대신 밑거름으로 사용할 수도 있다. 유전자 조작을 한 콩은 사용하지 않는 편이 좋을 것이다.

발효 퇴비를 만드는 법

재료

① 부엽토
② 왕겨 훈탄
③ 생선 뼛가루
④ 쌀겨
⑤ 비지

—

쌀겨 6에 비지 3, 왕겨 훈탄 1의 비율을 기본으로 생선 뼛가루와 닭똥, 유채 깻묵, 부엽토, 재 등을 추가한다.

1

플라스틱 수조 같은 용기에 쌀겨를 담고 왕겨 훈탄을 추가한다. 왕겨 훈탄은 공기층을 만들어 발효를 촉진한다.

2

생선 뼛가루가 있으면 넣는다.

3

부엽토(없으면 보통 흙이어도 좋다.)를 추가한다. 부엽토나 재는 발효 과정에서 발생하는 암모니아를 흡착하고 수분을 유지해 미생물이 살기 좋은 환경을 만든다.

4

잘 뒤섞는다.

5

비지를 넣는다. 수분은 비지의 양으로 조절하면 된다.

6

비지를 부스러트리듯이 넣고 전체를 뒤섞는다.

7

손에 쥐면 가볍게 뭉치고 간단히 부스러질 정도의 수분량(50%)으로 만든다.

8

배합은 여기에서 끝. 위에 낡은 모포나 카펫, 거적 등을 이중으로 덮고 옥외에서 발효시킨다. 발효열(약 45~60℃)이 나면 일주일에 한 번 뒤집는다. 모두 합쳐 3~4회 뒤집고 뒤집어도 온도가 오르지 않고 보슬보슬해지면 완성이다.

컴포스트로 퇴비 만들기

부엌에서 나오는 채소 쪼가리 등의 음식물 쓰레기를 이용해 컴포스트(compost. 유기물을 발효시킨 것으로 비료나 토양 개량에 쓰인다.)를 만들어 퇴비로 이용하자.

준비물
- 퇴비통
- 음식물 쓰레기
- 발효를 촉진하는 것(흙, 부엽토, 쌀겨 등)

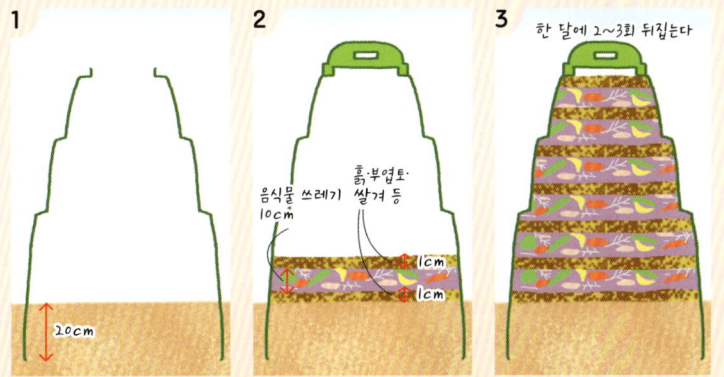

1. 깊이 20cm 정도의 구덩이를 판 다음, 퇴비통을 설치하고 위에 뚜껑을 덮는다.
2. 물기를 뺀 음식물 쓰레기를 안에 넣는다. 발효를 촉진하기 위해 흙, 부엽토, 쌀겨 등을 넣는다. 음식물 쓰레기 10cm, 그 밖의 재료 1cm의 비율로 번갈아 넣는다.
3. 용기가 가득 차면 뚜껑을 덮고 방치한다. 1개월에 2~3회 뒤집는다. 냄새가 나지 않으면 완성이다. 일반적으로 여름철에는 2~3개월, 겨울철에는 4~6개월이 걸린다.

왕겨 훈탄 만들기

드럼통과 전용 훈탄기를 사용해 왕겨를 훈탄한다. 불을 붙이고 약 2~3시간이면 드럼통 하나 분량이 완성된다. 미생물이 많이 사는 풍요로운 땅을 만드는 데 활용하자.

1

윗면을 도려낸 드럼통, 전용 훈탄기, 연통이 될 관을 준비한다.

2

원뿔형 훈탄기에 나무 부스러기와 작은 나뭇가지, 시든 풀 등 불에 잘 타는 것들을 넣는다.

3

드럼통의 바닥에 훈탄기를 설치한다.

4

훈탄기의 구멍에 연통을 연결한다.

5

훈탄기 주위에 원뿔 상부 정도까지 왕겨를 넣는다.

6

일단 연통을 떼어내고 불을 붙인 신문지를 훈탄기 안에 넣어서 나무 부스러기 등에 불을 붙인다.

7

불이 붙었으면 연통을 연결하고, 뜨거워졌으면 왕겨를 더 넣는다.

8

훈탄기와 인접한 부분에서 왕겨가 그슬리면서 흰 연기가 나온다.

9

훈탄기와 인접한 부분부터 탄화되므로 때때로 섞어준다.

10 왕겨 전체가 탄화되었으면 연통을 뽑고 물뿌리개로 물을 뿌린다.

11 드럼통에 비닐을 덮어서 공기를 차단해 온도를 낮춘다. 하루 이상 방치한다.

12 식었으면 비닐을 벗기고, 완전히 식은 뒤에 주머니에 담아 보관한다.

목초액을 만든다

왕겨 훈탄이나 숯을 구울 때 부산물로 목초액을 만들 수 있다. 왕겨 훈탄을 만들 때 나오는 연기가 연통에서 식어 액체로 변하는데, 연통 아래에 양동이를 설치하면 목초액이 그 안에 쌓인다. 유리병에 담아서 3개월 동안 방치해 타르를 침전시키고 물로 희석해 식물의 잎에 뿌려주면 병충해 대책에 효과적이다.

양열 온상 만들기

대나무와 짚으로 만든 틀에 낙엽과 쌀겨 등을 넣고 온상을 만들자. 온상의 발효열로 모종을 키우며, 온상의 흙은 부엽토가 된다.

1
150cm×300cm의 틀을 만든다. 통나무 말뚝을 네 귀퉁이와 중심에 모두 6개 박는다.

2
말뚝 양쪽에 세로로 자른 대나무를 대고 끈으로 묶는다.

3
먼저 하단에 틀을 만들고 이어서 상단에 틀을 만든다.

4
마지막으로 중단에 틀을 만든다.

5
묶어서 고정한 대나무 사이에 짚 다발을 위아래로 번갈아 꽂아 넣는다.

6
틀에 짚을 채웠으면 위에 튀어나온 부분을 잘라서 정리한다.

7
재료를 넣는다. 먼저 낙엽을 30cm 정도 투입한다.

8
낙엽을 평평하게 정돈하고 그 위에 쌀겨를 뿌린다.

9
낙엽의 부피가 약 절반이 될 때까지 충분히 밟아준다.

10 위에 소똥이나 닭똥을 넣고 정돈한다.

11 잘게 썬 짚을 넣고, 비지를 뿌린다.

12 있다면 석산(수선화과의 여러해살이풀)의 잎을 넣는다.

13 위에서 물 또는 물거름을 밑에서 새어나올 때까지 듬뿍 뿌린다.

주의
그 위에 다시 낙엽을 넣고 8~13번 작업을 반복한다. 마지막으로 낙엽을 올려놓고 밟으면 완성된다.

14 온도가 40~50℃까지 올라갔다가 1~2주 뒤에 30℃로 내려가면 완성이다. 밤에 비닐을 덮어두면 좋다.

농약에 의존하지 않는 병충해 대책

1 환경을 정비한다
유기 재배에서 중요한 것은 다양한 미생물이 많이 사는 풍요로운 땅을 만드는 것이다. 햇볕이 잘 들고 통풍이 잘되는 등 환경이 좋으면 작물이 병충해에 강해진다.

2 적기에 재배한다
채소의 종류나 품종에 따라 적정 생육 온도나 적합한 기후가 다르다. 그 품종의 적기에 재배하는 것이 중요하다.

3 터널을 사용한다
해충이 달라붙지 않도록 터널을 씌우는 등 물리적으로 방어하는 것도 효과적이다.

4 해충을 제거한다
약을 쓰지 않아도 자주 손으로 잡아주면 피해를 억제할 수 있다.

5 천적을 이용한다
무당벌레, 거미, 사마귀, 개구리, 벌 등 해충을 포식하는 천적이 많을수록 자연 생태계에 가까운 풍요로운 밭이 된다.

6 동반 작물을 이용한다
다른 환경의 채소를 재배해서 천적을 불러들여 해충을 억제하거나 성장을 돕는다. 포기 사이에 섞어서 심거나 함께 심어보자.

과일나무가 있는 생활을 즐긴다

예로부터 농촌에서는 감과 매실, 밤 등의 과일나무를 정원에서 키우며 계절의 맛을 즐겨왔다.
과일나무는 농촌생활을 풍요롭게 해준다.

감

- 수확 시기 : 10~11월
- 식재 후 수확까지의 기간 : 4~5년
- 재배에 적합한 지역 : 단감은 남부의 따뜻한 지역, 떫은 감은 내륙 지방인 경기도와 충청북도

감은 꽃가루를 만드는 수꽃과 열매를 맺는 암꽃이 따로 있으며 수꽃이 피지 않는 품종이 많지만, 수분을 하지 않아도 한 그루로 열매를 맺는다.

매실

- 수확 시기 : 5~7월
- 식재 후 수확까지의 기간 : 3~4년
- 재배에 적합한 지역 : 남부의 따뜻한 지역

매실주 또는 매실청을 만드는 등 다양한 방법으로 즐길 수 있다. 대부분의 품종이 한 그루로는 열매를 맺지 못하기 때문에 꽃가루가 많은 소매 품종을 함께 심는 것이 좋다.

블루베리

- 수확 시기 : 7~9월 하순
- 식재 후 수확까지의 기간 : 2~3년
- 재배에 적합한 지역 : 하이부시 계열은 전국, 래빗아이 계열은 제주도와 남부 지역

더위에 약한 하이부시 계열과 더위에 강한 래빗아이 품종이 있다. 두 품종 이상을 심으면 열매가 잘 맺힌다. 산성 토양을 좋아하므로 옮겨심기를 할 때 구덩이에 피트모스를 넣어주면 좋다.

비파

다양한 품종이 있는데, 따뜻한 지방에서는 어떤 품종이든 키울 수 있다. 조금 추운 지역에서는 중생종이나 만생종을 추천한다.

- 수확 시기 : 6월
- 식재 후 수확까지의 기간 : 4~5년
- 재배에 적합한 지역 : 제주도, 남해안 인근

온주 밀감

보통종과 조생종이 있으며, 조생종은 추워지기 전까지 수확이 가능하므로 그다지 온난하지 않은 지역에서도 재배할 수 있다. 초보자에게는 조생종을 추천한다.

- 수확 시기 : 10~12월(품종마다 다름)
- 식재 후 수확까지의 기간 : 5~6년
- 재배에 적합한 지역 : 제주도

키위

병해충에 강해 재배가 용이하다. 암수 딴 그루이므로 수분을 위해 양쪽을 함께 키운다. 열매를 크게 만들기 위해 열매가 작을 때 발육 상태가 좋지 않은 것을 솎아낸다.

- 수확 시기 : 11월
- 식재 후 수확까지의 기간 : 4~5년
- 재배에 적합한 지역 : 남해안 인근

밤

- 수확 시기 : 8월~10월
- 식재 후 수확까지의 기간 : 3~4년
- 재배에 적합한 지역 : 전국

밤나무 흑벌에 강한 품종을 고르면 좋다. 품종이 다른 두 그루를 심도록 한다.

유자

- 수확 시기 : 11~12월
- 식재 후 수확까지의 기간 : 4~5년
- 재배에 적합한 지역 : 제주도, 남해안 인근

가시가 적고 재배하기 수월한 품종을 선택한다. 열매를 맺지 않을 때도 있기 때문에 가지치기가 중요하다.

과일나무의 가지고르기와 가지치기

과일나무는 자연 상태 그대로 성장하면 가지와 잎에 영양분이 사용되어 과실의 품질이 나빠진다. 또 키가 커지면 관리가 어렵다. 낙엽 과수는 나무가 휴면 중인 11~3월에, 상록 과수는 3월에 불필요한 가지를 쳐내고(가지치기) 가지의 모양을 다듬을(가지고르기) 필요가 있다. 나무 종류에 맞는 가지치기 방법을 알아두자.

제 5 장

동물과 함께하는 농촌생활

닭을 키운다

갓 낳은 달걀을 맛보자

닭을 사육해 신선한 달걀을 자급한다

닭을 사육하면 갓 낳은 달걀을 즐길 수 있다. 가족 수에 맞춰서, 4인 가족이라면 4마리 이상이 기준이다. 암컷 8~10마리에 수컷 1마리 정도가 사육하기 수월하다. 닭은 달걀뿐만 아니라 밭의 비료가 되는 닭똥도 제공한다. 우리의 바닥을 흙으로 만드는 것이 중요하다. 흙 위에 부엽토나 쌀겨, 짚 등을 깔아놓으면 닭이 똥을 싸고 자신의 발로 뒤섞어서 자연스럽게 발효한다. 즉, 닭똥 퇴비가 된다. 필요한 분량만큼 꺼내서 밭에 사용하자.

암컷은 생후 8년 정도까지 알을 낳지만, 3년이 넘어가면 산란율이 저하된다. 알을 낳지 못하게 되면 마지막에는 잡아서 고기를 먹을 것을 권한다. 알과 고기를 제공하는 닭에게 감사하며 고마운 마음으로 먹자. 생명의 소중함을 배우는 귀중한 기회가 된다.

사육 주의사항

자연의 선물 암컷은 생후 8년 정도까지 알을 낳지만, 산란율이 높은 시기는 생후 3년 정도까지다. 폐계는 잡아서 먹는다.

사육의 비결 닭장의 삼면 또는 사면을 터서 통풍을 좋게 하면 닭이 건강해진다.

닭의 종류

백색 레그혼
전 세계의 양계장에서 가장 많이 사육되고 있는 흰 닭. 하얀 알을 낳으며, 일찍 자라고 많이 낳는다.

고토 모미지
일본의 농가에서 자급용으로 많이 키우는 품종으로 갈색 알을 낳는다. 키우기가 쉽고 병과 스트레스에 강하다.

차보
베트남이 원산지이지만, 지금은 전 세계에서 사육되고 있다. 애완용으로 키우는 사람도 많으며, 병아리를 잘 키운다. 산란 수는 적은 편이다.

오골계
깃털은 검은색과 흰색이 있지만 피부나 뼈는 검다. 병아리를 잘 키우고 사육이 쉽지만 산란 수가 적기 때문에 알이 비싸다. 한국에서 천연기념물로 지정한 오골계(烏骨鷄)와는 다르다.

닭 돌보기

병아리 돌보기
초보자는 어느 정도 자란 병아리부터 사육하는 것이 좋다. 병아리를 사육하는 동안 보온과 적당한 습도에 신경 쓴다. 병아리 전구나 온상 등을 이용해 돌보자.

먹이

먹이는 비지, 왕겨 훈탄, 밀기울, 겉겨가 붙어 있는 현미, 쌀 쭉정이, 생선가루, 잔반이나 잡초, 풀, 채소 등이다. 하루에 2번, 아침과 오후에 먹이를 주고 물을 갈아준다. 신선한 물을 언제라도 마실 수 있도록 조치해놓자.

청소

아침에 먹이를 줄 때 청소한다. 밤에 자면서 잔뜩 배설을 하므로 똥에 물기가 있는 동안이 청소하기가 수월하다. 배설물을 바닥의 흙에 떨어트려놓자.

달걀 모으기

아침에 먹이를 줄 때와 오후에 먹이를 줄 때 달걀을 모은다.

마당에서 키운다
2~3마리를 사육한다면 반려동물을 키운다는 생각으로 정원에서 사육해도 좋다. 철망으로 도주와 해수의 침입을 방지하고, 한쪽 구석에 우리를 만들면 된다. 밤에는 우리에서 잔다.

닭장 만들기

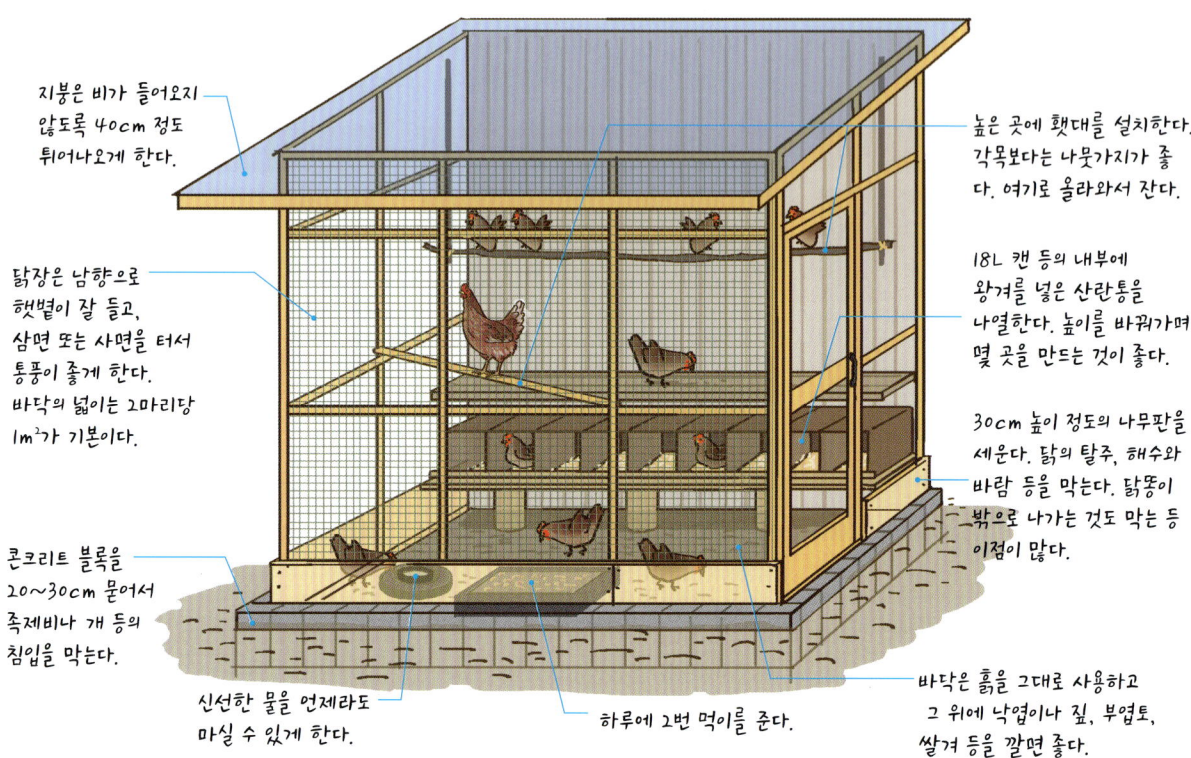

지붕은 비가 들어오지 않도록 40cm 정도 튀어나오게 한다.

닭장은 남향으로 햇볕이 잘 들고, 삼면 또는 사면을 터서 통풍이 좋게 한다. 바닥의 넓이는 2마리당 1m²가 기본이다.

콘크리트 블록을 20~30cm 묻어서 족제비나 개 등의 침입을 막는다.

신선한 물을 언제라도 마실 수 있게 한다.

하루에 2번 먹이를 준다.

높은 곳에 횃대를 설치한다. 각목보다는 나뭇가지가 좋다. 여기로 올라와서 잔다.

18L 캔 등의 내부에 왕겨를 넣은 산란통을 나열한다. 높이를 바꿔가며 몇 곳을 만드는 것이 좋다.

30cm 높이 정도의 나무판을 세운다. 닭의 탈주, 해수와 바람 등을 막는다. 닭똥이 밖으로 나가는 것도 막는 등 이점이 많다.

바닥은 흙을 그대로 사용하고 그 위에 낙엽이나 짚, 부엽토, 쌀겨 등을 깔면 좋다.

밖에서 놀게 한다

닭장 밖에서 운동을 시킬 여건이 된다면 꼭 닭들을 꺼내서 놀게 하자. 즐겁게 흙을 파며 지렁이와 곤충을 쪼아 먹고 잡초를 먹는 모습을 볼 수 있다. 자유롭게 노는 닭은 한층 맛있는 알을 낳는다. 닭을 밭으로 이동시켜 운동을 시키고, 제초 작업도 맡길 수 있다.

1

닭장의 문을 열고 이동 카트를 놓으면 산책을 하려고 닭들이 들어간다.

2

밭으로 이동 중.

3

밭을 그물로 둘러싸서 탈주와 해수의 침입을 방지한다. 근처의 밭에서 작업하며 닭의 모습을 살핀다.

염소를 키운다

의외로 귀여운 반려동물

잡초를 퇴치하고 염소젖도 제공한다

염소는 가축이지만 농촌생활을 하면서 반려동물로 키우는 사람도 늘고 있다. 묶어서 키우면 잡초를 먹어 없애준다. 다만 잡초와 작물을 구별하지는 못한다.

잡초 퇴치용이나 반려동물로 키울 것이라면 암컷 염소나 거세한 수컷 염소를 추천한다. 암컷 염소의 경우, 새끼 염소가 젖을 뗀 뒤에 젖을 짤 수가 있다. 종류에 따라 다르지만 자아넨이라면 젖을 뗀 뒤에 반년은 착유가 가능하다.

우리에 깔아놓은 짚과 낙엽은 지저분해지면 교체하고 퇴비의 재료로 사용하자. 염소는 생각 외로 많이 먹으므로 먹이를 충분히 준비할 수 있는지 잘 생각한 다음에 키우는 것도 중요하다. 잘만 키우면 둘도 없는 반려 동물이 된다. 수명은 10~15년이며 염소젖을 짤 수 있는 나이는 생후 7~8년 정도까지다.

사육 주의사항

자연의 선물　암컷 염소가 새끼 염소를 낳은 뒤에는 염소젖을 즐길 수 있다. 고기나 모피도 제공한다.

사육의 비결　염소가 쉴 수 있는 지붕이 달린 우리와 운동을 할 수 있는 장소가 필요하다. 운동장 또는 묶어놓았을 때 움직일 수 있는 장소를 확보한다.

염소의 종류

자아넨
우유를 얻을 목적으로 기르는 품종이다. 스위스의 자아넨 계곡이 원산지로 많은 나라에서 키우고 있다. 수컷은 턱에 수염이 많고 길다.

알파인
스위스와 프랑스의 알프스 지방이 원산지인 염소로, 우유를 얻기 위해 기른다. 회색, 갈색, 백색, 흑색 등 다양한 색과 무늬가 있다.

시바 염소
일본 재래종인 소형 염소. 몸무게는 약 20~40kg이며 흰색이 많다. 뿔이 있고 수염은 없다. 허리 마비에 잘 걸리지 않는다.

제5장　동물과 함께하는 농촌생활

염소 돌보기

먹이

먹이는 풀과 채소 부스러기, 목초, 밀기울, 쌀의 쭉정이 등이다. 염소용 배합 사료나 목초 큐브 등도 시판되고 있다. 미네랄을 보충할 소금도 필요하다. 떡갈나무의 가지나 잎은 염소에게 좋은 정장제(장내 환경을 개선해서 질환을 완화하는 약)이므로 심어놓으면 좋다. 먹이는 기본적으로 하루에 2번, 아침과 저녁에 준다. 또한 언제나 신선한 물을 마실 수 있도록 한다.

청소

염소 우리에는 짚과 낙엽 등을 깔고, 더러워지면 수시로 교환한다.

발굽 자르기

2~3개월마다 발굽을 검사해서 자랐을 때는 자른다. 자신이 하지 못하겠으면 할 줄 아는 사람에게 부탁하자.

교배

종류에 따라 다르지만 발정기는 가을일 때가 많다. 수컷 염소와 교배시켜 임신하면 약 5개월 뒤에 출산한다.

젖 짜기

새끼 염소가 젖을 뗀 뒤에 몇 달 동안은 착유가 가능하다. 젖에 냄새가 배기 쉬우니 염소 우리로부터 떨어진 장소에서 먹이를 주면서 짜는 것이 좋다. 아침저녁으로 2번 짜고, 젖을 남기지 않는다. 젖은 가열 살균한 다음 식용으로 사용한다.

질병

고창증(위에 가스가 차서 배가 부푸는 병), 허리 마비(모기가 소의 필라리아를 매개하는 병) 등 염소가 잘 걸리는 병이 있다. 또 출산을 할 때는 난산 같은 사고도 있으므로 만에 하나의 사태를 대비해 염소를 진찰해줄 수의사를 물색해놓자.

묶어놓을 때

염소는 힘이 세므로 묶어놓은 말뚝이 뽑히지 않도록 확실히 박아놓자. 더위에 약하므로 반드시 그늘진 부분을 만들고 지붕을 설치한다. 마실 물도 준비한다. 줄이 목이나 다리에 걸리지 않도록 때때로 지켜보자. 둑 같은 곳에 묶어놓으면 목에 줄이 걸렸을 때 생명이 위험할 수 있으니 평탄한 장소에 묶어놓자.

염소 우리와 운동장 만들기

지붕이 있는 염소 우리.
여름에는 서늘하고 겨울에는 볕이 잘 드는
장소에 통풍이 잘되도록 만든다.
넓이는 1마리당 2m²가 기준.

물

먹이 그릇은 서서 먹을 수 있는
높이에 설치한다.

바닥에 경사를 줘서
배설물이 흘러내리도록 만들면 좋다.
고상식으로 만들어도 무방하다.

기둥은 땅에
확실히 박아 넣는다.

염소는 높은 곳을
좋아하므로 단상 등이
있으면 좋다.

낮에는 자유롭게 드나들 수 있다.
밤에는 문을 닫는다.

바닥에 짚과 낙엽 등을
깔고 더러워지면 교환한다.

염소가 탈주하지
못하는 높이로 만든다.

왕겨를 뿌리면
냄새를 방지할 수 있다.

물

운동장 넓이는 1마리당
8m² 이상이 기준.

더위에 약하고 비를 싫어하므로 그늘이나 지붕을 만들고,
포도나 으름덩굴 등 덩굴성 식물을 키워도 좋다.

제5장 동물과 함께하는 농촌생활

꿀벌을 키운다
벌꿀과 밀랍을 자급하자

감동을 자아내는 꿀벌의 생태와 맛있는 벌꿀

달콤한 벌꿀은 농촌생활을 더욱 풍요롭게 해준다. 또 꿀벌의 생태는 매우 신비하다. 여왕벌의 존재, 나이에 따라 정해져 있는 역할 분담, 균등한 육각형 구조의 집 등, 무리로 활동하는 꿀벌을 바라보고 있으면 질리지가 않는다. 일단 키우기 시작하면 금방 귀여운 꿀벌의 포로가 될 것이다.

"벌한테 쏘일까 봐 무서워."라며 키우기를 망설이는 사람도 많은데, 사실 꿀벌은 성격이 얌전하다. 놀라게만 하지 않으면 어지간해서는 쏘지 않는다.(물론 평소에 조심해야 하며, 쏘인 뒤의 대책은 필요하다.)

다만 꿀벌 역시 생물이므로 키우려면 손이 많이 간다. 책임감과 애정이 양봉의 첫 번째 필수 조건이다.

양봉 주의사항

자연의 선물 벌꿀과 밀랍을 자급할 수 있다. 또 벌이 마당이나 주변 식물의 수분을 해준다.
양봉의 비결 마당이나 주위에 밀원(蜜源)이 있으면 초보자도 벌을 키울 수 있다. 계절이나 꿀벌의 상황에 맞춘 관리가 필요하다.

서양 꿀벌과 토종 꿀벌의 차이

꿀벌의 종류에는 서양 꿀벌(양봉 꿀벌)과 토종 꿀벌이 있다. 서양 꿀벌은 벌꿀을 채취하기 위해 개량된 종으로, 사육이 쉽고 많은 꿀을 모은다. 그러나 말벌에 약하고 야생에서는 살아가지 못하기 때문에 기본적으로는 벌꿀 무리를 양봉가에게 구입해야 한다.

한편 토종 꿀벌은 재래종이다. 벌통으로 유인해 키울 수 있는데, 예민해서 집이 마음에 들지 않으면 도망치는 등 서양 꿀벌보다 키우기가 어렵다고 알려져 있다. 꿀의 양도 적다. 서양 꿀벌은 한 종류의 꿀을 모으는 습성이 있지만 토종 꿀벌은 좁은 지역에서 여러 종류의 꿀을 모은다. 그래서 벌꿀의 설명하기 어려운 깊은 맛과 지역마다 다른 풍미가 주목을 받아 인기를 모으고 있다. 말벌이나 해충에도 강하며, 서양 꿀벌보다 성질이 얌전하다.

서양 꿀벌은 똥똥하다. 오른쪽은 벌이 만든 벌집.

토종 꿀벌은 조금 작으며 등의 중앙에 검은 점선이 있다. 오른쪽은 벌이 만든 벌집.

1년간의 양봉 계획과 필요한 도구

벌꿀을 얻기 위해서는 꿀벌들에게 기분 좋은 주거지와 환경을 제공하고, 애정 어린 관리도 해줘야 한다. 1년간의 양봉 계획과 필요한 도구를 소개한다.

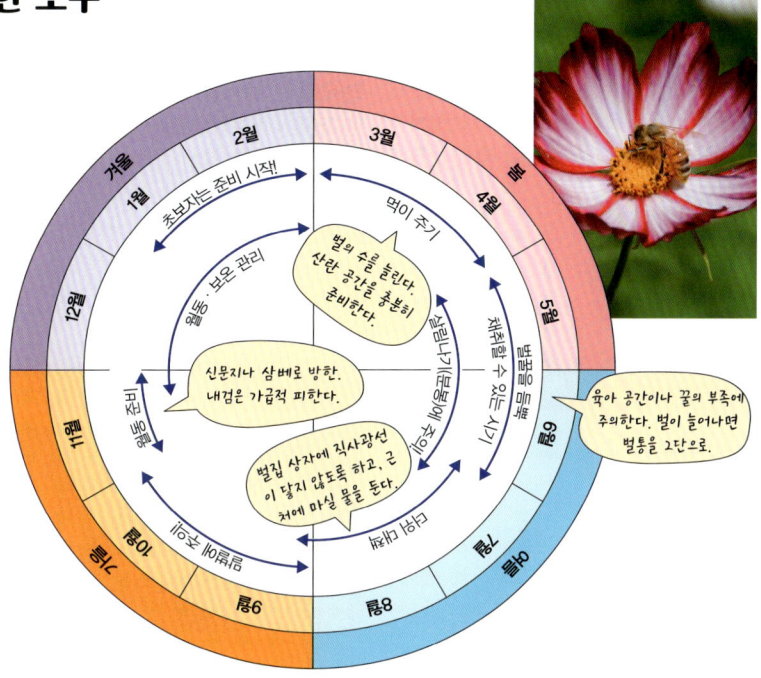

양봉 달력

꿀벌은 봄부터 활발하게 활동하므로 겨울부터 준비해서 봄에 키울 것을 권한다. 밀원이 가까이 있으면 5월경부터 꿀을 뜰 수 있다.

필요한 도구

초보자는 도구가 갖춰져 있는 스타터 키트가 편리하다. 양봉가로부터 직접 구입한다면 양봉 방법을 상담할 수도 있다.

- **벌통**
  벌통과 벌집틀, 이음상자로 구성된다. 서양 꿀벌, 토종 꿀벌에 적합한 것을 준비한다.

- **방호복**
  방호복은 양봉 전용 복 혹은 매끈한 재질의 긴 소매 셔츠와 긴 바지로 대용할 수 있다. 머리 부분을 보호하는 얼굴쓰개가 달린 모자와 장갑도 잊지 말도록 한다.

- **먹이통**
  꿀이 부족할 때 벌꿀이나 설탕물을 넣어서 먹이를 주는 도구.

- **훈연기**
  연기를 뿜어내서 벌을 얌전하게 만드는 도구. 내검을 할 때 사용한다.

- **꿀뜨기용 원심 분리기**
  벌집틀을 회전시켜 꿀을 추출한다.

- **여과기**
  벌꿀에 섞여 있는 찌꺼기나 밀랍 등을 거른다.

꿀벌의 밀원이 되는 주요 꽃

꿀벌은 모든 꽃을 밀원으로 삼지는 않는다. 밀원이 되는 꽃을 잘 알아둬서 근처에 어떤 꽃이 있는지 관찰하고 꿀벌이 찾아올 것 같은 환경인지 조사해보자. 또 직접 밀원 식물을 심으면서 벌을 키우기 바란다.

 **봄** — 동백나무, 유채, 진달래, 회양목, 벚나무, 자운영, 사과나무, 배나무, 아카시나무, 토끼풀 등

 **여름** — 호박, 헛개나무, 밤나무, 피나무, 참깨, 옥수수, 고추, 오이 등

 **가을** — 부추, 붉나무, 벼, 해바라기, 쑥, 메밀, 채송화, 코스모스, 차나무, 팔손이나무, 산다화 등

 **겨울** — 비파나무, 동백나무, 매화나무, 버드나무 등

제5장 동물과 함께하는 농촌생활

벌집 속의 생활과 관리

꿀벌이 어떻게 사는지 이해하고 먹이(벌꿀과 꽃가루)가 부족하지는 않은지, 벌집틀이 가득 차지는 않았는지를 잘 살펴서 관리하는 것이 중요하다.

벌통

여왕벌과 수만 마리의 일벌, 수벌이 생활한다. 벌통 밑으로 통기성을 확보한다. 벌통 위에는 삼베를 덮고 비를 막기 위한 함석지붕을 씌워주면 좋다.

벌집틀

벌통 속에는 벌집틀이라고 부르는 나무틀이 나열되어 있다. 벌집틀의 앞뒤에 각각 육각형의 방이 있는데, 꿀과 꽃가루를 저장하고, 산란과 육아 등에 사용한다.

꿀덮개

벌꿀을 담당하는 벌은 위 속에 모은 꿀을 입으로 옮겨서 다른 꿀벌에게 전달하는 일을 반복한다. 그러면서 수분을 증발시켜 당분이 진한 꿀로 만들어 저장한다.

훈연기

벌집을 열 때는 훈연기를 사용해 연기로 꿀벌들을 얌전하게 만든다.

각 방의 역할

벌집틀의 중앙에 유충을 키우는 육아실(왼쪽)이 있고, 그 바깥쪽에 꽃가루나 꿀의 저장실(오른쪽)이 있다.

꽃가루떡

꽃가루(화분) 수집을 담당하는 벌은 다리에 꽃가루를 떡 모양으로 붙여서 운반해 벌집에 저장한다. 벌꿀로 꽃가루를 뭉친 꽃가루떡은 유충의 먹이가 된다.

먹이를 주는 방법

꿀이 부족할 때는 먹이통(왼쪽)을 사용해서 벌꿀이나 설탕물을 준다. 벌꿀은 당도 50도를 기준으로 미지근한 물에 희석한다. 꽃가루가 부족할 때는 대용 꽃가루를 준다.(오른쪽)

여왕벌

벌통 속은 여왕벌 1마리가 지배한다.(왼쪽 사진의 중앙 아래가 서양 꿀벌의 여왕, 오른쪽 사진의 중앙이 토종 꿀벌의 여왕). 여왕벌은 영양가가 높은 로열젤리만을 먹으며, 수벌과 교미해 알을 낳는다.

수벌

수벌(중앙)은 일벌보다 몸이 더 크고, 여왕벌을 쉽게 찾을 수 있도록 눈이 커다랗다.

살림나기란?

여름이 되기 전에 벌집틀이 가득 차면 일벌은 '왕집'이라고 부르는 방을 만든다. 이 방에서는 새로운 여왕벌 후보를 키운다. 여왕벌이 태어나면 일벌의 절반이 그 여왕벌과 함께 새로운 집을 찾아 이동한다. 이것을 살림나기(분봉)라고 한다.

꿀뜨기

꿀뜨기는 밀원이 되는 꽃이 많이 피는 4~6월경, 벌집틀에 꿀이 가득 있을 경우에 한다. 벌집틀의 꿀방에 밀랍 덮개가 덮여 있으면 당도가 80도 정도가 되었다는 표시다. 판매용이 아니라면 70도 정도로 충분하므로 덮개가 절반 정도 덮였을 때가 꿀뜨기를 할 적기다.

> **주의점**
> 벌꿀은 꿀벌의 소중한 재산이다. 꿀을 너무 많이 뜨면 불안해하거나 도망칠 수도 있다. 벌집틀을 1장씩 건너뛰며 꿀뜨기하는 식으로 절반은 벌통에 남겨놓도록 하자.

1

밀랍 덮개를 떼어낸다
나이프(꿀칼)로 밀랍 덮개를 깎아서 떼어낸다.

2

원심 분리기에 돌린다
벌집틀을 원심 분리기에 장착하고 핸들을 돌리면 벌꿀이 밑에 쌓인다.

3

여과기로 거른다
원심 분리기의 배출구에 여과기를 놓고 이물질이나 벌집틀의 찌꺼기를 거른다.

4

벌꿀은 병에 담아 보존한다. 일반적인 벌집틀의 양면에 꿀이 가득 들어 있을 경우 약 2kg을 얻을 수 있다. 갓 채취한 꿀에서는 꽃향기가 난다.

> **밀랍을 이용한다**
> 꿀벌을 사육한다면 벌꿀뿐만 아니라 밀랍도 이용하자. 밀랍은 꿀벌이 집을 만들기 위해 분비하는 물질이다. 가을 이후에 꿀벌이 줄어들었을 때 채집하자. 남아 있는 벌집틀을 냄비에서 녹여 걸러낸 다음 작게 나눠서 굳힌다. 천연 물질이므로 직접 피부에 닿는 물건에도 안심하고 사용할 수 있다. 꿀벌이 밀랍 1g을 만들기 위해서는 벌꿀 10g이 필요하다고 한다.
>
> **목공 왁스**
> 중탕을 해서 녹인 밀랍에 식물성 기름(아마인유나 들기름 등)을 섞어서 다시 굳히면 목제 가구나 장난감에 쓸 수 있는 보호제가 된다. 아기가 입에 넣어도 안심할 수 있다. 얇게 바르는 것이 비결이다.
>
> **립크림**
> 중탕한 밀랍과 가열한 베이스 오일(호호바 오일 등으로 밀랍의 4배 분량), 소량의 벌꿀을 섞어서 식힌 다음 굳히기만 하면 된다. 라벤더 등 취향에 맞는 정유를 몇 방울 첨가해서 굳히면 향도 즐길 수 있다.

유기농을 실천하는 농촌생활

생태계를 지키는 유기 농업과 순환형 에너지

이 책의 감수자인 가네코 씨는 자신의 농장에서 40년 넘게 화학 비료나 농약을 사용하지 않는 유기 농업으로 채소를 재배하고 있다. 흙과 숲, 물, 태양 등 자연의 선물을 활용해 유기 재배를 하면 논밭의 동식물과 미생물을 약으로 죽이지 않고 공생할 수 있다.

낙엽과 잡초, 지엽, 사람이 먹고 남은 채소 부스러기와 음식물 쓰레기, 가축의 배설물 등은 전부 다시 새로운 땅이 되고 비료가 되어 밭을 만드는 데 사용된다. 유기 농업은 자연의 생태계를 지키고 순환시키며, 지속 가능성을 유지하는 농업인 것이다.

여러 종류의 채소를 조금씩 재배하면 자급률이 높은 식생활을 실현할 수 있다. 토지 상태와 계절의 변화를 살피면서 일하는 자작농은 이상적인 농촌생활을 할 수 있을 것이다.

가축과의 생활

농장에서는 소와 닭, 오리 등의 가축도 키우고 있다. 논밭의 잡초와 짚도 가축의 사료가 되므로 절대 불필요한 것이 아니다. 가네코 씨는 "풀의 자급과 논밭에 필요한 분뇨의 양을 생각하면 논밭 2헥타르에 소 2마리가 적당합니다."라고 말했다. 농장에서는 소를 2~3마리 키우고 있으며, 항상 그중 1마리는 우유를 짠다고 한다. 가축은 우유와 달걀 같은 식량을 제공할 뿐만 아니라 배설물이 비료로 활용되기 때문에 환경에도 일익을 담당한다.

자연 에너지를 활용

자연을 활용해 생활하려는 궁리는 논밭에만 한정되지 않는다. 농장의 안채에서 쓰는 전력은 태양전지로 충당하고 있으며, 양수 펌프와 밭 주변의 전기 울타리에도 태양광을 활용하고 있다.

농장의 에너지 자급에는 1994년에 설치한 바이오가스 플랜트도 활약하고 있다. 이것은 가축의 배설물이나 음식물 쓰레기 등을 넣고 발효시켜 메탄가스를 발생시키는 시스템으로, 발효되고 남은 찌꺼기는 밭에 중요한 비료가 된다. 그 밖에도 밭농사에 필요한 트랙터나 자동차의 연료로 폐식용유를 여과한 기름을 사용하는 등 다양한 순환형 자급 시스템을 활용한다. 가네코 씨의 농장에는 자연과 공생하는 농촌생활의 힌트가 가득 담겨 있다.

바이오가스

가스를 발효시키기 위한 발효조가 땅속에 묻혀 있어서, 투입구로 가축의 똥과 음식물 쓰레기, 같은 양의 물과 오줌을 넣는다. 그러면 내부에서 혐기성 미생물이 발효를 진행하고, 그 결과 발생한 메탄가스를 호스를 통해 밖으로 보내 주방 가스로 사용한다. 또 이와 동시에 발효조에 쌓인 물거름을 퍼 올려 밭에 비료로 줄 수 있다.

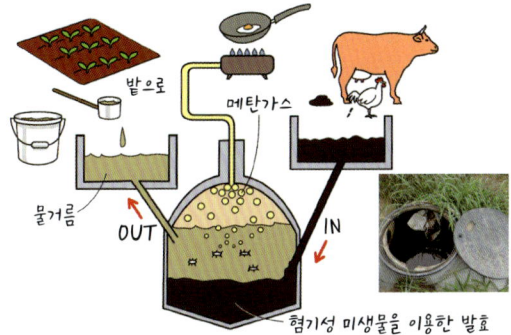

나무 보일러

장작을 지피는 부분 위에 저수조와 열교환기가 있어서 덥혀진 온수를 급탕과 난방에 사용하는 구조다. 신문지로 불을 붙이고, 불이 붙으면 닫고 송풍기로 바람을 불어넣어 장작을 태운다. 장작이나 대나무, 작은 나뭇가지 외에 종이 쓰레기도 연료로 사용한다.

태양열 온수기

검은 파이프 속에 햇볕이 데운 온수를 순환시키는 장치가 있다. 온수를 공급할 뿐만 아니라 겨울철에 바이오가스 발효조의 보온에도 이용한다.

농장의 동물들

소는 잡초와 채소 부스러기를 먹고 우유와 쇠똥을 제공한다. 닭은 넓은 닭장에서 건강하게 자라면서 달걀과 닭똥을 내놓는다. 오리의 경우, 새끼를 구입해서 오리 농법에 활용하고 있다. 개와 고양이도 소중한 가족의 일원이다.

태양광 발전

안채의 지붕에 커다란 태양전지 패널이 있어서 안채의 전력을 거의 담당하고 있다. 밭과 외양간, 오리 연못의 주위에도 소형 태양전지 패널을 설치하고 전기 울타리에 직접 연결해 해수로부터 밭과 닭 등을 지키며 소의 탈주를 막는 데도 사용하고 있다.

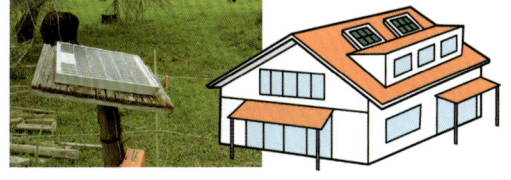

SVO(Straight Vegetable Oil)

튀김 기름 같은 폐식용유를 여과해 트랙터나 콤바인, 디젤 자동차에 경유 대신 사용한다. 폐식용유를 원심 분리기나 전용 식용유 여과기에 돌려서 사용하는데, 디젤 자동차의 경우 개조가 필요하다.

농촌생활의 1년

계절에 맞춰 논밭에서 일하고, 자연의 선물을 활용해 생활한다.

1월
소한 · 대한

겨울은 산을 관리하는 시기다. 밭의 퇴비로도 사용할 수 있는 **낙엽을 모으고 장작을 준비**하는 것도 이 시기다.

숯 굽기도 겨울의 농한기에 할 일이다.

- 1년 농사 계획, 품종 선택 등
- 밀밟기

밭일이 바빠지기 전에 된장을 만든다.
- 된장 만들기

2월
입춘 · 우수

- 온상 만들기

- 온상에 씨뿌리기
- 밭 준비
- 농기구 점검
- 과일나무 가지치기
- 밀밟기
- 덧거름 · 북주기 (완두콩, 누에콩, 잎채소, 양파, 딸기 등)

3월
경칩 · 춘분
벚꽃 개화 시작

3월은 씨뿌리기를 시작하는 시기다. **씨뿌리기, 옮겨심기**를 한다.

- 감자 옮겨심기

- 씨뿌리기(잎채소류, 상추, 파드득나물, 작은 순무, 래디시, 당근, 아스파라거스, 파, 주키니, 샐러드 채소, 우엉 등)
- 밀 북주기
- 참마, 양배추 옮겨심기
- 상추 옮겨심기
- 볍씨 준비

4월
청명 · 곡우
꽃샘추위

3월에 이어 씨뿌리기를 한다. 같은 채소라도 조생, 만생 등 품종에 따라 씨를 뿌리는 시기가 달라진다. **논농사**도 준비를 시작한다.

- 씨뿌리기(무, 시금치, 작은 순무, 래디시, 잎채소류, 쑥갓, 파, 박과채소, 호박, 토마토, 청대콩, 옥수수, 샐러드 채소, 소송채, 아스파라거스 등)

- 감귤류 옮겨심기
- 토란 옮겨심기
- 감자 북주기
- 못자리 준비

5월
입하 · 소만

밭에서는 **여름 과일과 채소의 모종을 아주심는다**. 키워온 **모종의 솎아내기** 작업도 한다.

- 씨뿌리기(파드득나물, 오크라, 래디시, 오이, 고추, 강낭콩, 완두콩, 공심채, 멜로키아, 말라바 시금치, 땅콩, 참깨 등)
- 생강 옮겨심기
- 토마토, 가지, 오이, 피망, 호박 등 아주심기

- 옥수수, 당근, 무 솎아내기
- 고구마 옮겨심기

6월
망종 · 하지
장마 시작

5월부터 6월은 **모내기철**이다. 장마철에는 푸른 매실이 여무니 매실 작업을 한다.

- 매실주, 매실청 등을 만들기

- 모내기, 논의 잡초 뽑기
- 씨뿌리기(참깨, 샐러드 채소, 셀러리, 래디시, 대두, 오이 등)
- 늦파종 토마토 옮겨심기
- 수확(감자, 완두콩, 누에콩, 파, 실파 등)
- 보리, 밀의 수확, 건조
- 호박, 수박에 짚을 깐다.

꽃의 개화로 알 수 있는 작물의 옮겨심기 적기

지역에 따라 기후에 차이가 있기 때문에 씨뿌리기나 옮겨심기의

야생동백꽃, 매화
- 밭의 준비
- 감자

서향, 개나리
- 당근, 무, 소송채

목련, 명자꽃
- 파, 쑥갓, 우엉, 작은 순무
- 씨고구마의 싹틔우기

복숭아꽃, 왕벚나무
- 토란, 파
- 오이, 호박, 아스파라거스

황매화나무, 튤립
- 옥수수, 청대콩, 강낭콩
- 생강

등나무, 모란, 작약
- 가지, 토마토, 수박, 오이, 여주, 땅콩, 오크라, 멜로키아
- 호박

진달래, 붓꽃
- 말라바 시금치, 참깨, 들깨
- 고구마

꽃창포
- 모내기
- 대두, 당근, 팥
- 부추

채소 재배는 1월에 세운 계획으로부터 시작된다. 대략 봄심기와 가을심기로 나뉜다. 채소, 벼, 밀, 감자류, 콩 재배를 중심으로 1년간 해야 할 작업을 소개한다. 밭일이 일단락되는 겨울은 된장이나 절임 음식을 만드는 시기다.

7월
**집중 호우
장마 걷힘**

잇달아 영그는 **여름 채소의 수확과 논밭의 잡초 제거**로 바쁜 시기다.

- 씨뿌리기(브로콜리, 싹양배추, 대두, 팥, 광저기, 동부, 당근, 양배추, 시금치, 강낭콩, 브로콜리, 콜리플라워 등)
- 가지, 토마토, 오이, 피망, 옥수수, 청대콩, 강낭콩 등 여름 채소 수확
- 가지 가지치기

8월
입추·처서

밭에서는 **여름 채소의 수확**이 계속된다. 비가 내리지 않을 때는 물을 준다. 태풍에 밭이 피해를 입지 않게 대책을 세운다.

- 씨뿌리기(쑥갓, 오이, 상추류, 소송채, 당근, 메밀, 배추 등)
- 양배추 옮겨심기
- 여름 채소 수확

9월
백로·추석

가을 태풍을 대비해 밭을 재점검한다. **추동 채소의 씨뿌리기**도 시작한다.

- 씨뿌리기와 옮겨심기(무, 양파, 배추, 작은 순무, 소송채, 쑥갓, 래디시, 허브류, 시금치, 파 등)
- 고구마, 토란의 선별 수확

10월
**한로
이동성 고기압**

토란과 고구마 등은 수확하고 저장해서 장기 보존한다. **논에서 벼 베기**를 한다.

- 씨뿌리기(무, 작은 순무, 소송채, 시금치, 쑥갓, 갓, 래디시, 파, 파슬리 등)
- 벼 베기
- 양파, 잎채소류 솎아내기
- 수확(땅콩, 들깨, 생강, 양배추, 상추 등)
- 고구마, 토란의 수확, 보존

11월
**첫서리·가을비
쾌청한 가을 날씨**

밭에서 겨울을 나는 작물의 씨뿌리기와 옮겨심기를 한다. 서리가 내리기 전에 **겨울 준비**를 한다.

- 씨뿌리기와 옮겨심기(소송채, 시금치, 래디시, 밀, 보리, 완두콩, 누에콩, 아스파라거스 등)
- 배추와 무 방한 대책
- 잎채소는 터널을 씌워서 서리를 피한다.

12월
동지·섣달

이듬해를 대비해 **낙엽을 모으고 퇴비를 만든다.** 월동채소의 관리 작업을 한다.

- 씨뿌리기(완두콩)
- 옮겨심기(양파)
- 양배추류, 파, 양파 등의 사이갈이. 완두콩, 누에콩의 사이갈이, 북주기
- 대두 수확
- 퇴비 만들기
- 밀밟기

12월에는 채소 절임을 만들거나 김장을 한다.
본격적인 겨울이 오기 전에 무 절임 같은 채소 절임을 만든다.

적기도 달라진다. 그 지역의 개화 시기를 농작업의 기준으로 삼으면 기후에 맞춘 적기를 알 수 있다.

나팔꽃, 수련
- 가을 옥수수, 가을 강낭콩, 만생종 대두, 만생종 팥, 당근, 양배추, 브로콜리, 콜리플라워, 파

분꽃, 맨드라미
- 상추류, 당근, 배추, 다채, 실파, 메밀

싸리, 코스모스
- 양파, 쑥갓, 무, 래디시, 작은 순무, 미즈나, 야탁채, 청경채, 시금치

달리아, 국화
- 소송채, 겨자, 시금치
- 딸기

금계, 석산
- 파, 마늘, 우엉, 파드득나물, 홍채태

남천, 산다화
- 완두콩, 누에콩
- 양파
- 아스파라거스의 포기 나누기
- 보리 파종

> 논밭 작업과 가축 돌보기가 하루 일과의 중심

농촌생활의 하루

매일 아침 일과는 소젖 짜기로 시작된다. 여름에는 이른 아침부터 밭에 나가 잠시 쉬기도 하면서 해가 질 때까지 작업을 한다. 계절에 맞춰 일과가 정해져 있다.

시간	일과	설명
5:00	기상	장마가 걷히고 8월 말까지는 5:00 기상 / 가을부터 초여름까지는 6:00 기상
6:00	소젖 짜기	
7:00	가축 돌보기	소, 닭, 오리에게 먹이 주기, 청소 등.
	밭일	아침 식사 시간까지 밭에서 작업. 아침에는 주로 수확을 한다.
	아침 식사	7:30~8:00
8:00	출고 준비	수확한 채소를 깨끗이 닦고 출하할 수 있도록 작게 나누는 작업. 도중에 휴식을 하면서 오전 내내 밭일과 출하 작업을 한다.
	달걀 모으기	8:30 오전 중에 닭은 알을 많이 낳는다.
9:00		
10:00	30분 동안 휴식	
11:00		
12:00	달걀 모으기	먹이를 먹은 뒤에도 달걀을 조금 낳기 때문에 두 번째 달걀 모으기를 한다.
	점심 식사	식사와 차는 업무상 외출했을 때를 제외하면 농장 식구와 연수생이 모여서 한다. 식재료는 쌀, 채소, 달걀, 우유 등 대부분이 농장에서 얻은 것들이다. / 무더운 여름에는 점심 식사 후에 1시간 동안 낮잠.
13:00	밭일	안채 주변의 밭 외에 멀리 떨어진 논에도 작업을 나간다.
14:00		
15:00	30분 동안 휴식	
16:00	저녁까지 밭일	저녁 식사 전에 가축을 돌볼 때까지 밭일을 한다.
17:00	가축 돌보기	먹이 주기와 청소 등.
18:00	저녁 식사	18:00~18:30 / 옥외에서 하는 일은 저녁 식사 전까지 전부 마친다. 여름에는 19:00 무렵까지 밭일을 하고 저녁 식사를 한다. 주말에는 술을 마시면서 식사할 때도 있다.
19:00	사무	밤에는 사무를 보고, 원고를 쓰기도 한다.
20:00		
21:00	목욕	
22:00	취침	

자급자족은
농촌생활의 기초

농촌생활을 뒷받침하는 것은 음식의 자급이다. 먼저 친근한 제철 채소부터 키워보자. 자신이 먹을 음식은 부디 농약이나 화학 비료를 사용하지 않고 키워보기 바란다. 대지와 태양의 에너지가 응축된 맛있는 채소로 자랄 것이다.

이 책에서는 농촌생활을 할 때 누구든 해봤으면 하는 일이나, 알아두면 편리한 지식을 다양하게 소개했다. 실제로 농촌에서 생활하고 있는 사람들의 아이디어가 가득 담겨 있다고 생각하면 된다. 앞으로 농촌에서 살고자 하는 사람, 이미 농촌에서 살고 있는 사람뿐만 아니라 언젠가 농촌에서 살고 싶은 사람에게도 이 책이 도움이 되기를 진심으로 바란다.

찾아보기

만들기 · 작업하기

감물   40, 52, 56, 58, 80, 81, 84
거위목따개비   113, 114
고사리   101, 103
국자   46, 74, 106, 136, 137
그릇   47
기름 짜기   98
긴 젓가락   48, 136
낙엽 모으기   86
낚시   108, 109, 112, 113
다시마   164, 170~173
대나무 공예   43
대나무 등   51
데오리   52, 53, 55~57
대합   114
드럼통 목욕탕   33
드럼통으로 숯 굽기   92
로켓 스토브   31, 132, 133
머위 줄기   101, 102, 116
면국자   49
모기향   82
문어   113, 114
미나리   103, 116
민들레   103
바지락   114, 115
발효 퇴비   244

밤   107
범의귀   102
부엽토   242
비누   74~77
산나물   101
산마늘   102
산초   101
쇠뜨기   102
숯 굽기   88, 92, 264
실뽑기   59
쑥   102
양열 온상   191, 248
양털실   63
오갈피나무   103
오디   104, 176
왕겨 훈탄   246, 247
왕원추리   102
유채 기름   98, 99
은행   106, 116
이동식 순환형 화장실   42
자연 발효식 화장실   38, 39
장작 패기   86, 87
죽순   104, 105
천연 염색   69
컵   46
컵받침   56~58

태평줄새우　114
퇴비 만들기　239
퇴비장　41
파래　112~114
팽이고둥　114
폐유 양초　78
화덕　24
흙벽 보수　35
흙부뚜막　18

채소·곡물 키우기

가지　181, 206
감　250
감자　227
강낭콩　196
경수채　216
고구마　225
고수　218
고추　203
공심채　209
나도팽나무버섯　94
느타리버섯　94, 95
단고추　207
당근　223
대두　197

돼지감자　224
로즈메리　219
마늘　265
매실　250
메밀　234, 265
목화　59
무　222, 264
밀감　250
바질　219
밤　250
배추　213
버섯　94~97
벼　228~231
보리　264, 265
브로콜리　214, 265
블루베리　250
비파　250
사탕수수　158, 159
상추　217, 264
소송채　210, 264, 265
시금치　215, 264, 265
시래기　141
씨앗 채취　235
양배추　208, 264, 265
양파　211, 264, 265
여주　201

269

오이   200, 264, 265
오크라   198, 264
옥수수   204, 264, 265
유자   250
차조기   218
참깨   202, 264
청대콩   264, 265
키위   250
토란   226, 264, 265
토마토   205, 264, 265
파   212, 264, 265
파슬리   219, 265
표고버섯   94
피망   207, 264, 265
허브류   218, 219
호박   199, 264

먹거리 마련하기

간장   154
감식초   162
감잎차   150
고구마 말랭이   142
곤약   143
과실주   174
과일 야채 소스   164

군고구마   130
낫토   134
녹차   147, 149
된장   151, 264
두반장   163
두부   136
땅콩 두부   138
로스트 넛   130
매실 절임   168
매실잼   177
매실주   175
매실청   166
메밀국수   123
모과주   174
무 절임   170, 265
무말랭이   141
밤 설탕 조림   107
배추절임   172
베이컨   132
붉은차조기 시럽   167
블루베리잼   177
비파차   150
산마늘 간장 절임   102
산초 열매 간장 절임   101
산초 열매 조림   101
삼백초차   150

쇠뜨기 조림   102
쌀누룩   178
염교 절임   169
오디잼   176
와플   123
왕원추리 무침   102
우동   118
천연 효모   124
칼초네   130
캄파뉴   126
피자   128
홍차   148
화덕 구이   131
화덕 요리   128
훈제   111, 132
흑설탕 엿   161
흑설탕 진액   161

알파인   255
염소   255
오골계   252
자아넨   255
차보   252
토종 꿀벌   258

동물 키우기

고토 모미지   252
꿀벌   258
닭   252
백색 레그혼   252
서양 꿀벌   258
시바 염소   255

감수 가네코 요시노리

일본의 전국유기농업추진협의회 이사장. 유기 농업을 중심으로 자급자족 분야를 개척하고 있으며, 그 일환으로 주변 자원을 활용해 에너지 자급에도 힘을 쏟고 있다. 이 책에서는 주로 채소와 곡물을 키우는 방법과 관련한 여러 노하우를 조언했다.

옮긴이 김정환

건국대학교 토목공학과를 졸업하고 일본외국어전문학교 일한통번역과를 수료했다. 21세기가 시작되던 해에 우연히 서점에서 발견한 책 한 권에 흥미를 느끼고 번역의 세계로 발을 들여, 현재 번역 에이전시 엔터스코리아 출판기획 및 일본어 전문 번역가로 활동하고 있다.
경력이 쌓일수록 번역의 오묘함과 어려움을 느끼면서 항상 다음 책에서는 더 나은 번역, 자신에게 부끄럽지 않은 번역을 할 수 있도록 노력 중이다. 공대 출신의 번역가로서 공대의 특징인 논리성을 살리면서 번역에 필요한 문과의 감성을 접목하는 것이 목표다. 야구를 좋아해 한때 imbcsports.com에서 일본 야구 칼럼을 연재하기도 했다. 주요 역서로 《자동차 정비 교과서》《자동차 구조 교과서》《자동차 첨단기술 교과서》《자동차 에코기술 교과서》《비행기 조종 교과서》《산속생활 교과서》 등이 있다.

농촌생활 교과서
슬기로운 귀농인을 위한 자급자족 기술

1판 1쇄 펴낸 날 2018년 7월 10일

지은이 | 성미당출판
감　수 | 가네코 요시노리
옮긴이 | 김정환
주　간 | 안정희
편　집 | 윤대호, 김리라, 채선희, 이승미
디자인 | 김수혜, 이가영
마케팅 | 권태환, 함정윤

펴낸이 | 박윤태
펴낸곳 | 보누스
등　록 | 2001년 8월 17일 제313-2002-179호
주　소 | 서울시 마포구 동교로12안길 31
전　화 | 02-333-3114
팩　스 | 02-3143-3254
E-mail | bonusbook@naver.com

ISBN 978-89-6494-340-3　13520

- 책값은 뒤표지에 있습니다.
- 이 도서의 국립중앙도서관 출판예정도서목록(CIP)은 서지정보유통지원시스템 홈페이지(http://seoji.nl.go.kr)와 국가자료공동목록시스템(http://www.nl.go.kr/kolisnet)에서 이용하실 수 있습니다.(CIP제어번호: CIP2018018347)